经济与管理实验实训系列教程

经济与管理仿真综合实习教程

丁明鲜　杨　建　主编

金蝶软件（中国）有限公司　四川师范大学 产学合作协同育人项目
“经管类专业仿真综合实习课程及配套教学资源建设”

科 学 出 版 社
北　京

内容简介

经济与管理仿真综合实习是综合运用虚拟现实、多媒体、人机交互、数据库、网络通信等现代技术，虚拟企业战略决策、营销与品牌、税务等业务模块，设置首席执行官、首席财务官等职业角色，以综合检验学生的理论知识，达到增强学生运作企业的能力和团队精神，提升职业素养，优化职业规划等目的。本书主要包括综合仿真实训概况、教学组织排、业务规则、经营模拟流程和经营管理与分析决策等内容。坚持实践取向，突出真实的职场环境建设、系统设计，强化对学生数据分析能力、问题处理能力和综合应用能力的培养。

本书可作为仿真综合实习的配套实习教材，适合经济与管理仿真综合实习授课教师及学生。

图书在版编目（CIP）数据

经济与管理仿真综合实习教程 / 丁明鲜，杨建主编. —北京：科学出版社，2018.8

经济与管理实验实训系列教程

ISBN 978-7-03-057718-4

Ⅰ. ①经… Ⅱ. ①丁… ②杨… Ⅲ. ①经济管理-高等学校-教材 Ⅳ. ①F2-44

中国版本图书馆 CIP 数据核字（2018）第 124393 号

责任编辑：陶　璇 / 责任校对：马路遥

责任印制：张　伟 / 封面设计：蓝正设计

科学出版社 出版

北京东黄城根北街 16 号

邮政编码：100717

http://www.sciencep.com

北京盛通商印快线网络科技有限公司 印刷

科学出版社发行　各地新华书店经销

*

2018年8月第　一　版　开本：787×1092　1/16

2023年6月第七次印刷　印张：12

字数：285 000

定价：39.00元

（如有印装质量问题，我社负责调换）

前　　言

2009 年，四川师范大学经济与管理学院拟启动经管专业实验室建设，在此之前，学院并没有真正意义上的经管实验教学内容，对建设什么、怎样建设没有思路。因此，学院多批次组织老师到国家级经管实验教学示范中心学习交流。在广东财经大学（原广东商学院）实验教学示范中心调研时，国家级经管实验教学示范中心主任任晓阳教授为学院领导和老师做了实验中心整体规划介绍。这令学院上下印象深刻，特别是原广东商学院经济与管理实验教学中心的跨专业仿真综合实习，从规模、形式、内容上给了我们极大的震撼和启发。因此，学习并引入相关经验成为学院及实验教学相关人员的普遍共识。

作为非财经类院校，从师资配置、学生专业基础、实验室资源投入等各个层面均无法直接复制财经类院校相关课程。如何学习引入仿真实训课程并将其作为经管实验实训的贯通课，成为摆在相关人员面前的一个难题。尽管有各种困难，学院还是在 2010 年成功启动了跨专业虚拟仿真项目的建设。随着项目的申报论证、中地共建（现为中央专项）项目的成功申报、场地规划的落实、授课师资的进修、人才培养方案调整等一系列准备工作的完成，课程开设“万事俱备，只欠东风”，所欠的这个东风就是仿真课程教学的配套管理软件和相应实训教材。学院的人力财力无法支持直接引入广东财经大学的跨专业实习模式，市场上当时并无完全满足学院需求的成熟产品，且仅有的产品报价远超学校承受能力，所以自研自建课程成为当时唯一的选择。在学校职能部门支持、学院领导鼓励和老师们的共同努力下，经过近一年半的酝酿和反复修改，2012 年学院终于正式开设跨专业仿真综合实习课程。从 2012 年至今，课程经过多轮修改和完善，目前已经成为学院实验实训教学的一张名片，从学生的口碑、满意度到学校乃至国内都有了一定的影响。2013 年，由国家级实验教学示范中心经济与管理学科组联席会和中国信息经济学会实验经济学专业委员会主办的“2013 年第十四届全国高校经济管理类专业实验室建设会议”由我院承办。本项目的建设对学院实验实训教学建设起到了很好的促进作用，从 2012 年至今，逐步形成了四年不断线的富有专业特色的实验实训体系。省内外众多高校来我校参观、交流、观摩和学习，相关课程也被多家高校引入。

在学校和引入院校的要求下，我们对几年来实验课程的成果做了一个归纳和梳理，形成一系列的实验实训教材。本书就是其中的一部，旨在服务于一般本科、高职院校经管类专业的虚拟仿真实习。

经济与管理仿真综合实习教程编写组

2018 年 5 月

目　　录

第1章

综合仿真实训概况

1.1 综合仿真实训简介

1.1.1 定义

综合仿真实训课程是运用软件系统模拟特定产业链环境下企业经营全过程中遇到的多类管理问题及业务工作，使学生体会产业链环境下企业管理的过程，体会从决策制定、计划管理到业务执行的全过程。课程包括产业链环境下多类型企业经营仿真模拟以及能力认知识别两部分内容。

第一部分是在一个产业链各个环节都存在竞争的市场环境，由学生组成企业管理团队，分别担任企业的总经理和几大职能部门的经理，在分析企业自身和竞争对手状况的基础上，应用管理学知识，分期对企业的生产、营销、财务、人力资源与战略制定决策，模拟系统根据模拟的市场环境和各个公司的决策，反馈各个公司当期的经营结果；经过多期决策之后，按企业的经营绩效给出总体评价。在此过程中，学生通过主题学习，深刻理解大学专业课程在企业经营过程中的价值。例如，要让学生学会采集数据，掌握运用 Excel 建模解决企业经营决策问题的方法，解决经营管理中的风险决策问题，如风险投资、项目评估、证券市场投资策略评价、库存管理、随机服务系统管理等问题。这些问题是企业管理者经常遇到，但又不便用普通数学规划解决的问题。

第二部分是让学生在此过程中，加深对社会、产业、企业、岗位的认知以及对自我能力的认识。

1.1.2 目标

仿真实训的目的是提升实习的有效性，从而以部分取代实地实习。要提升学生对企业运作的整体认识，并在此过程中提升自身能力，从而实现替代实习的价值，具体分解到能力、知识和素质上，可大致归纳如下。

1. 能力目标

（1）能根据岗位能力要求和组员的专业特长以及性格特征准确进行模拟企业的角

色分配。

（2）能运用企业经营模拟的规则经营模拟企业。

（3）能应用 SWOT（态势分析法）、波特五力模型等方法制定企业的发展战略。

（4）能对市场发展情况进行分析，并根据企业发展战略选择合适的目标市场，制定企业的营销策略。

（5）能根据企业的产能情况进行合理定价和制订广告与促销方案。

（6）能根据企业经营的实际情况进行财务预算，并依据预算合理地为企业发展筹集资金和控制现金流；能依据经营情况编制利润表和资产负债表等会计报表。

（7）能依据企业战略和销售订单情况进行新产品的研发和制订生产计划，并组织产品生产。

（8）能依据生产计划制订原材料采购计划并控制材料库存。

（9）能有效进行竞争对手分析，为企业决策提供信息支持。

（10）能依据财务报表进行财务指标分析，并优化企业的财务结构。

2. 知识目标

（1）掌握模拟企业中各个角色承担的任务和责任；掌握企业经营模拟的基本规则。

（2）了解企业组织结构和各部门的岗位职责。

（3）了解市场预测基本要素，掌握市场预测的方法和市场预测的步骤。

（4）了解 SWOT 的特点、内容、适用范围，掌握 SWOT 工具在企业战略规划中的应用，了解波特五力模型的特点、内容、适用范围，掌握波特五力模型工具的一般使用方法。

（5）了解市场调查的基本方法，掌握市场分析和定位的基本方法；了解市场开拓的意义，掌握市场开拓的影响因素。

（6）明确企业经营模拟中财务预算的重要性，了解财务预算的概念，掌握财务预算的方法。

（7）了解生产制造的概念、特点和内容；了解开发新产品的含义、流程；知道在企业经营模拟中应如何开发新产品。

（8）了解原材料采购计划的概念、内容和制定方法。

（9）了解竞争情报的含义，掌握竞争情报的收集内容和收集方法；了解竞争情报分析方法，掌握波士顿矩阵分析法。

（10）掌握模拟企业的经营战略，了解博弈分析的基本理论，掌握博弈分析的基本方法；了解产品研发的影响因素，掌握产品研发的博弈分析技术；掌握产销平衡分析技术。

（11）掌握基本财务指标分析的概念、内容和方法；明确企业经营模拟过程中财务分析的重要性；掌握综合财务分析的概念、内容和方法。

3. 素质目标

（1）具有较强的沟通能力。

（2）具有较强的团队协作能力。

（3）具有良好的经营职业道德。

（4）具有创新经营能力。

1.1.3 课程价值

如果将案例教学比喻成企业管理流程中的一张快照，那么企业决策竞争模拟就是让学生完整体验经营决策的动态过程。决策中碰到的问题就是一个个活的、没有现成答案的案例。

企业综合仿真课程的价值在于通过虚拟经营环境中的竞争性决策演练，培养学生对管理学知识的综合运用能力、对经营环境进行分析判断并做出决策的能力、竞争意识、组织协调能力和团队合作精神。本课程教学的指导思想是“教师为主导，学生为主体；理论联系实际，在仿真模拟实践中学知识、用知识、长本领”。

仿真实训课程综合性、实践性较强，但需要以管理学作为其认识基础和理论基础，因此要求学习者具有必要的管理知识；此外，课程中的具体工具涉及大量的数理统计知识，学生只有在学好经济数学或者统计学的基础上才能理解和应用这些工具。因此，在学习课程之前，学生应该系统地学习管理学原理、西方经济学、市场营销、战略管理、运营管理、财务管理、人力资源管理、统计学等课程。

1.2 仿真模拟内容

经管类综合仿真实习从目的性或主要学习内容方面可以大致分为认知、技能学习及管理决策。在实际仿真中，认知、技能学习以及管理决策都会出现。但是不同课程方案侧重点不同，相关模块都会涉及，只是比例不同。

1.2.1 社会、企业、产业及岗位认知

社会认知，主要是指对他人表情的认知、对他人性格的认知、对人与人关系的认知、对人的行为原因的认知。社会认知是个人对他人的心理状态、行为动机、意向等做出推测与判断的过程。社会认知的过程既是根据认知者的过去经验及对有关线索的分析而进行的，又必须通过认知者的思维活动来进行。社会认知是个体行为的基础，个体的社会行为是其在社会认知过程中做出各种裁决的结果。

企业认知，主要是指对企业组织架构、企业制度、企业文化、员工守则等形式内容以及经营的模式、决策过程的形成，内部系统、业务处理等的认识活动。认知培训主要是帮助学生全面而准确地认识企业、了解企业，从而尽快找准自己在企业中的定位。

产业认知，仿真实训通过模拟的商业社会、企业及岗位，让学生在经营过程中通过决策、协作、交易，从宏观层面了解社会及产业链的协作形式。

岗位认知，学生需要了解企业部门之间如何协作，特定岗位工作的业务及需要面对和处理的问题。在基于业务场景还原的体验过程中，学生通过自身体验及教师引导可较为快速地形成整体认知，这有利于其加深对岗位工作的认知。

课程通过仿真可让学生认识到社会、企业、产业、岗位对人才能力的要求，同时也可加深对自己的认识，从而有利于其在后续走入社会的过程中做出更合理的职业规划。

此类实训仿真场景还原的要点是场景而非简单业务。只有较为真实的场景，让学生

认识到岗位工作或者企业面临的问题，而不是简单的业务处理，才能让学生更有代入感，从而得到更好的体验。在加深了对社会、行业、企业及岗位的认识后，学生可以结合自己的实际情况，了解自己适合做什么，不适合做什么，能力点在哪里，对特定职业发展需要提升的能力或知识点有较为明确的认知。

1.2.2 技能学习

仿真企业经营活动的第一步是对业务活动的仿真。因此，学生需要具备基本的业务技能并熟悉相关业务流程。由于大部分院校已经开展了相关业务技能类实训课程，在综合实训过程中，更多的是重复以及将原有所学技能进行融会贯通。业务流程有一定参考意义，其主要价值在于理解企业流程之间的关系和逻辑。但由于实际企业业务流程并不具有一致性，不同类型企业和行业流程甚至大相径庭，因此，对流程和业务的模拟往往有一定行业性和局限性。同时，由于课时限制，细化的流程实际是管理思路的具体展现。只是基于流程岗位的体验，学生很难有整体认识，难以领会流程各个节点设置的意义，从而使之变成了类似单证训练的岗位技能化训练。因此，在综合仿真实训中，技能只是基础应用。如果需要进行技能培训，可以考虑将部分综合仿真业务拆离，进行企业行为模拟或进行技能学习和常用流程认知。

1.2.3 管理决策

在仿真实习经营过程中，学生扮演不同的角色并独立经营企业，在此过程中，业务是自主发生的，从战略制定、市场开拓、销售、采购、研发到贷款都是自主决策的。由于存在供应链，周边服务也自主经营，存在大量谈判、博弈、决策。加之产业链条长，周边服务业独立经营，其决策范围比一般单纯决策软件的范围更大、更综合，也更能给学生带来更多的参与感和真实感，让相关业务的执行以及结果更具意义。在管理和决策的过程中，也会大量用到学生在学校所学的知识，包括战略管理、市场营销、财务管理、生产运作等与企业经营相关的课程以及经济学、统计学等基础课程。这样可以让学生意识到精细化运作和科学决策是能为企业带来实际价值的，同时也使学生认识到所学专业课程并不是与实际工作毫无关系，引导学生学会理论联系实际。

1.3 课程设计

综合仿真实训运用到了一系列的教学模式和方法。其中，最重要的是胜任力模型、场景仿真以及体验式学习。

1.3.1 课程设计方法

综合仿真实训的实质是基于仿真场景下的经管类专业知识体验式学习。结合虚拟仿真和体验式学习，通过仿真场景情境化的学习环境进行沉浸式管理模拟，学习者才能体会到完整的教学过程。因此设计也应遵循仿真及体验式教学的基本逻辑。

1.3.2 胜任力模型

“胜任力”由哈佛大学教授戴维·麦克利兰于 1973 年提出，它是指能将某一工作中有卓越成就者与普通者区分开来的个体特征，可以是动机、品质、自我认知、价值观、某领域知识、认知或行为技能等任何可以被可靠测量或计数的，并且能显著区分优秀与一般绩效的个体特征。

胜任力的特征结构包括个体特征、行为特征和工作的情景条件。胜任力的个体特征可以分为技能、知识、角色定位、价值观、自我认知、品质、动机等大类。胜任力在个体特征中有一些特征比较容易评价和观测，如知识或技能。部分特征，如动机和品质，则相对难以观测。位于两者之间的特征包括自我认知、角色定位及价值观。

企业运用胜任力模型来描述对特定岗位的要求，特定岗位用一系列特定的胜任力素质项来描述个体是否胜任岗位工作，这一系列的素质项集合称为特定岗位的岗位胜任力。哪怕是同一个特定岗位，在特定行业、特定企业、特定时间点上胜任力要素的组成也不尽相同。因此，使用胜任力模型来描述特定岗位，首先需要构建特定企业胜任力模型。

1.3.3 素质项分类

在课程实践中，胜任力模型可运用在企业经营的各个环节之中。在运用胜任力模型时，我们会习惯性将知识、技能/能力及职业素养作为区分维度来对素质项进行归类，而非采用冰山模型归类，如图 1-1 所示。两种分类方式并不矛盾，只是区分维度和视角不同。冰山模型是站在心理学研究的角度对素质项进行归类，而企业使用的知识、技能/能力、素养分类方式是站在人力资源评价的角度进行的归类。它们是从不同维度来划分的，一般情况下，需结合两种维度的划分来综合分析素质项才能既方便分析，也能对素质项评价和培训有针对性地设定合理目标。

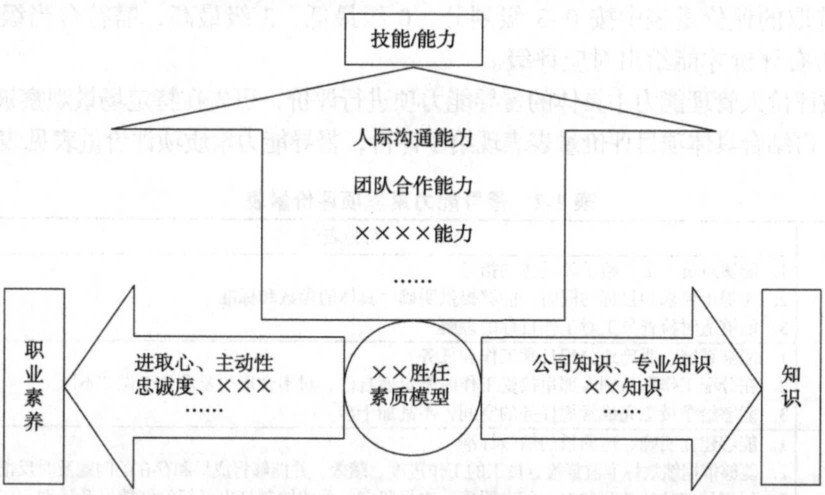

图 1-1 岗位胜任力模型

目前，学术界存在多种对能力项目分类的方式方法。本课程选取了国内较为系统和有一定影响的能力素质项目划分方式，进一步将能力素质项目划分为107个子项目或项目簇。具体见表1-1。

表1-1 能力素质项量表

类别	项目
通用能力	亲和力、影响力、沟通能力、执行能力、创新能力、理解能力、表达能力、判断能力、应变能力、自控能力、谈判能力、逻辑分析能力、归纳思维能力、系统思考能力、计划管理能力、关注细节能力、团队合作能力、人际交往能力、专业学习能力、问题发现与解决能力、信息收集与处理能力
管理能力	督导能力、决策能力、协调能力、激励能力、战略管理能力、目标管理能力、团队领导能力、团队建设能力、授权控制能力、建立信任能力、培养他人能力
专业技能	市场簇技能（市场导向能力，市场信息分析能力……）、销售簇技能、生产簇技能、安全簇技能、质量簇技能、技术簇技能、研发簇技能、采购簇技能、财务簇技能、客服簇技能、行政簇技能、人力资源簇技能
职业素养	责任心、主动性、忠诚度、坚忍性、纪律性、自信心、成就导向、敬业精神、诚信意识、成本意识、全局观念、客户意识、风险防范意识
通用知识	公司知识、产品知识、客户知识、法律知识、办公自动化知识
专业知识	营销知识、客服知识、采购知识、公共关系知识、生产管理知识、安全管理知识、仓储管理知识、质量管理知识、项目管理知识、专业技术知识、财务管理知识、人力资源知识、行政管理知识、供应商管理知识

表1-1在专业技能以及专业知识部分，仅按照岗位类别做了归类，未进行展开，本书主要研究管理能力培训，因此不再展开讨论。

1.3.4 素质项的评价

胜任力模型的每一个素质项均可量化评价。具体评价方式是通过观察被评价人在特定环境下的特定表现，对照评价素质项分级量表所给出的行为表现来进行评价。评价等级在本书选取的评价量表中按0~3级划分，0级最低，3级最高，需符合当级所有特性以及之下所有评价才能给出对应评级。

要对被评价人管理能力中具体的督导能力项进行评价，可先在特定场景观察被评价人的相关表现，再结合具体项目评价量表表现给予评价，督导能力素质项评价量表见表1-2。

表1-2 督导能力素质项评价量表

分级	行为表现
1级	1. 能够对员工工作给予较具体的指导 2. 在提出要求和目标的同时，能够提供明确、具体的参数和标准 3. 能够适时检查员工对工作目标的理解
2级	1. 能够系统、明确地分配日常工作和任务 2. 在分配工作和从别人那里接受工作时坚定而自信，对不合理的要求敢于说“不” 3. 能够给予员工完成常规任务的空间，不乱加干涉
3级	1. 能够建立明确、可测量的绩效标准 2. 能够依据绩效标准监督检查员工的工作进度、绩效，并能够将成果和存在的问题及时反馈给员工 3. 纠正员工的绩效问题时，行动明确，立场坚定，并能够制订出可行的绩效提升计划

胜任力模型告诉我们，在不同岗位上不同能力素质项目在起决定性作用。在实验过程中，合理的设计场景可以验证一些基本能力素质，供学生参考。

（1）规划与统筹能力。它是指对组织内人员工作进行合理规划并统筹安排的能力。研发经理需要对所管理研发人员的工作进行规划和安排，而研发工程师个人工作中基本不涉及此类工作。从一个人干好本职工作到协调不同类型的人员有效组合并同时干好工作，对于工程师而言属于完全陌生的领域。故经理首先须了解相关人员工作的基本要求、能力，才可能进行统筹规划。没有此能力，就算新任经理个人再努力，也很难保证能科学制定规划并统筹相关员工集体高效工作。

（2）项目管理能力。它是指对组织内人员规划项目进度，并根据项目情况计划组织实施项目管理，做好项目质量、安全、风险、合同、成本等管理工作的能力。除规划内部工作以外，其还涉及与外部人员沟通交流的能力。而软件工程师，虽然可能偶尔也涉及项目协调管理，但更多的是发现项目问题并进行上报。如何站在管理者的角度有效协调资源、如何从项目整体角度把控全局也属于全新的问题。

（3）时间管理能力。它是指通过事先的规划，提醒、引导个体或组织减少时间浪费，以便有效地完成既定目标的能力。此部分需要经理理解各类岗位的基本工作情况、效率以及关键控制点，合理规划引领员工按质按量地进行工作并科学合理监督，提升部门的管理水平和效率。

（4）团队领导能力。它是指有效地带领其团队，按照既定目标前进的能力。此能力需要经理在建立有效的领导权威的同时主动与员工沟通解释相关决策，让员工从内心认同和服从经理的领导工作，从而提升整体工作效率。

（5）客户知识。它包括获取目标客户群体的基本情况、性格偏好、质量偏好等内容。了解此方面信息可帮助经理科学制定开发策略和流程，避免开发、服务与客户实际情况脱节或流程不能满足客户需求。

（6）客户意识。它是指个人关注客户不断变化的需求，竭尽全力帮助和服务客户，为客户创造价值的意愿和态度。经理需从整体上思考如何提升客户意识，由于工作职责的变化，经理相对程序员，需要更多考虑从各个层面提升客户意识。经理需从客户角度思考工作流程，如从软件易用性、问题响应流程等角度思考提升客户感受。相比经理，程序员的客户意识一般是指提升软件代码可靠性，或提升客户响应度等相对比较窄的层面。

（7）公司知识。它包括行业知识、企业文化（发展历史、价值观等）、组织结构、基本规章制度和业务流程等。经理更好地了解公司相关行业知识、企业愿景和基本情况，可以帮助其更好地进行组织管理工作，让管理既遵循现实情况，也向着更合理有效的目标提升。

（8）全局观念。它是指在开展工作或进行决策时，能够考虑他人、其他部门或企业整体的情况，从组织的整体或长远利益出发，顾全大局，为整体利益能够牺牲局部利益或个人利益。经理与程序员相比，需要更多地从企业整体思考问题。在公司现有状况下思考，从全局角度进行人员配置，流程优化。避免只为了小团体利益造成部门之间割据，造成整体上效率的降低和不必要的内耗。

1.3.5 场景仿真

管理仿真是指设计业务场景及数学模型复现现实管理过程中发生的本质过程。仿真的过程包括仿真模型的建立和仿真体验两个环节。

对于经管类仿真而言，仿真模型可以被抽象为一系列业务规则、业务关系和场景。要进行管理仿真，则需要针对特定的管理问题进行描述，并将其拆解成业务规则和业务数据，放在特定场景中供学习者体验。

在仿真场景中，告知学习者相关场景及规则，并告知其管理目标。学习者通过提交一系列决策与仿真模型交互以学习正确管理决策。使用系统仿真可以有效地把复杂的系统降阶成若干子系统以便分析。系统仿真的基本办法是建立结构模型和量化分析模型，将其转换为可运行的模型来进行验证。

作为仿真实习课程，根据课程目标设定，通过场景认知个人能力和运用之前所学知识应该是核心任务。因此，场景设计的核心应该基于业务数据的设计。在仿真实习课程中，学生体验的各类业务活动围绕市场经济数据和企业经营活动自然展开而非沿着事先设定的标杆企业的固化流程和业务操作展开。课程的设计方案目的是让学生充分体验并把课程知识运用到企业经营活动中，认知到特定岗位除了技能，还需要有对应处理问题、解决问题的相关能力。

企业管理的研究理论一般将企业业务人员分为业务层、管理层和决策层。

基层业务层往往要接触和处理大量技术问题，进行事务性工作。

管理层的范围广，通常意义下，介于基层和副总经理之间的所有管理层可称为中层管理者，包括部门经理、事业部经理、地区经理等。

决策层在管理层级中处于顶端，也是最少的一部分，通常只包括几个人，这几个人往往是企业的心脏。其主要责任与中基层管理人员的工作性质、任务有较大差异，主要工作是设定并引领企业执行既定战略。

在仿真场景的设计中，工作场景包含了基层管理层和决策层的工作，但基于认知和知识运用的需求，技能型工作落在基层，但不作为核心设计点。知识的应用更多的是在管理层和决策层上。

1.3.6 体验式学习

体验式学习概念的代表 D. A. 库伯这样描述体验学习：学习是体验转换并创造知识的过程。他强调体验式学习过程的几个重要方面：强调适应与学习的过程，而不是内容或结果；知识是一个转换过程，是连续不断的创造与再创造，而不是可获得或传递的独立过程；学习转换的体验包含主观形态和客观形态两种体验。

体验学习理论区别于理性主义和其他认知主义学习理论的地方在于：其他学习理论把学习的核心看作抽象符号的习得、加工与回忆，而体验式学习认为学习是一个以体验为基础的持续过程，也就是说所有学习都是重新学习。实际上，学习者头脑里不是一张白纸，而是多少带着态度倾向进入一个学习情境，只不过学习者的头脑中的“理论”可能比其他人粗浅和不够正确。

基于体验式学习的理论，教育和培训不仅要灌输新思想，也要处理和修正学习者原有的经验。

在体验式学习中，学习者要进行有效的学习，则需要经历具体体验、反思观察、抽象概括、行动应用四个步骤，才能有效达成学习的效果（图 1-2）。

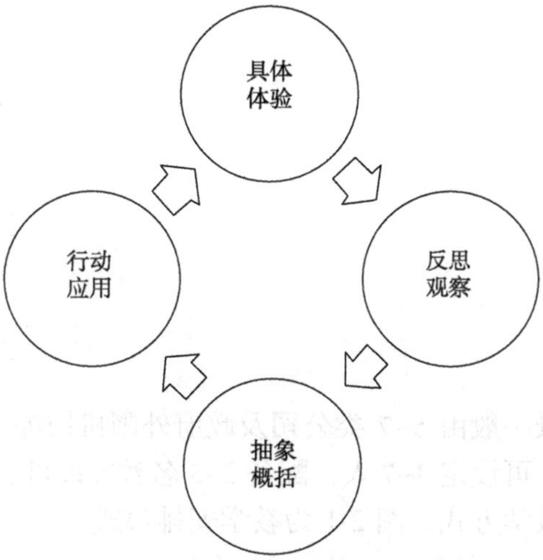

图 1-2　体验式学习基本步骤

体验要点主要包括管理类课程体验要点和其他基础课程体验要点。

1. 管理类课程体验要点

（1）战略管理。在课程中，战略管理环节主要引导学生理解战略管理从构想到落地的过程、使用的工具、执行的评估，从而形成精细化经营的思路。

（2）市场营销。在课程中，市场营销的讲授重点是引导学生学习基于过往历史数据来进行市场预测及销售预测，从而让学生了解基于数据化分析和营销的思路，同时了解渠道管理的基本业务场景。

（3）生产运作。在课程中，生产运作的主要讲授内容从产品设计、工艺及生产优化到主生产计划、物料需求计划顺序展开，通过订单引导学生了解平准化生产的价值。

（4）供应链管理。在课程中，供应链主要讲授的是布局、供应商选择、渠道建设等方面的内容，让学生了解制造类企业与服务类企业的价值诉求以及数据化管理。

（5）人力资源管理。掌握人员雇用/解雇、工资核算等，掌握该部分的模型编制和使用。

（6）财务管理。掌握成本核算、现金流的计算、筹融资财务的处理，掌握该部分的模型编制和使用。

2. 其他基础课程体验要点

（1）统计学。应用统计学知识进行数据分析解释支持决策。

（2）经济学。运用经济学模型解释市场规律，解读不同类型企业的经营特点以及博弈过程分析。

第2章 教学组织

2.1 开课安排

本课程中的仿真场景一般由 5~7 类公司及政府外围机构等 30 多个机构组成，每个仿真机构根据岗位设定，可设定 3~7 人，配备 2~3 名教师即可。根据学校的教学情况和场地资源，选择适合的教学方式。图 2-1 为教学安排模式。

学期安排	学时安排	实习人数	实习方式	教师人数
第七学期或指定的实践教学时间	5天40学时 10天80学时 15天105学时	60~400人	连续集中	2~4名指导老师

图 2-1 教学安排模式

2.1.1 教学组织过程

仿真教学从规则掌握、数据分析、决策处理、总结回顾、评价等几个方面把握整个课程的教学节奏。教师参考图 2-2 进行课程安排，并掌控整个实训的节奏，且最终对学生的实习情况做点评。

2.1.2 课程方案选择

本课程的企业管理模拟了以制造业为核心的市场大环境，其中每类企业的数量、人数都可能不同，可根据学校课程人数和教学时间安排，选择以下三种方案之一进行排课，具体人数安排以及组数的设定，根据课件中的分组软件进行安排。

一周课程排课。共 5 天经营时间，40 个课时，学生可进行 3 个月的经营，初步体验企业经营过程中遇到的各种问题以及决策。课程具体安排如表 2-1 所示。

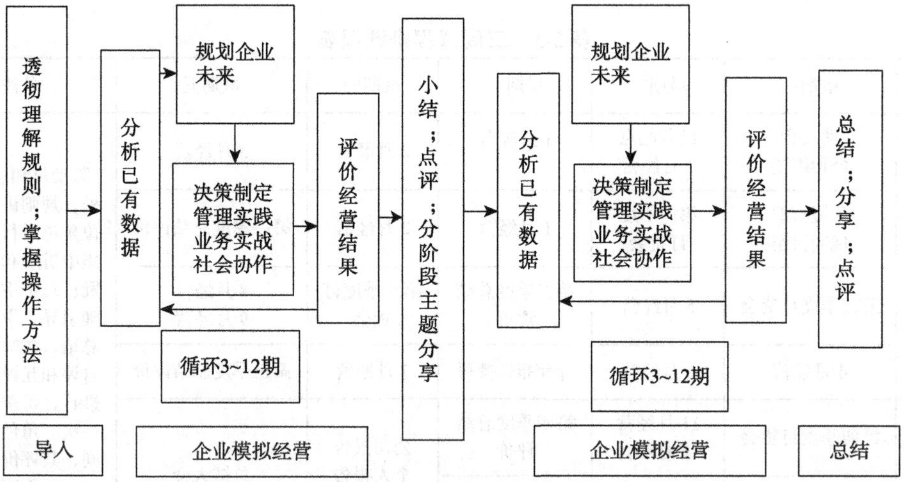

图 2-2 教学组织过程

表 2-1 一周课程排课课表

时间	星期一	星期二	星期三	星期四	星期五	备注
第一周	动员会 环境布置 规则讲解	1 月经营	2 月经营	3 月经营	第二季度订货会 公司报告 个人报告	体验课不做第二季度订货会，经营时间压缩（减少内容），去掉银行自主经营等环节
	第一季度订货会 1 月经营	1 月经营	2 月经营	3 月经营	总结大会	

二周课程排课安排。共经营 10 天，80 个课时，学生可进行 9 个月的经营，基本体验企业经营的一个完整过程，包括完整的供应链、生产、财务等。课程具体安排如表 2-2 所示。

表 2-2 二周课程排课课表

时间	星期一	星期二	星期三	星期四	星期五	备注
第一周	动员会 公司组建 环境布置	1 月经营	1 月经营	2 月经营	3 月经营	除动员和总结会外，规则讲解按岗位角色进行，分为集中讲解和日常答疑；总结主要由教师引导，学生自行总结，教师归纳。每期设置特定主题供评价，可分组评价，也可按角色评价
	规则讲解 年初准备	1 月经营	2 月经营	3 月经营	第一季度总结评价 第二季度订货会	
第二周	4 月经营	5 月经营	7 月经营 第三季度 订货会	8 月经营	公司报告 个人报告 组间评价	
	4 月经营	6 月经营 第二季度总结评价	7 月经营	9 月经营 分组总结	总结大会	

三周课程排课安排。共经营 15 天，105 个课时，学生可进行完整 1 年的经营，完全体验企业经营的一个完整过程，包括完整的供应链、生产、财务等。课程具体安排如表 2-3

所示。

表 2-3 三周课程排课课表

时间	星期一	星期二	星期三	星期四	星期五	备注
第一周	动员会 公司组建	经营起点 1月经营	1月经营	2月经营	3月经营	除动员和总结会外，规则讲解按岗位角色进行，分为集中讲解和日常答疑；总结主要由教师引导，学生自行总结，教师归纳。自评和互评分4次进行，每季度进行一次。角色岗位不同，其评价内容也不同
	环境布置 规则讲解	第一季度 订货会	1月经营	2月经营	第一季度总结评价	
第二周	第二季度订货会	5月经营	第二季度总结 评价	第三季度订 货会	8月经营 9月经营	
	4月经营	6月经营	半年报告撰写	7月经营	第三季度总结评价	
第三周	第四季度订货会	11月经营 12月经营	第四季度总结 评价	公司报告 个人报告 环境清理	总结大会	
	10月经营	年终结转 经营结束	组间评价			

2.2 教学明细

在教学过程中，随着课程推进，课程的安排及任务也会发生变化，在整个教学过程中，指导教师在课程初期指导学生学习课程的相关规则以及理论知识；课程开始后，指导教师根据学生的情况把握课程进度，每月进行订单发放及月份切换；课程结束后，教师要根据学生的实习报告进行评价打分。表2-4是实训教学日历，列举出了每天需要做的事情，以及指导教师的任务和学生的任务。

表 2-4 实训教学日历

编号	时间点	名称	前导任务	任务时长（参考）	任务类型	参与人	需求资源	目标教学任务	重要性
01	课程前一天	教师培训——课程介绍	—	1小时	教师参与任务	参与教师、主讲教师	投影仪、话筒	1. 课程价值介绍 2. 业务数据大环境梳理 3. 课程组织形式	★★
02	课程前一天	教师培训——规则讲解	01	2小时	教师参与任务	参与教师、主讲教师	投影仪、话筒、至少10台PC机、仿真系统	1. 业务流程概念讲解 2. 各公司重点规则提炼 3. 各公司业务操作熟悉	★★
03	课程前一天	教师培训——教师联合演练及答疑	02	3小时	教师参与任务	参与教师、主讲教师	投影仪、话筒、至少10台PC机、仿真系统	1. 教师分组进行业务演练 2. 主讲教师指导进行演练 3. 演练完成至少2个月业务 4. 演练不需要业务单据流程 5. 指导汽车拼装	★★
04	课程前一天	软件安装测试	—	5小时	教师参与任务	指导教师、实验室教师	综合仿真系统、K3财务系统、（K3要求XP、Win7旗舰系统）	1. 安装并测试仿真系统软件 2. 安装并测试财务系统软件 3. 网络测试并保证网络流畅	★★

续表

编号	时间点	名称	前导任务	任务时长（参考）	任务类型	参与人	需求资源	目标教学任务	重要性
05	课程前一天	资料耗材准备	—	1小时	教师参与任务	上课教师、实验室教师	—	1. 清单、印章、乐高等耗材 2. 清点票据 3. 准备或打印所需合同和规则	★
06	开课第一天上午	启动大会	05	1小时	教师参与任务	所有参训学生、参训教师、主讲教师	大教室或大礼堂（能容纳本轮参训学生）、投影仪、话筒	1. 让学生初步认识课程，包括内容、组织形式以及意义等 2. 领导做指导发言 3. 授课教师做课程考核方案和纪律阐述	★★
07	开课第一天上午	管委会培训	06	30分钟	教师参与任务	管委会全体学生、参训教师	仿真软件、小教室或者管委会办公室	1. 选出管委会主任 2. 安排各部门人员 3. 梳理管委会第一天主要工作	★★
08	开课第一天上午	管委会物料发放	07	2小时	教师布置任务	管委会全体学生	实训物料	1. 管委会按照清单发放单据、合同、印章等 2. 管委会梳理整理耗材	
09	开课第一天上午	布置文化墙任务	08	—	教师布置任务	全体参训学生	卡纸等材料	1. 让所有公司做好自己公司的企业文化墙 2. 文化墙需包含： a 企业名称和Logo（标志） b 企业文化和介绍 c 企业组织架构	★
10	开课第一天上午	做初始化设置和课程方案选择	09	20分钟	教师参与任务	主讲教师、参训教师	仿真软件	1. 课程初始化处理 2. 课程方案设置 3. 外部数据导入 4. 市场需求图和课表的生成	★★★
11	开课第一天上午	制造商业务培训	10	45分钟	教师参与任务	主讲教师、制造商全体学生	可容纳30人以上的教室、投影仪、话筒、小黑板	1. 让学生了解整个大环境的构成和运作方式 2. 了解制造商的主营业务和供应链环境 3. 了解市场的选择机制和变化情况 4. 了解产品的BOM（物料清单）构成和所需原材料情况 5. 了解产品的生产过程和模块、产线等组合方式 6. 了解和经销商的代理关系以及销售 7. 了解制造商成本构成要素 8. 了解整个业务操作的流程 9. 了解软件功能的操作	★★★
12	开课第一天下午	供应商业务培训	11	45分钟	教师参与任务	主讲教师、供应商全体学生	可容纳30人以上的教室、投影仪、话筒、小黑板	1. 让学生了解整个大环境的构成和运作方式 2. 了解供应商的主营业务和供应链环境 3. 了解市场的选择机制和变化情况	★★★

续表

编号	时间点	名称	前导任务	任务时长（参考）	任务类型	参与人	需求资源	目标教学任务	重要性
12	开课第一天下午	供应商业务培训	11	45分钟	教师参与任务	主讲教师、供应商全体学生	可容纳30人以上的教室、投影仪、话筒、小黑板	4. 了解产品的BOM构成和所需原材料情况 5. 了解产品的生产过程和模块、产线等组合方式 6. 了解供应商成本构成要素 7. 了解整个业务操作的流程 8. 了解软件功能的操作	★★★
13	开课第一天下午	经销商业务培训	12	35分钟	教师参与任务	主讲教师、经销商全体学生	容纳30人以上的教室、投影仪、话筒、小黑板	1. 让学生了解整个大环境的构成和运作方式 2. 了解经销商的主要业务和供应链环境 3. 了解市场的环境和影响因素 4. 了解和制造商的代理关系和相互影响机制 5. 了解影响销售的7个因素 6. 了解经销商成本构成要素 7. 了解整个业务操作的流程 8. 了解软件功能的操作	★★★
14	开课第一天下午	物流商业务培训	13	30分钟	教师参与任务	主讲教师、物流商全体学生	容纳30人以上的教室、投影仪、话筒、小黑板	1. 让学生了解整个大环境的构成和运作方式 2. 了解物流商的主要业务 3. 了解物流仓储的租进和租出的机制 4. 了解物流运输的安排 5. 了解物流商的成本构成机制 6. 了解整个业务操作的流程 7. 了解软件功能的操作	★★★
15	开课第一天下午	商业银行业务培训	14	25分钟	教师参与任务	主讲教师、商业银行全体学生	容纳30人以上的教室、投影仪、话筒、小黑板	1. 让学生了解整个大环境的构成和运作方式 2. 了解商业银行的主要业务和盈利机制 3. 了解商业银行的借贷业务 4. 了解商业银行的中间业务 5. 了解央行对商行的监管机制 6. 了解整个业务操作的流程 7. 了解软件功能的操作	★★★
16	开课第一天下午	管委会业务培训	15	30分钟	教师参与任务	管委会所有学生、主讲教师	容纳30人以上的教室、投影仪、话筒、小黑板、仿真软件	1. 了解每个部分的业务范围及主要业务事项 2. 了解每个部门业务的具体操作 3. 了解具体操作过程中的注意事项	★★★

续表

编号	时间点	名称	前导任务	任务时长（参考）	任务类型	参与人	需求资源	目标教学任务	重要性
17	开课第一天下午	汽车乐高拼装	11	2小时	教师监督任务	制造商生产总监	一张大桌子	1. 按照汽车流程图进行汽车拼装 2. 按照规则要求进行分模块练习 3. 保管好乐高零件、丢失要赔偿	★
18	开课第一天下午	布置第一季度产品发布会任务	16	—	教师布置任务	制造商所有学生	—	1. 制造商准备第一季度产品发布会 2. 做一个5分钟左右的PPT 3. 按照发布会要求进行准备	★
19	开课第二天上午	检查文化墙建设	18	—	教师检查任务	指导教师	—	1. 检查所有公司是否完成文化墙 2. 检查所有公司是否按要求去完成 3. 评选出最佳文化墙建设的企业	★
20	开课第二天上午	系统联合演练	19	2小时	教师指导学生任务	所有学生、参训教师、指导教师	仿真实验室、仿真系统	1. 完成联合演练所规定的所有业务 2. 搞清楚在演练过程中遇到的所有问题 3. 熟悉每个公司的所有业务 4. 了解每个月该如何去操作 5. 记清楚每个月的几个重点功能操作	★★
21	开课第二天上午	系统初始化	20	5分钟	教师参与任务	指导教师	仿真系统	1. 系统重新初始化 2. 导入外部数据 3. 生成市场数据图和学生课表 4. 导入学生信息	★★★
22	开课第二天上午	工商注册	21	30分钟	教师监督任务	所有公司CEO、工商局长、参训教师	仿真系统	1. 所有公司完成系统上工商注册 2. 所有公司完成工商登记证和税务登记证的领取	★★★
23	开课第二天上午	成本计算检查	20	—	教师检查任务	指导教师	仿真系统	1. 教师检查各公司的成本核算表 2. 教师对各公司成本核算进行批阅 3. 对问题比较多的公司进行修改	★
24	开课第二天上午	制造商第一季度产品发布会	22	40分钟	教师监督任务	制造商市场总监、管委会评分人员、参训教师	容纳30人的小教室、投影仪、话筒	1. 各公司对第一季度推出产品进行展示 2. 管委会对各公司的发布会进行打分 3. 管委会将打分结果录入仿真系统	★★

续表

编号	时间点	名称	前导任务	任务时长（参考）	任务类型	参与人	需求资源	目标教学任务	重要性
25	开课第二天下午	制造商生产测时	24	1.5小时	教师监督任务	管委会认证中心主任、所有制造商生产总监	一张大桌子	1. 每家制造商完成P1、P2汽车分模块测试 2. 认证中心主任进行时间测量 3. 认证中心主任将测试时间录入仿真系统	★
26	开课第二天下午及第三天	1月经营	25	一天半	教师监督任务	所有公司人员	仿真系统、仿真实验室	1. 制造商和经销商完成代理协议签订 2. 制造商和经销商完成库存商品运输 3. 制造商完成指导价填报 4. 制造商和供应商完成渠道买卖 5. 制造商和供应商完成生产 6. 经销商完成市场报价和广告投放 7. 物流商完成运输 8. 银行完成中间业务以及借贷任务	★★★
27	开课第三天上午	财务培训	26	1小时	教师参与任务	指导教师、参训教师、所有公司财务总监	K3财务系统、小教室、话筒、投影仪	1. 完成财务基本知识的讲解 2. 完成K3操作的培训 3. 完成财务账本的装定工作	★★
28	开课第三天下午	发放订单及翻月	26	30分钟	教师参与任务	指导教师、参训教师	仿真系统、仿真实验室	1. 教师完成1月订单发放 2. 完成2月切换工作	
29	开课第四天上午	1月市场点评	28	30分钟	教师参与任务	指导教师、参训教师、制造商、经销商CEO	仿真系统、小教室、投影仪、话筒	1. 对1月销售情况进行点评 2. 对1月市场容量进行分析 3. 对1月市场需求与供给情况进行分析	★
30	开课第四天上午	纳税及工人工资缴纳培训	28	30分钟	教师参与任务	指导教师、参训教师、所有公司财务总监、人才交流中心主任、税务局局长	仿真系统、小教室、投影仪、话筒	1. 了解增值税的抵扣方法以及计算方法 2. 了解企业所得税的计算和缴纳过程 3. 了解个人所得税的算法和缴纳方法 4. 了解城建及其教育附加税的算法和缴纳方法 5. 了解高层和虚拟人员工资的缴纳方法	★
31	开课第四天	2月经营	28	一天	教师监督任务	所有公司人员	仿真系统、仿真实验室	1. 经销商与制造商、制造商与供应商完成产品买卖 2. 制造商、供应商完成生产 3. 物流商完成所有运输业务 4. 商业银行完成转账业务以及消费贷款业务 5. 经销商完成产品销售报价	★★★

续表

编号	时间点	名称	前导任务	任务时长（参考）	任务类型	参与人	需求资源	目标教学任务	重要性
32	开课第四天下午	发放订单及翻月	31	30分钟	教师参与任务	指导教师、参训教师	仿真系统、仿真实验室	1. 教师完成2月订单发放 2. 完成3月切换工作	★★★
33	开课第五天	3月经营	32	一天	教师监督任务	所有公司人员	仿真系统、仿真实验室	1. 经销商与制造商、制造商与供应商完成产品买卖 2. 制造商、供应商完成生产 3. 物流商完成所有运输业务 4. 商业银行完成转账业务以及消费贷款业务 5. 经销商完成产品销售报价	★★★
34	开课第五天下午	发放订单及翻月	33	30分钟	教师参与任务	指导教师、参训教师	仿真系统、仿真实验室	1. 教师完成3月订单发放 2. 完成4月切换工作	★★★
35	开课第五天下午	布置第二季度产品发布会任务	34	—	教师布置任务	制造商所有学生	—	1. 制造商准备第二季度产品发布会 2. 做一个5分钟左右的PPT 3. 按照发布会要求进行准备	★
36	开课第六天上午	制造商第二季度产品发布会	35	40分钟	教师监督任务	制造商市场总监、管委会评分人员、参训教师	容纳30人的小教室、投影仪、话筒	1. 各公司对第二季度推出产品进行展示 2. 管委会对各公司的发布会进行打分 3. 管委会将打分结果录入仿真系统	★★
37	开课第六天上午	P3产品培训	36	30分钟	教师参与任务	制造商生产总监、供应商市场总监	容纳30人的小教室、投影仪、话筒	1. 了解P3产品的市场以及产品构成 2. 了解P3产品同S3的供应关系以及周期 3. 了解S3授权生产的机制 4. 了解P3产品的研发过程	★
38	开课第六天上午	P3产品研发	37	1小时	教师监督任务	制造商生产总监	一张大桌子、乐高	1. 了解P3的构成以及P3的限制要求 2. 完成P3产品的研发 3. 向管委会提交研发申请 4.对P3产品进行生产测时	★
39	开课第六天	4月经营	35	一天	教师监督任务	所有公司人员	仿真系统、仿真实验室	1. 制造商完成产品报价和广告投放 2. 制造商完成和经销商渠道代理关系 3. 经销商与制造商、制造商与供应商完成产品买卖 4. 制造商、供应商完成生产 5. 物流商完成所有运输业务 6. 商业银行完成转账业务以及消费贷款业务 7. 经销商完成产品销售报价	★★★

续表

编号	时间点	名称	前导任务	任务时长（参考）	任务类型	参与人	需求资源	目标教学任务	重要性
40	开课第六天下午	发放订单及翻月	39	30 分钟	教师参与任务	指导教师、参训教师	仿真系统、仿真实验室	1. 教师完成 8 月订单发放 2. 完成 6 月切换工作	★★★
41	开课第七天上午	5 月经营	40	半天	教师监督任务	所有公司人员	仿真系统、仿真实验室	1. 制造商对经销商完成 S3 生产授权 2. 经销商与制造商、制造商与供应商完成产品买卖 3. 制造商完成生产 4. 供应商完成 S3 生产并运输给制造商 5. 物流商完成所有运输业务 6. 商业银行完成转账业务以及消费贷款业务 7. 经销商完成产品销售报价	★★★
42	开课第七天上午	发放订单及翻月	40	30 分钟	教师参与任务	指导教师、参训教师	仿真系统、仿真实验室	1. 教师完成 5 月订单发放 2. 完成 6 月切换工作	★★★
43	开课第七天下午	6 月经营	42	半天	教师监督任务	所有公司人员	仿真系统、仿真实验室	1. 制造商完成 P3 生产，并运输给经销商 2. 经销商与制造商、制造商与供应商完成产品买卖 3. 供应商完成生产 4. 物流商完成所有运输业务 5. 商业银行完成转账业务以及消费贷款业务 6. 经销商完成产品销售报价	★★★
44	开课第七天下午	发放订单及翻月	43	30 分钟	教师参与任务	指导教师、参训教师	仿真系统、仿真实验室	1. 教师完成 6 月订单发放 2. 完成 7 月切换工作	★★★
45	开课第七天下午	布置第三季度产品发布会任务	44	—	教师布置任务	制造商所有学生	—	1. 制造商准备第三季度产品发布会 2. 做一个 5 分钟左右的 PPT 3. 按照发布会要求进行准备	★
46	开课第八天上午	制造商第三季度产品发布会	45	40 分钟	教师监督任务	制造商市场总监、管委会评分人员、参训教师	容纳 30 人的小教室、投影仪、话筒	1. 各公司对第三季度推出产品进行展示 2. 管委会对各公司的发布会进行打分 3. 管委会将打分结果录入仿真系统	★★
47	开课第八天	7 月经营	42	一天	教师监督任务	所有公司人员	仿真系统、仿真实验室	1. 制造商完成市场指导价拟定和广告投放 2. 经销商与制造商、制造商与供应商完成产品买卖 3. 供应商完成生产 4. 物流商完成所有运输业务 5. 商业银行完成转账业务以及消费贷款业务 6. 经销商完成产品销售报价	★★★

续表

编号	时间点	名称	前导任务	任务时长（参考）	任务类型	参与人	需求资源	目标教学任务	重要性
48	开课第八天下午	发放订单及翻月	47	30分钟	教师参与任务	指导教师、参训教师	仿真系统、仿真实验室	1. 教师完成7月订单发放 2. 完成8月切换工作	★★★
49	开课第八天下午	P3市场分析	48	30分钟	教师参与任务	指导教师、制造商、供应商CEO和市场总监	容纳30人的小教室、投影仪、话筒、仿真系统	1. 对7月P3产品销售情况进行分析 2. 分析P3市场的容量变化 3. 分析产品设计对P3产品销售的影响	★
50	开课第九天上午	8月经营	49	一天	教师监督任务	所有公司人员	仿真系统、仿真实验室	1. 经销商与制造商、制造商与供应商完成产品买卖 2. 制造商、供应商完成生产 3. 物流商完成所有运输业务 4. 商业银行完成转账业务以及消费贷款业务 5. 经销商完成产品销售报价	★★★
51	开课第九天上午	发放订单及翻月	50	30分钟	教师参与任务	指导教师、参训教师	仿真系统、仿真实验室	1. 教师完成8月订单发放 2. 完成9月切换工作	★★★
52	开课第九天下午	9月经营	51	一天	教师监督任务	所有公司人员	仿真系统、仿真实验室	1. 经销商与制造商、制造商与供应商完成产品买卖 2. 制造商、供应商完成生产 3. 物流商完成所有运输业务 4. 商业银行完成转账业务以及消费贷款业务 5. 经销商完成产品销售报价	★★★
53	开课第九天下午	发放订单及翻月	52	30分钟	教师参与任务	指导教师、参训教师	仿真系统、仿真实验室	1. 教师完成9月订单发放 2. 完成10月切换工作	★★★
54	开课第九天下午	发放总结报告模板	53	—	教师发布任务	所有公司人员	—	1. 所有公司完成公司个人报告 2. 所有学生完成个人总结报告	★
55	开课第十天上午	分红	54	1小时	教师监督任务	所有公司人员	仿真系统、仿真实验室	1. 所有学生根据公司经营情况对个人进行分红 2. 分红总额不得超过9月财务报表未分配利润的30%	★
56	开课第十天上午	教师总结大会PPT	54	2小时	教师参与任务	主讲教师	—	1. 对制造商各公司经营数据进行统计分析 2. 对销售市场数据分地区分产品进行分析 3. 对影响销售因素进行分析 4. 对经销商销售总额进行统计分析 5. 对物流运输情况进行分析 6. 对银行信贷数据进行分析 7. 评选出各项优秀个人与公司	★★★

续表

编号	时间点	名称	前导任务	任务时长（参考）	任务类型	参与人	需求资源	目标教学任务	重要性
57	开课第十天上午	学生总结大会 PPT	55	1.5 小时	教师监督任务	所有公司人员	电脑	1. 对公司经营情况进行统计分析 2. 对个人职位以工作情况进行分析 3. 对本次实训感受进行分享	★★
58	开课第十天下午	提交总结报告	57	—	教师参与任务	所有公司人员	—	1. 每个公司提交一份公司经营报告，并附上最后一个月财务报表 2. 每个人提交一份个人总结报告	★★
59	开课第十天下午	实训总结大会	58	2 小时	教师参与任务	所有公司人员、所有参训教师	大教室或大礼堂（能容纳本轮参训学生）、投影仪、话筒	1. 领导做总结性发言 2. 实训主讲教师做宏观数据分析 3. 各典型公司进行实训数据及感受分享	★★★

P1、P2、P3 为仿真场景中生产的三类产品，分别为经济型轿车、中型轿车、豪华轿车；S3 为豪华轿车车架

注：任务重要性用星级表示，最高 3 颗星，最低 1 颗星。超过 2 颗星为必做任务，省略或取消都会影响课程进度

2.3 教学评价

仿真实训的意义在于提升实习的有效性。因此其主要价值在于认知的评价，包括岗位能力需求及自我能力水平。其中，评价学生对岗位能力、岗位工作主要特征的认识水平是课程的重要评价点，而基于胜任力模型的评价是最有意义的评价。课程使用两套评价机制对学生学习进行评价。第一套用于课程成绩评价，课程基于系统内置经营绩效（权益、发展态势）及个人收入、实习报告，评价学生总体学习效果。第二套评价方法用于学生个人能力（部分能力项）评价，用于引导学生认识能力素质模型及自身特点。

2.4 实训过程

2.4.1 实训准备工作

实训准备涉及实训单据、票据、设备场地等准备工作，请扫描二维码获取详细配置清单。

2.4.2 课程方案设置

1. 方案安排

教师在课程开始时根据学校的实际情况选择一种上课方案，包括课时长短、公司数量多少，以及成绩评定标准。

2. 方案选择

课程提供了 3 种上课方案，即一周上课方案（40 课时）、两周上课方案（80 课时）、三周上课方案（105 课时）。教师根据实际情况在系统内选择一种上课方案，并根据实训人数对方案里面公司的数量进行修改。

3. 任务发布

系统内置任务清单，方便学生理解经营流程，在规定经营（演练）中，严格按照任务执行。在自主阶段，可按需查阅，不做处理。

4. 市场环境设置

市场环境在系统中已有默认设置，教师可根据需求进行微调。可调整内容包括基准价格、价格弹性、市场需求总量、广告效应等项目。

教师如需了解更多设置细节，请扫描二维码获取系统使用说明。

2.5 实训操作

2.5.1 教学过程

1. 现场任务组织

1）启动大会

启动大会在实训开始的时候进行，一般时间为 1~2 个小时，要求所有参加实训的学生参加，启动大会主要是让学生了解一下实训课程的意义，就本次实训的内容、时间安排、组织形式、实训要求、实训考核等做统一宣讲，最后介绍课程的基本情况以及大环境数据。

2）培训管委会

在启动大会结束后，所有学生回到实训基地，对管委会学生进行业务培训，管委会辅助老师进行物料的发放和现场的一些组织管理。

管委会是仿真环境中的政府和外围机构。教师根据管委会学生的意愿进行安排或者教师直接安排他们的职务。具体职务安排可以先简单地介绍一下每个部分的工作，然后学生根据教师的介绍来选择自己希望任职的部门，同时也初步了解自己的工作内容。

选出管委会主任和教师助理，让管委会主任组织管委会学生发放需要的物料。

培训税务局局长关于发票的发放，每个月每家公司所需要的发票全部在管委会税务局购买。

以上系统明细请扫描二维码获取。

3）文化墙任务

仿真环境中的所有虚拟公司，我们都要求其做出自己的公司文化，在上午开始前布置文化墙任务，所有公司必须在第一天下午完成公司的文化墙。公司文化墙有三点要求，必须有公司的名称和Logo、必须有公司的文化和介绍、必须有公司的组织架构。

2. 业务规则讲解

1）制造商

安排制造商各公司的总经理和市场总监前来培训，培训首先讲清楚基本大环境和制造商的主营业务。然后从市场、生产、采购和销售渠道四个方面着重讲解。在这次讲解中应着重强调四点：第一，制造商和经销商的渠道关系。经销商产品的销售必须以经销商和制造商有合约关系为前提。第二，市场运输。所有的运输除了原材料运输不需要运输周期，当月采购当月到货以外，其他的采购包括半成品、成品的运输都需要一个月的运输周期。第三，三个价格的区分，包括制造商市场报价、经销商市场销售价格、经销商向制造商采购价格。第四，经销商销售的影响因素，不仅和经销商有关，还和制造商有重大的关系，这点在规则里有详细的分析。

2）供应商

安排供应商各公司的总经理和市场总监前来培训，培训首先讲清楚基本大环境和供应商的主营业务。然后从市场、生产、采购和销售渠道四个方面着重讲解。在讲解的过程中也要注意两点：第一，市场运输，所有的运输除了原材料运输不需要运输周期，当月采购当月到货以外，其他的采购包括半成品、成品的运输都需要一个月的运输周期；第二，供应商向制造商销售产品报价的方式和限制。

3）经销商

安排经销商各公司的总经理和市场总监前来培训，培训首先讲清楚基本大环境和经销商的主营业务。然后从渠道关系、采购、市场和销售四个方面讲解经销商的业务规则。在讲解过程中要注意四点：第一，经销商销售的影响因素，不仅和经销商有关，还和制造商有重大关系；第二，经销商产品的销售必须以经销商和制造商的合约关系为前提；第三，经销商选择制造商代理产品的时候着重考虑品牌和货源；第四，经销商市场销售消费贷款。

4）物流商

安排物流商各公司的总经理和市场总监前来培训，培训首先讲清楚基本大环境和物流商的主营业务。然后从运输和仓储两个方面介绍物流商的主要业务规则。

5）商业银行

安排商业银行的行长和业务主管前来培训，首先讲清楚商业银行在整个大环境中扮演的角色，然后对信贷和转账两个主要业务进行培训，业务培训时一定要强调信用额度申请的程序。

3. 软件操作培训

在业务讲解结束后可以分公司进行软件操作培训，注意在培训的时候一定要根据现场情况选择要多少人来参加培训，不可能对整个公司人员进行操作培训，因为在软件培训的同时，实训也在进行中，集体培训可能导致公司其他业务中断，一般参加软件培训时，每公司最好安排 2~3 人参加。

4. 系统联合演练

联合演练是在业务培训和软件操作培训结束后，对学生掌握程度的一种检验，也是在正式实训开始前的一种预演，旨在发现学生在实训业务中的错误和不懂的地方，然后加以纠正，让学生在经营过程中尽量少犯错误，可以快速熟练地掌握整个业务规则。

在联合演练开始前，集中所有公司的总经理/行长，进行一次简单的培训，主要是联合演练怎样去操作，联合演练是我们对所有公司发布任务，每家公司将会发放一张任务单，此任务单上包含的任务是所有公司在经营过程中都会遇到的问题。联合演练的时间最好控制在 2 个小时左右，整个联合演练过程中，教师时刻关注学生遇到的问题，以便及时去解答。联合演练结束后，我们将进入正式的 1 月经营中。联合演练任务单据详见数据资料 2.0-1-6。

教师如需获取相关资源，请扫描二维码获取系统讲授资料。

2.5.2 业务实训过程

1. 1 月经营

1）系统初始化

在完成联合演练的时候，对系统重新初始化，课程方案不动，只是重新初始化数据，重新导入市场数据。

2）公司注册

在开始经营的时候，首先所有公司去管委会工商局和税务局办理工商营业执照和税务登记证。在公司类型一栏，除制造商为股份有限公司外，其余所有公司均为有限责任公司。管委会税务局和工商局根据各公司的注册情况给予盖章发证。在工商营业执照上有地址一栏，各公司根据自己对市场的调查进行选址，有 A、B、C 三个地区，一旦选定不能再做修改。

在工商局注册结束后，各公司首次登录系统时，会出现一个注册界面，所有公司根据自己在工商局注册的情况，再在软件里面注册一次，这次非常重要，一旦注册出问题，将会影响到自己的初期固定资产。对于此步骤，教师可以登录所有公司的界面，帮助学生注册。

3）制造商产品发布会

制造商在每季度初进行一次产品发布会，产品发布会上每家公司有 5 分钟讲解时间，发布会主要介绍自己公司本季度主要产品、指导价格及营销策略。各经销商的市场总监听取整个发布会的过程，根据各公司发布会的情况选择合作制造商，同时在整个发布会过程中，管委会会派出 4~6 名学生进行现场打分，打分的高低直接影响该制造商生产的产品最终在市场上销售因素的 20%。

在接下来的每个季度的第一个月，制造商都要开一次产品发布会，原则上制造商产品发布会要有创新意识，不能总是重复上一季度的内容。详细的打分表详见数据资料 2.0-1-7。

4）制造商生产测时

制造商的生产产能是不固定的，在每个季度初，所有制造商到管委会进行生产测时，生产测时主要测试制造商在拼装汽车的 4 个部件时所用的时间，即发动机部分、车身部分、底盘部分和汽车总组装部分。根据每家制造商的拼装时间，系统自动计算出每家制造商的产能，拼装的时候原则上没有太大的要求，可以 4 个人拼装 4 个部分，也可以每个人拼装一部分。最后登录管委会系统。

5）发布 1 月任务

做到这个节点上就证明整个实训已经进入完全熟悉的过程了，发布任务是教师在每天课程开始的时候首先要做的事情，因为在实训过程中，可能会有一些因素影响我们在开始系统导入的时间课表，因此在具体操作时，教师每天列出当日的所有任务以及完成时间点，学生根据信息公告里面教师发布的任务进行时间安排，然后做出决策。

发布的任务主要包含以下几点。

（1）制造商完成和经销商的渠道签约关系。在季度初，经销商寻找合适的制造商完成产品销售战略协议。因为整个成品运输都有 1 个月的运输周期，所以在制造商和经销商签订代理协议的时候，系统会默认生成两条订单。制造商只有按照系统生成的订单执行，经销商当月才能收到货物。

（2）制造商完成市场指导价及广告投放的节点。制造商在整个过程中完全起到决定性作用，因为制造商每个季度进行一次报价，所以报价显得尤为重要，只有在制造商完成市场报价后经销商才能报最终的市场销售价格。

（3）完成整个运输节点。这是一个非常重要的过程，在这个过程中影响运输的主要因素是发货方、收货方以及物流公司对人员、仓库的安排。因此教师要督促学生完成市场运输。

（4）经销商销售报价及促销费用投放。经销商完成销售报价和广告投放后，才能最终发放市场订单，所以这是一个终结点。

（5）督促制造商、经销商生产并运输。由于是备货式交易，所以制造商、供应商在完成本月产品销售以外，还要提前生产运输下月经销商市场销售所需要的产品。

教师把上面五个任务完成的时间节点发布在系统信息公告上，学生根据信息公告安排自己公司的运行。此任务每个月发布一次，除了制造商每季度发布一次市场指导价外，其他所有任务节点均每季度都要发布。

6）发放当月系统订单

在所有经销商完成销售报价以后，教师在教师端发放本月订单，即在教师系统月度经营界面点击报价检查，等检查通过以后点击发放订单。当月销售订单发放后，根据销售数量，系统将从经销商的仓库里把汽车自动扣除掉，销售款直接打到本公司的银行基本账户，销售发票从管委会客户公司领取。

2.2 月经营

在系统进入2月之前确保所有公司已完成1月经营，一旦系统进入2月，将不能再退到1月。点击业务管理—月度经营管理—进入下一月。等待大约2分钟，系统将切换到2月。

1）财务培训

在进入2月的时候，各公司要做1月的整个财务报表，在此时对除银行以外的所有公司财务总监进行财务培训，此培训包括财务系统培训和手工账簿培训。具体培训内容及培训PPT详见数据资料2.0-2-8。

2）纳税及发放工资培训

在完成财务培训后对除银行外所有公司进行上月各种税务缴纳和公司工人工资的发放，此培训分为两部分。

第一，税务。完成上月经营以后，制造商、供应商和经销商要缴纳上月的企业所得税、增值税、教育附加税和城建税等几种税。

第二，工人工资。系统设定下个月初支付给工人当前月工资，工人工资分为高层管理人员工资（参加实训的学生）和虚拟人员工资，高层管理人员工资通过银行转账，由工资账户转到每个人的个人账户，虚拟人员的工资统一缴纳到管委会人才交流中心。缴纳工人工资所产生的个人所得税由公司代缴到税务局。

3）发布2月任务安排

此安排和1月安排基本相同，但也有两点不同：一是因为制造商是每季度进行一次报价，所以2月就不必再报价。二是加入完成1月手工账和电子账的检查节点，以后过程中都是本月检查上月的账目。

4）后续经营及注意

以后每个月的业务都是一样的，以季度为单位进行循环，除了每季度初制造商要进行产品报价、产品发布会和生产测试外，剩下两个月的业务是不变化的。

如果课程安排经营超过9个月的话，就要进行P3产品设计了，P3产品属于无BOM限制的产品，制造商可以根据自己的理念进行设计，设计出来的产品在管委会进行认证，认证通过以后就可以进行生产。但P3产品生产要注意以下两点。

第一，汽车的车架 S3 比较特殊，必须经过制造商授权给某家供应商生产，授权是自带标号，如果编号对不上，P3 将无法进行生产。

第二，产品研发需要一个月的研发周期，供应商生产出 S3 运输给制造商需要 1 个月，制造商生产 P3 运输给经销商需要一个月。第三季度之初市场上就有 P3 需求，因此制造商想在第三季度开始就通过经销商代理销售 P3 产品的话，就必须在 4 月开始研发 P3 产品。

2.6 考核及总结

1. 期末分红

公司经营结束后，也就是期末各公司要根据本年度的经营情况，对本公司高层（参加实训的学生）进行分红，各高层总共占公司 30%的股份，期末根据公司本年度盈利情况提取法定盈余基金外，可以提取 30%的盈利进行分红，分红要严格按照个人所得税制度去税务局缴纳个人所得税。分红通过银行转账的形式从公司账户转到各股东的个人账户。

2. 公司经营报告

公司经营报告是学生完成实训时对公司经营情况的汇报，主要是分析总结公司的经营情况，总结报告可以直观地反映学生在经营公司时的一些战略和分析管理能力。当然实习报告也是最终对学生成绩考核的一部分。

实习报告主要从以下几个方面阐述。

（1）公司文化建设。公司文化建设是一个公司企业理念、战略目标以及文化内涵的直接体现，在公司组建的过程中，每一个成员都发挥想象，提炼出公司的文化。公司文化建设从公司名称 Logo、公司介绍、战略目标、企业组织机构等几个方面阐述。

（2）公司经营情况。公司经营情况主要是以公司的经营数据为分析点，着重分析公司的战略得失。可以从市场、生产、销售及渠道等几个方面分别阐述公司的经营状况。这点非常重要，不管公司经营情况好坏，战略分析和总结是非常重要的一环，这也是评价学生经营的重要依据。经营结果很重要，但是能够分析出自己的得失也是非常重要的。

（3）财务报表分析。财务报表是直观反映公司经营情况的。要求所有公司把每个月的资产负债表和利润表打印出来，盖上公司财务章提交。通过财务报表可基本了解每家公司的经营状况。

（4）财务指标分析。财务指标从三个大方面进行分析，即偿债能力指标、运营能力指标和获利能力指标。偿债能力指标分别从流动利率、速动比率、资产负债率和产权比率四个指标进行分析。运营能力指标分别从流动资产周转率、固定资产周转率和总资产周转率三个指标进行分析。获利能力指标通过营业利润率、成本费用利润率、总资产报酬率、净资产收益率四个指标分析。

（5）竞争对手分析。每一个类型的公司相互之间都存在着竞争，对竞争对手进行分析的目的是让我们可以更理性地做决策。各公司分别从市场、战略、生产销售等多方面对竞争对手的情况进行分析，主要还是阐述清楚竞争对手的哪些决策因素可以直接影响我们的决策。

（6）战略目标分析。战略目标是企业经营的直接指导方向，战略决策的成功与否直接决定着企业未来的走向以及其企业是否会成功，所以我们应该从企业外部环境、企业内部资源、企业战略决策分析等多方面去阐述企业战略目标分析。

3. 个人总结报告

个人总结报告是实训完成后学生对个人能力等方面的一些认识总结，主要是自己在公司岗位胜任的一些体验以及个人能力和得失的一些分析，要求学生具体从以下四个方面去阐述。

（1）岗位阐述。主要阐述自己的岗位是干什么的，在公司经营过程中自己该做哪些事情，该如何去做才能保证公司正常经营。

（2）自己岗位分析。主要从自己在公司担任的岗位角色进行分析，分析自己在这个岗位承担的职责和自己在经营中做了哪些重大决策，这些决策对公司的发展起到哪些作用，是有利的还是有害的。

（3）岗位胜任能力评价。这是本次实习的重点，我们希望实习使学生完全了解自己的能力，能力是个很大的范畴，每个人都有自己擅长的能力，也有自己不擅长的能力，具体表现在工作中的很多方面。在实训最后我们有个岗位胜任能力的调查表，通过本公司学生相互打分的形式，了解每个人的胜任能力。

（4）实训总结体会。这也是对实训成果的最终反映，本实训到底是好是坏，是不是适合自己，或者有什么建议，可以通过总结体会的形式体现出来。

4. 期末总结大会

总结大会是和启动大会相呼应的，是在仿真结束时对整个经营情况做一个大数据的分析和学生自己的一些总结概括。总结大会大概2个小时，教师用20分钟左右做一个环境数据的分析，然后每个公司的总经理做一下公司最终汇报和总结感受。学生总结报告要从公司文化战略、组织机构、经营情况、经验感受等几个方面分别阐述。

5. 学生成绩评定

学生成绩的最终评定，通过四个部分去考核。

（1）个人资产。在开始经营的时候每个学生都有一个与学号相对应的银行账户，不管是每个月的工资还是最后的股东分红，都把钱打在这个账户，期末个人银行账户的资产将作为个人资产来考核，具体成绩构成比例在开始课程方案设计的时候配制完成。

（2）公司权益。在经营结束后系统会自动生成公司的所有者权益，此权益应该和年末资产负债表上的权益相等，这也是评定个人成绩的一部分。

（3）个人实习报告。个人实习报告由教师评阅，并在系统上给出成绩，同时也给出评语，主要是看学生总结是否到位，有没有抄袭的现象。

（4）考勤。教师可根据学校学籍管理规定和学生缺勤情况，在评定个人成绩时，进行适当的扣分。

第3章

业务规则

3.1 通用规则

3.1.1 一般规则

仿真市场上的所有公司处于同一环境，已有七年的经营历史。第七年末，各类型的公司（制造商、供应商、经销商、物流商、商业银行）财务状况、经营成果同类型企业完全相同。第八年开始，所有仿真公司将由新一届管理层接手并继续经营，各公司面临着相同的市场环境和经营起点。

认真研读经营企业的基础数据，才能了解整个环境的过去和现在，才能了解各类型企业的特殊性，并在此基础上规划本企业的未来发展，制定有效的经营战略。

3.1.2 市场机制

1. 市场需求

在仿真环境中，有3个销售地域A、B、C，各区域基本情况如下（相关数据见图3-1~图3-5）。

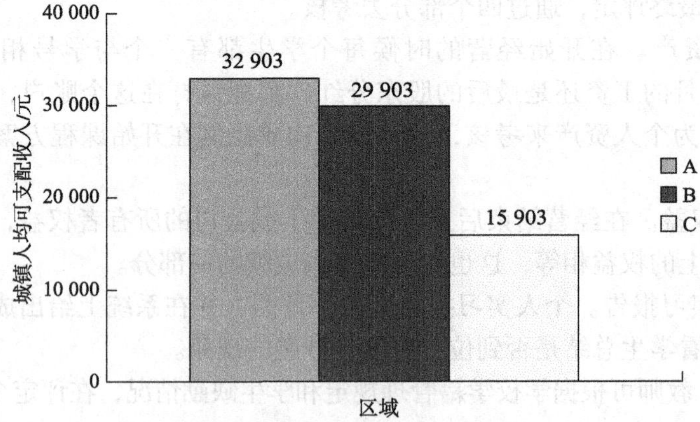

图3-1　城镇人均可支配收入示意图

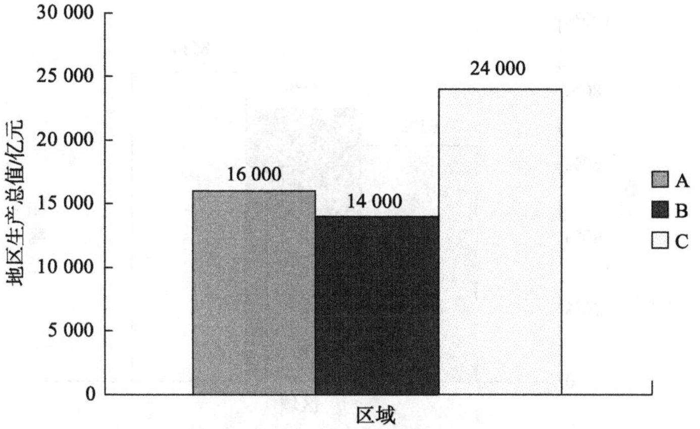

图 3-2 地区生产总值示意图

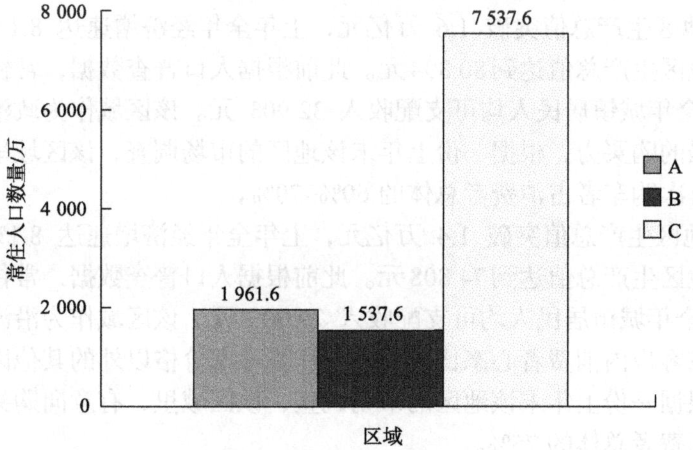

图 3-3 常住人口数量示意图

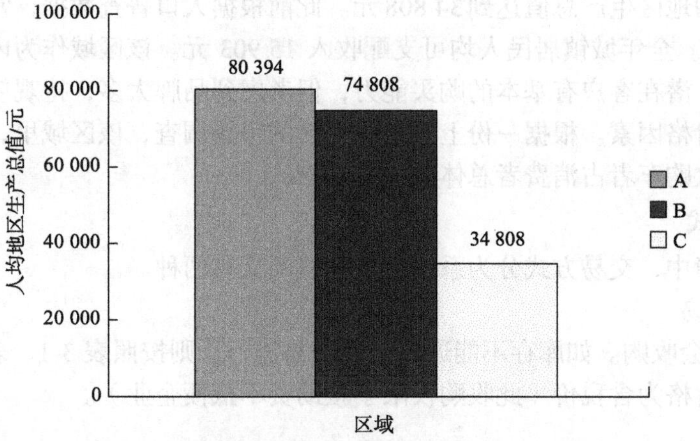

图 3-4 人均地区生产总值示意图

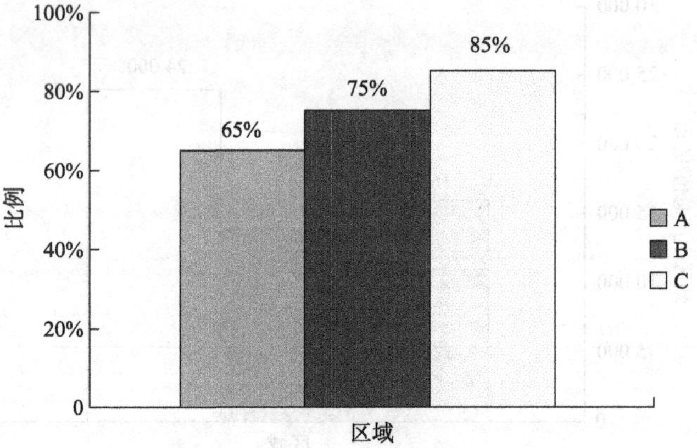

图 3-5 意向购车用户占消费群体比例示意图

A 区域：地区生产总值突破 1.6 万亿元，上年全年经济增速达 8.1%。按常住人口算，全市人均地区生产总值达到80 394元。此前根据人口普查数据，常住人口已经突破1 961.6 万人。全年城镇居民人均可支配收入 32 903 元。该区域作为政治文化的中心，潜在客户有较强的购买力，根据一份上年末该地区的市场调查，该区域里，有意向购买新车的客户中首次购车者占消费者总体的 60%~70%。

B 区域：地区生产总值突破 1.4 万亿元，上年全年经济增速达 8.1%。按常住人口算，全市人均地区生产总值达到74 808元。此前根据人口普查数据，常住人口已经突破1 537.6 万人。全年城镇居民人均可支配收入 29 903 元。该区域作为沿海经济和工业发展的中心，潜在客户内消费者心态比较成熟，注重考虑价格以外的其他因素，如产品的功能和服务。根据一份上年末该地区的市场调查，该区域里，有意向购买新车的客户中首次购车者占消费者总体的 75%。

C 区域：地区生产总值突破 2.4 万亿元，上年全年经济增速达 8.1%。按常住人口算，该区域人均地区生产总值达到34 808元。此前根据人口普查数据，常住人口已经达到 7 537.6 万人。全年城镇居民人均可支配收入 15 903 元。该区域作为内陆地区，经济发展相对较慢，潜在客户有基本的购买能力，但考虑到品牌太多，持观望态度；该类消费者注重考虑价格因素。根据一份上年末该地区的市场调查，该区域里，有意向购买新车的客户中首次购车者占消费者总体的 80%~90%。

2. 交易方式

在仿真环境中，交易方式分为系统交易和组间交易两种。

1）系统交易

（1）管委会收购。如库存不能通过组间交易进行，则按照表 3-1、表 3-2 价格由管委会收购，此价格为含税价（此收购仅限于救助资不抵债企业）。

表 3-1 产成品收购价格表（单位：元）

产品	P1	P2	P3
收购价格	35 000	55 000	75 000

注：收购价格已经包含运输费用，制造商、经销商无须额外再支付运费

表 3-2 半成品收购价格表（单位：元）

产品	S1	S2	S3	W1	W2
收购价格	8 000	9 000	10 000	5 000	6 000

注：S1、S2、S3 分别为经济型轿车车架、中型轿车车架、豪华轿车车架，W1、W2 分别为小轮胎、大轮胎；收购价格已经包含运输费用，供应商、制造商无须再支付运费，车架及轮胎不区分型号；原材料收购按管委会采购原价回收

（2）存货估值。在完成仿真经营后，对于最后没有销售出去的产品和原材料，系统会将其折算为存货价值，折算价格如表 3-3 所示。

表 3-3 存货估值表（单位：元）

产品类型	估值价格
M1	7 500
M2	30 000
W1	5 000
S1	12 000
S2	16 000
S3	18 000
P1	60 000
P2	70 000
P3	90 000

注：M1 为塑料粒子，M2 为橡胶

2）组间交易

组间交易即线下交易。上下游企业间通过面对面沟通、签订纸质合同等方式达成协议。然后通过系统进行发货、审核、运输、收货一个完整的链条以完成交易。

（1）供应商与制造商、制造商与经销商、经销商与经销商均可进行产成品、半成品的组间交易。

（2）公司之间进行组间交易价格自行商定，合同一经签订，价格和供货周期不允许更改，如需更改，需双方同意后另行起草合同。

（3）公司之间的合同纠纷可以自己协商解决，也可以起诉到管委会，政府将向败诉方收取 10 万元的诉讼费，并由败诉方向胜诉方支付合同金额 30%的违约金。

3. 供应商销售限价

在仿真环境中，对供应商的半成品批发进行适度的价格限制，如表 3-4 所示。

表 3-4 半成品批发限价表（含税）（单位：套）

半成品	P1 车架 S1	P2 车架 S2	P3 车架 S3	小轮胎 W1	大轮胎 W2
最高限价	21 060	25 740	35 100	8 775	10 530

注：半成品报价为含税价，增值税率为 17%，达成协议采购时需含税；各半成品的成交价、交货期、账期、物流费用及违约金由制造商和供应商自行商定；不得以组间交易形式进行组间投资行为

4. 制造商销售流程

（1）制造商应在每季度开始时召开产品发布会（订货会）对本季度产品进行宣

传。每个季度制造商有一次讲解机会，讲解内容为制造商推出的车型介绍（有特性可单独介绍特性）。

（2）制造商和经销商根据谈判签订代理协议或变更代理协议。

（3）制造商根据产品销售合同上数据给经销商发货。

（4）制造商在每季度第一个月末缴纳当季广告费用，广告费用作用于一个具体市场的具体车型（其作用到每个月的广告费均摊）。

（5）制造商在每季度第一个月末公开报价，此报价在本季度不能变更，每个季度制造商只有一次报价机会。此公开报价为市场上销售相关产品的含税指导价（指导经销商在市场上的产品报价）。此价格受历史最高价控制，超过历史价则销量会受到极大影响甚至没有销量。制造商销售限价见表3-5。

表 3-5 制造商销售限价（单位：元）

产品	P1	P2	P3
历史最高价	98 000	135 000	192 000

注：限价为含税价格；制造商公开报价应考虑到制造商和经销商两者合理的利润空间；制造商未能投放广告的市场，经销商即使有库存有报价，也不会产生销量；制造商一季度只能报一次广告费用和产品指导价，报一次当季度有效，不能更改，且广告费用在报价完成后系统自动扣除

5. 经销商销售流程

（1）制造商在每季度第一个月开产品发布会后进行公开报价，经销商报价对外销售可以低于制造商价格，也可高于制造商价格，但市场销售会受到严重影响。

（2）经销商从制造商处提货，并运输到不同市场进行销售。

（3）经销商制订促销方案，促销费用以千元为单位，且不得低于100 000元。

（4）以上信息在系统记录并在月末自动计算销量，次月初可见。

（5）需要注意的是制造商未能投放广告的市场，经销商即使有库存也不会产生销量。

6. 决定经销商销量的因素

系统在翻月的时候会根据各个经销商不同的情况，核算经销商在单一市场上单一产品的市场总评分。市场总评分满分一百分，由影响市场的7个因素共同作用，最终得分越高，经销商的订单意向数量越多，而制造商影响因素占70%。7个不同因素的权重如表3-6所示。

表 3-6 市场总评分权重表格

制造商	广告	指导价	推广	市场占有率
权重	20%	20%	20%	10%
经销商	营销费用	优惠价格	展场	—
权重	10%	10%	10%	—

其中广告分又拆分为两项：总投入广告分和单件产品广告分。

市场总评分=总投入广告分+单件产品广告分+指导价分+推广分+市场占有分+营销

费用分+优惠价格分+展场分。

总投入广告分=厂商各自的广告金额/厂商广告最高投入金额×10。

单件产品广告分=厂商各自投放在单个商品上的广告金额/厂商投放在单个商品上的最高广告金额×10。

指导价分=市场最低报价/产品报价×20。

推广分=评委订货会讲解直接打分的平均分，且在平均分基础上第一名加 12 分，第二名加 6 分，第三名加 3 分，最后一名减 10 分，倒数二、三名分别减 5 分，其中最高分为 100 分。

市场占有分=上期市场销量/上期总市场销量×10（只包含本产品特定市场情况，其余市场和产品不影响）。

营销费用分=单车营销费用/市场最高单车营销费用×10（其中，单车营销费用=营销费用/待销售库存）。

优惠价格分=公司最大优惠率/本公司优惠率×10（其中，优惠率=经销商优惠价/制造商指导价）。

展场分：4S 店 10 分，其他展场 0 分。

例如，市场在某一区域有三家经销商，经销商1、经销商2和经销商3，他们分别代理制造商 A、制造商 B 和制造商 C 的汽车。其构成因素如表 3-7 所示。

表 3-7 七个因素表

制造商	广告/元	指导价/元	推广评分	市场销售量	经销商营销费用/元	经销商优惠价格/元	4S 展场个数
A	1 000 000	125 000	80	3	100 000	123 000	1
B	1 200 000	130 000	60	4	120 000	127 000	0
C	1 500 000	132 000	40	3	110 000	130 000	1

则总投入广告分 A：（1 000 000/1 500 000）×10=6.7

B：（1 200 000/1 500 000）×10=8

C：（1 500 000/1 500 000）×10=10

单件产品广告分 A：（1 000 000/3）/（1 500 000/3）×10=6.7

B：（1 200 000/4）/（1 500 000/3）×10=6

C：（1 500 000/3）/（1 500 000/3）×10=10

指导价分 A：（125 000/125 000）×20=20

B：（125 000/130 000）×20=19.2

C：（125 000/132 000）×20=18.9

推广分 A：80×0.2=16

B：60×0.2=12

C：40×0.2=8

市场占有分 A：（3/10）×10=3

B：（4/10）×10=4

C：（3/10）×10=3

营销费用分 A：（100 000/120 000）×10=8.3

B：（120 000/120 000）×10=10

C：（110 000/120 000）×10=9.2

经销商优惠价格 A：（123 000/130 000）/（123 000/130 000）×10=10

B：（123 000/130 000）/（127 000/130 000）×10=9.7

C：（123 000/130 000）/（130 000/130 000）×10=9.5

经销商展场：4S 店 10 分，其他展场 0 分

A：10

B：0

C：10

则，总评分 A：6.7+6.7+20+16+3+8.3+10+10=80.7

B：8+6+19.2+12+4+10+9.7+0=68.9

C：10+10+18.9+8+3+9.2+9.5+10=78.6

P3 的市场分算法，和上面的算法完全一致，只是影响因素比例有所调整，具体见表 3-8。

表 3-8　P3 权重表格

制造商	广告	指导价	推广及特性	市场占有率
权重	20%	15%	35%	5%
经销商	营销费用	优惠价格	展场	—
权重	5%	5%	10%	—

差旅费标准如表 3-9 所示。

表 3-9　差旅费标准（单位：元/次）

市场	固定差旅费
本地市场	1 000
其他市场	3 000

注：出差次数以签订合同中乙方数为计算依据，制造商与供应商、制造商与经销商之间交易根据是本地交易还是跨地区交易分别记不同差旅费，在管委会处采购统一记本地交易，物流运输不需要差旅费

7. 历史交易信息

见系统中历史数据。

3.1.3　渠道管理

1. 签约

（1）制造商-经销商双方可经过协商建立厂家-经销商合作关系，合作关系由合作合同保障，合作合同需提交到管理系统报备。

（2）费用。每签订一家制造商品牌，经销商付给制造商最少 10 万元的代理费

用。若某一方提前解除代理协议，需支付对方相应的违约费（违约费=代理费用×月份×2）。

（3）数量。经销商可与 1~3 家制造商签约建立合作关系。制造商可与至多 5 家经销商签订厂家-经销商合作关系。

（4）结算。双方结算形式由合同约定。合作协议中，不允许出现合作期外的结算事项。

（5）限制。合作协议中，不允许出现限制特定产品、特定市场条款。合作协议中，不允许出现限制代理商代理其他产品条款或地区总代条款。合作协议中，不允许出现在同等条件下对多个经销商不平等的条款。合作合同中应明确如表 3-10 所示的内容。

表 3-10 合同内容事项

项目	项目说明
合作期限	最短为 1 个季度，最长为 4 个季度
结算方式	不允许合作期外结算，可明确单台结算价格（不含任务奖励）
任务考核	可选条款，但必须明确，以及明确任务完成奖励
促销和广告	明确双方合作期内各自支付的促销及广告费用
变更和终止	明确变更和终止条件
违约责任	明确违约责任

注：在 1 月第一次签约时，系统会自动产生 2 个合同，分别是 P1 销售 80 辆，P2 销售 50 辆。价格为统一参考价格，请参考系统订单。默认制造商系统库存可满足相关订单，额外签署订单需另行生产，如因自行签订额外订单发生违约，按一般违约处理

2. 维持

续约：制造商-经销商合作合同到期前，双方可续签以维持合作关系。

3. 解约

（1）组合同。

到期解约：制造商-经销商合作合同到期后，双方自动解除合作关系。

提前解约：制造商-经销商经过协商，可签订解约合同提前解约，双方结算、赔付以及库存处理由双方约定处理。

（2）财务结算。

解约次月应完成所有相关财务结算。

（3）存货处理。

解约后相关产品无法在市场上正常销售，原则上由厂家以协议折扣价×0.8 进行回收产成品，物流费用由经销商支付。经销商也可采用组间交易向与制造商签订合约的其他代理商销售当前库存。

3.1.4 个人消费贷款

制造商通过向经销商销售成品车获利。在销售给经销商前，双方需要达成合作协议。具体协议部分，参考渠道部分规则。

经销商销售业绩在系统翻月后自动计算，销售不区分月初、月中与月末概念。销售当月系统自动发放销售订单。

最终客户购车存在全款购车和按揭贷款购车两种形式，仿真环境中默认两种购车方式的销售比例为 1 : 1，如果经销商库存小于市场需求，库存商品首先满足全款购车意向的客户。

按揭贷款购车中贷款比例为车价的 70%。

贷款购车所需消费贷款额度由经销商月初向商业银行申请，如贷款额度不够或额度用完，则当期无法销售按揭贷款客户车辆，相关需求不会顺延或转移到其他经销商处。全款购车客户则不受个人消费贷款额度影响。

具体流程等参见“3.6.4 资产业务”下“个人消费贷款”部分。

3.1.5 运输及仓储

在本次仿真环境中，由第三方物流负责仓储和运输。原材料的运输与仓储报价单位为“元/吨”，半成品的报价以“元/件”为单位，整车以“元/辆”为单位。从管委会采购原材料，当月可以完成运输；由供应商、制造商生产的半成品以及产成品运输，根据仿真环境设置的不同，可能当月可以完成运输交货，也可能需一个月周期后，即发货次月才能运输交货，请注意系统的提示信息。

1. 塑料粒子（M1）和橡胶（M2）

原材料和粒子作为仿真环境中的重要基础材料，我们对其做了设定，见表 3-11。

表 3-11 原材料情况表

材料	重量折算	仓储体积
M1	材料 1 克折算 40 千克（钢材）	1 吨=0.125 立方米
M2	材料 1 克折算 4 千克	1 吨=1 立方米

注：运输计价单位为元/吨；仓储计价单位为元/米 ^{3}

2. 运输价格限价说明

为稳定仿真市场的环境，我们对运输价格进行了适当限制，见表 3-12。

表 3-12 运输限价表

物料类型	运输区间	价格
原材料/（元/吨）	本地	700
半成品车轮/（元/件）	本地	10
半成品车架/（元/件）	本地	20
半成品车轮/（元/件）	区域	64
半成品车架/（元/件）	区域	170
成品车/（元/车）	本地	420
成品车/（元/车）	区域	2 200

3. 仓储价格限价说明

仓储价格如表3-13所示。

表3-13 仓储限价表

仓储物料	限价价格
M1/（元/吨）	32
M2/（元/吨）	260
S1/（元/件）	33
S2/（元/件）	68
S3/（元/件）	68
W1/（元/件）	33
W2/（元/件）	33
P1/（元/车）	900
P2/（元/车）	1 100
P3/（元/车）	1 380

3.1.6 筹融资

各公司可以通过贷款和发行公司债券进行筹融资，贷款又分为抵押贷款和信用贷款。

抵押贷款：银行给公司的贷款额度与申请贷款单位的抵押物价值挂钩。贷款最大额度不高于抵押物当前净值的70%。制造商、供应商、物流商可以使用生产线、厂房、车辆、仓库、大楼等固定资产进行抵押（存货不能抵押），经销商除可以使用固定资产，还允许抵押存货、车辆进行贷款。

信用贷款：由各商业银行自行掌握，但信用贷款总额不会超过贷款总金额的30%。

3.1.7 原材料供应

在仿真环境中，供应商、制造商所需要的原材料统一到管委会购买，由管委会发出的原材料统一规定为本地运输。原材料价格见表3-14。

表3-14 原材料价格表（单位：吨/元）

原材料	含税价格
M1	8 775
M2	35 100

注：原材料报价为含税价，增值税率为17%，达成协议采购时需含税；原材料的交货期、账期均为当月，物流费由采购方承担

3.1.8 人力资源

各公司所需的所有虚拟人员统一到管委会“人才交流中心”处招聘，并支付招聘费用。解聘同样也是经过“人才交流中心”，并支付解聘费用，同时需要另外支付被解聘工人两个月工资（销售工人、生产工人工资按照解聘最近月份的工资计算）。工资及招聘费用见表 3-15、表 3-16。

表 3-15 员工工作信息表

<table>
<tr><th>类别</th><th>工资额/（元／月・人）</th><th colspan="4">备注</th></tr>
<tr><td>公司高层</td><td>不低于 2 500</td><td colspan="4">特指参与实训的小组成员，工资只有最低限制，无上限，每季度初可调整一次，每次调整幅度不高于 100%</td></tr>
<tr><td>管理人员</td><td>5 000</td><td colspan="4">此处行政不包含参与实习的管理层</td></tr>
<tr><td rowspan="5">制造商生产工人</td><td rowspan="5">底薪 800</td><td colspan="4">生产工人工资=底薪+提成</td></tr>
<tr><td>产品</td><td colspan="2">全自动线</td><td>柔性线</td></tr>
<tr><td>P1</td><td colspan="2">3 000</td><td rowspan="3">5 000</td></tr>
<tr><td>P2</td><td colspan="2">4 000</td></tr>
<tr><td>P3</td><td colspan="2">5 000</td></tr>
<tr><td rowspan="7">供应商生产工人</td><td rowspan="7">底薪 800</td><td colspan="4">生产工人工资=底薪+提成</td></tr>
<tr><td>产品</td><td colspan="2">全自动线</td><td>柔性线</td></tr>
<tr><td>P1 车架 S1</td><td colspan="2">5 500</td><td>5 500</td></tr>
<tr><td>P2 车架 S2</td><td colspan="2">6 000</td><td>6 000</td></tr>
<tr><td>P3 车架 S3</td><td colspan="2">7 000</td><td>7 000</td></tr>
<tr><td>小轮胎 W1</td><td colspan="2">1 000</td><td>1 000</td></tr>
<tr><td>大轮胎 W2</td><td colspan="2">1 500</td><td>1 500</td></tr>
<tr><td>业务经理</td><td>4 000</td><td colspan="4">—</td></tr>
<tr><td rowspan="3">销售人员</td><td rowspan="3">底薪 1 500</td><td colspan="4">按产品对外销售价提成，平均分给各销售人员</td></tr>
<tr><td>产品</td><td>P1</td><td>P2</td><td>P3</td></tr>
<tr><td>销售提成</td><td>0.5%</td><td>1%</td><td>2%</td></tr>
<tr><td rowspan="3">司机</td><td rowspan="3">底薪 800</td><td colspan="4">司机工资=底薪+驾车日薪</td></tr>
<tr><td>类型</td><td>轻卡</td><td>中卡</td><td>成品车专用卡车</td></tr>
<tr><td>日薪</td><td>120</td><td>220</td><td>300</td></tr>
<tr><td>搬运</td><td>3 000</td><td colspan="4">—</td></tr>
<tr><td>库管</td><td>2 500</td><td colspan="4">—</td></tr>
<tr><td>调度</td><td>3 500</td><td colspan="4">—</td></tr>
<tr><td>其他人员</td><td>2 500</td><td colspan="4">—</td></tr>
<tr><td>银行高层</td><td>不低于 5 000</td><td colspan="4">特指参与实训小组成员，工资只有最低限制，无上限，每季度初可调整一次，每次调整幅度不高于 100%</td></tr>
<tr><td>客户专员</td><td>4 000</td><td colspan="4">—</td></tr>
<tr><td>信贷专员</td><td>8 000</td><td colspan="4">—</td></tr>
<tr><td>综合柜员</td><td>4 000</td><td colspan="4">—</td></tr>
</table>

注：生产工人工资不得低于生产辅助人员工资，如果停工等原因导致生产工人工资低于生产辅助人员，则需进行对等支付，生产工人最低收入不低于生产辅助人员工资收入；工资需按月支付，高层工资第一次设定不低于 2 500 元即可，后续变化幅度只能在现有上季度工资 0.5~2 倍范围内变化；司机工资不得低于 3 000 元，如果停工等原因导致工资低于 3 000 元，则最低付给司机的工资额为 3 000 元

表 3-16 招解聘费用表（单位：元/人）

企业类型	人员类别	招聘费用	解聘费用
制造商 供应商 经销商	管理人员	5 000	11 000
	生产工人	1 500	5 000
	业务经理	6 000	11 000
	销售人员	1 500	5 000
	其他人员	2 000	5 000
物流商	管理人员	5 000	9 000
	司机	500	500
	其他人员	500	500
商业银行	客户专员	3 000	6 000
	信贷专员	10 000	15 000
	综合柜员	3 000	6 000

注：招聘费用为招聘期间发生的一次性招聘费用；解聘费用为解聘员工（包含当月解聘人员）工资在内的所有费用；其他人员视为除管理人员、生产工人和司机外的所有类型员工

3.1.9 设施设备购买租赁

经营过程中，各公司所需的厂房、生产线、仓库、展场等设备、设施都可以到管委会租赁及原料供应处购买或租赁。相关费用见表 3-17~表 3-23。

1. 厂房信息

表 3-17 厂房信息表

企业类型	价值/万元	残值/万元	折旧年限/年	每年折旧/万元	自建周期/月	生产线容量/条
制造商	3 000	400	10	260	1	2
供应商	1 500	200	10	130	1	2

注：厂房及设备可以在计提当月折旧后按现有净值一半出售给管委会；厂房不能租赁，建设完后的次月计提折旧；厂房建设需要经管委会审批

2. 生产线信息

表 3-18 生产线信息表

企业类型	设备类型	价值/万元	残值/万元	折旧年限/年	安装周期/月	变更周期/月	改造费用/万元	租赁费用/（万/月）	模块容量/个
制造商	自动	6 000	500	5	1	1	2 000	150	20
	柔性	7 000	500	5	1	1	1 000	—	20
供应商	自动	3 000	250	5	1	1	2 000	75	20
	柔性	3 500	500	5	1	1	500	—	20

注：自有设备可以出售给管委会，出售价格为当前净值的一半，生产线不可组间交易；租赁为经营性租赁，租赁费用需按月支付。租赁生产线当月即可使用；自购设备需要安装调试才能使用；在同一个月内，自动生产线只能装配一种产品，柔性线可以装配多种产品。如果转换需要变更生产线，租赁自动线不能进行变更；自有生产线出售可获得当月折旧后当前设备净值的 50%出售给管委会；生产线价格为价税合计价格；生产线每月只能生产一次；所购置无厂房（如租赁到期）的自购生产线将自动停用，租赁设备将自动退回并不补偿损失

3. 仓库购置租赁信息

表 3-19 仓库购置租赁信息表

仓库类型	容量/立方米	运营费/（元/月）	租赁价/（元/月）
大型货仓	480	5 500	—
中型货仓	360	5 000	16 000
小型货仓	240	4 000	11 000

4. 停车场购置租赁信息

表 3-20 停车场购置租赁信息表

停车场类型	容量/平方米	运营费/（元/月）	租赁价/（元/月）
大型停车场	1 320	10 000	—
中型停车场	720	5 000	20 000

5. 展场购置租赁信息

表 3-21 展场购置租赁信息表

展场类型	价值/万元	残值/万元	折旧年限/年	安装周期/月	变更周期/月	变更费用	租赁费用/（元/月）	备注
批发展场	310	10	2.5	1	0	变更为批发展场 20 万元	50 000	每次签租赁合同另给 400 000 元场地清理费
4S 展场	460	10	3.75	2	1	变更为 4S 展场 200 万元	—	—

6. 车辆购置租赁信息

表 3-22 车辆购置租赁信息表

车辆类型	价值/（万元/辆）	载重	折旧年限/年	月折旧/（元/月）	保险费用	保养费用/（元/月）	月租赁费/（元/月）
中卡	20	6 吨	5	2 500	300	500	15 000
轻卡	7	3 吨		800	120	500	—
单桥运输车	20	12 辆		2 500	300	500	15 000
双桥运输车	30	20 辆		3 750	400	800	25 000

7. 生产模块购置租赁信息

表 3-23 生产模块购置租赁信息表

设备类型	价值/万元	残值/万元	折旧年限/年	安装周期/月	租赁安装周期/月	可用工时/月
生产模块	16	1	5	0	0	160

注：生产模块必须安置在生产线上才能使用；生产线必须配置生产工人，具体配比参考人员配比章节；模块不安排到生产线生产（闲置）时，无须安排工人，其他费用不变；生产模块可以出售给管委会，出售价格为当前净值的一半，模块不可组间交易

3.1.10 税务及社保

个人所得税是以个人（自然人）取得的各项应税所得为征税对象所征收的一种税。各公司为职工的个人所得税的代扣代缴单位。各公司需将相关税费计算转入税务局。

税率：按国家规定工资薪金的起征点为 3 500 元，采用七级超额累进税率，具体税率如表 3-24 所示。

表 3-24 个人所得税税率表

级数	全月应纳税所得额（含税所得额）	税率	速算扣除数
1	不超过 1 500 元	3%	0
2	1 500 元至 4 500 元	10%	105
3	4 500 元至 9 000 元	20%	555
4	9 000 元至 35 000 元	25%	1 005
5	35 000 元至 55 000 元	30%	2 755
6	55 000 元至 80 000 元	35%	5 505
7	超过 80 000 元	45%	13 505

发给仿真管理层的工资也需扣除个人所得税。

企业报税分为已经申报和未申报两种。已经申报又包括申报后未缴纳税款、缴纳部分税款、缴清所有税款。管委会税务部门要及时查看各公司报税、缴税情况。具体税率见表 3-25。

表 3-25 企业所得税税率表

税务种类	税率	说明
制造商增值税	17%	按月缴纳，年底清算调整
物流商运输增值税	11%	按月缴纳，年底清算调整
物流商租赁增值税	6%	按月缴纳，年底清算调整
城建税	7%	按月缴纳，年底清算调整
教育及附加税	3%	按月缴纳，年底清算调整
企业所得税	25%	按月缴纳
个人所得税	根据个人所得税税率表	按月缴纳
出口退税	P1、P2：5；P3、P4：13	退税由海关代办

管委会收税分为系统自动扣税和企业申报。

税务申报：必须交资产负债表和利润表，该项只针对所得税，最大允许延期 2 个月。

查税：管委会税务部门查税，发现未按照规定报税、纳税的公司，应对其进行罚款并通报；不定期抽查纳税情况，若发现长期不纳税的公司，可强制罚款；奖励纳税大户。

“五险一金”指的是五种社会保险以及公积金，“五险”包括养老保险、医疗保险、失业保险、工伤保险和生育保险；“一金”指的是住房公积金。其中养老保险、医疗保险和失业保险，这三种险是由企业和个人共同缴纳的保费；工伤保险和生育保险完全是由企业承担的，个人不需要缴纳。在此处统一规定职工为本市城镇职工。缴纳比例见表 3-26。

表 3-26 “五险一金”详情表

属性	养老保险	失业保险	工伤保险	生育保险	基本医疗保险		住房公积金
					基本医疗	大额互助	
单位	20%	2%	2%	0.8%	9%	1%	7%
个人	8%	1%	0	0	2%	3 元	7%

3.2 制造商规则

3.2.1 组织架构及岗位职责

要经营好公司，首先要搭建如公司组织架构。每家汽车制造公司的组织结构和职位设置等由小组成员（即仿真公司的新一届管理者）自行商定。首先对仿真公司的组织架构和职位职责提出一个一般方案，供各个公司管理层参考。其次各个公司可以根据本公司生产经营特点和管理的需要，构架本公司的组织结构，确定本公司各个部门的职位和岗位职责，但其必须符合现代公司组织架构的基本要求。

公司总经理可由任何专业的学生担任，但是其必须具有较强的组织才能，具有良好的沟通能力和协调能力，既民主又果断。其他职位人选需要考虑专业特长，使其能够发挥专业优势。每个公司总经理可在管理团队范围内直接选举产生，也可以通过竞选决定。汽车制造公司组织架构和主要岗位职责如表 3-27 所示。

表 3-27 制造商组织架构和主要岗位职责参考表

部门	职位（角色）	主要职责
行政部	总经理	对公司经营发展负全面责任；会议记录；收集资料；协调关系；等等
财务部	财务总监	对公司的财务管理负全面责任；拟定筹资、投资方案；编制财务预算
	会计主管	记录经济业务；组织会计核算；登记账簿；对账、结账；编制财务报告；负责现金收付；登记日记账；等等
人力资源部 信息部	人事主管兼 信息主管	制定人事管理制度、分配制度、招聘、劳资、制订员工培训方案，实施培训；收集宏观、微观经济信息，收集市场信息、分析预测市场需求，使用 Notes 系统，上传公司资料
市场部 渠道部	市场总监	全面负责公司营销规划与管理；负责销售业务与管理、销售预算、市场准入决策、渠道建设维护、政府采购
生产部 采购部	生产主管 采购主管	对公司生产管理负全面责任，生产预算；设备需求计划、产销排程、车间作业；材料需求计划、新产品研发、ISO 研发、记录出入库业务、计算仓储费用；材料采购计划、采购合同、组织采购、采购预算；设备采购计划、采购合同、组织采购、专门预算

3.2.2 经营起点

机构持股情况、初始资金、存货、人员及财务情况因课程方案设置及教师调整会产生不同初始数据，请参考系统信息。

3.2.3 市场营销

在仿真环境中，有经济型轿车（P1）、中级轿车（P2）、豪华轿车（P3）三个产品。

1. 消费贷款

个人消费贷款是指银行向个人客户发放的有指定消费用途的人民币贷款业务，主要有个人住房、汽车、一般助学贷款等消费性个人贷款。在本环境中，特指汽车消费贷款。

个人消费贷款在本环境中来自汽车经销商销售环节。为保证部分客户能贷款购车，经销商需向银行申请消费贷款额度，银行审批并向经销商提供特定额度的消费贷款供客户使用。在产生汽车销售后，相关消费贷款自动发放。在当期消费贷款额度用完后，无法发放消费贷款。相关额度由汽车经销商向银行申请。

个人消费贷款基准利率1.5%，每月归还25%贷款本金（4个月完成还款）并支付利息，还款采用等额本金方式自动划转。每月本金=总本金/还款月数，每月利息=（本金−累计已还本金）×月利率。

利率：见基准利率。

额度：发放给经销商的消费贷款额度由商业银行根据资金预算情况自行决定。

业务流程：经销商提出额度申请，双方谈判达成合作意向（收取手续费），银行审查并发放指定额度给经销商当月使用，未使用额度当月结束后自动回收并收取资金占用费。

2. 路演评分

在仿真环境中，每季度初会进行一次产品展示。

（1）各制造商准备一份产品展示 PPT（内容参见产品评分表）。

（2）由管委会组织，各制造商派一名代表讲解 PPT；各经销商派一名代表观看演示，为签订代理协议做准备；管委会至少选 4 名工作人员进行打分（打分细则详见产品评分表）。

（3）管委会将最终评分表按要求进行统分，计入仿真系统。

3.2.4 生产作业

1. 产品 BOM 结构

在仿真环境中，P1 的 BOM 为标准，BOM 不可变更，P2 的 BOM 车架和轮胎不可变更，P3 提供参考 BOM，整个 BOM 包括车架部分均可变更。P2、P3 只要满足规定条件即可认定为合格产品。各产品的信息见表 3-28。

表 3-28 固定资产信息表

产品	尺寸/格	全重/克	组装重量/克	备注
P1	4×8	=51.6	28.1	标准 BOM，不允许变化
P2	4×10	≥60	> 30	可扩展 BOM，允许发动机总成、车身总成变化，但应不低于最低尺寸重量要求
P3	最小 4×10	≥70	>50	只需满足重量和尺寸要求，其中车架重量不得小于 30 克

注：尺寸以零件上点数为准；P1 为标准零件，重量尺寸无变化；所有车辆必须至少包含车身总成、底盘、发动机总成、总装四个部分；全重指整车重量，组装重量指去掉半成品商提供的车架、轮胎；汽车零件 1 克=40 千克

2. 定制品认定

P2、P3 可以定制，其中 P2 定制只允许在制造商部分（车头、车身）模块定制。P3 允许定制车架及全车车身。

（1）单个定制部件称重不小于 0.5 克。

（2）定制部分要符合厂家描述，并提供正面、侧面、顶面图给管委会认证中心，经过确认后才能获得认证。简单增加重量，但描述特性无法与实物大致吻合的不能通过认证。

（3）单个产品认证费用为 100 万元，认证后，需进行生产测试方可进入生产。详见产能环节。

（4）单个产品特性超过 4 个，在评价时不单独给分，具体评价标准见市场推广环节。

（5）每季度第一个月可进行一次定制认证，认证中心其余时间不接受认证。

（6）认证新产品后，老产品不能直接销售，需通过存货处理进行销售。

（7）P2 产品第一季度只能销售标准产品，可在第一季度进行定制的研发认证，认证后的定制产品第二季度可在市场上出售。

（8）P3 产品在第二季度开始研发认证，第三季度可以在市场上销售。P3 的车身、车架的研发都由制造商完成。由于供应商生产车架也需定制，交货会延后一个月，制造商需提前安排好车辆的研发、原材料的采购时间。

3. 半成品供给——见通用规则

半成品由汽车零部件商（供应商）提供，且价格有限制，见表 3-29。

表 3-29 半成品采购限价表（含税）（单位：套）

半成品	P1 车架 S1	P2 车架 S2	P3 车架 S3	小轮胎 W1	大轮胎 W2
最高限价	21 060	25 740	35 100	8 775	10 530

注：半成品报价为含税价，增值税率为 17%，达成协议采购时需含税；各半成品的成交价、交货期、账期、物流费用及违约金由制造商和供应商自行商定

4. 生产模块基本信息

生产线上安置了一定数量的生产模块，生产模块是生产汽车的最小单位。一个生产模块可以进行发动机总成、车身总成、车身总装、轮胎及其他四种组装工作中

的任意一种。在仿真环境中生产模块每个月只可生产一种产品，次月可变更一次生产其他产品，无须额外改装费用，系统初始有 10 个生产模块。生产模块价值信息见表 3-30。

表 3-30 生产模块信息表

设备类型	价值/万元	残值/万元	折旧年限/年	安装周期/月	租赁安装周期/月	可用工时/小时
生产模块	16	1	5	0	0	160

注：生产模块必须安置在生产线上才能使用；生产模块必须配置生产工人，具体配比参考人员配比章节；模块不安排到生产线生产（闲置）时，无须安排工人，其他费用不变

5. 人员配比

所有生产线无论是否生产，必须配辅助人员和管理人员，即使只有一条生产线运作也需要所有生产线全部配置人员；公司有 10 名管理人员参与行政管理，不能划归生产线管理人员；生产模块闲置可不配生产工人。具体要求见表 3-31。

表 3-31 人员配比详情表（单位：人）

人员配比	生产工人	辅助人员	管理人员
自动生产线	—	50	15
柔性生产线	—	30	10
生产模块	50	—	—

6. 产能

生产线产能由生产线类型、生产模块组织、生产班次、工人熟练程度、设备维护情况等多种因素共同决定。每月在规划生产方案后，人员配比、原材料总量、成品仓库位置等基本要素满足后可以进入当月生产环节。每月单个企业生产计划只能执行一次。

根据设定的相关要素，系统会自动运算出当月产能并完成生产。

1）生产线类型

在仿真环境中，生产线分为自动生产线和柔性生产线，两者参考产能不一致，具体指标如表 3-32 所示。

表 3-32 生产线产能表

生产线类型	P1	P2	P3
自动生产线	加工计时测算	加工计时测算	加工计时测算
柔性生产线	加工计时测算，以最慢节拍为准		

注：生产线单位产能是在完成测试计算并安置合理生产模块的情况下经过一定优化后获得的，由于其与模块配置、加工工艺、工人熟练程度等因素有关，产能可能有一定出入；柔性线可以混线生产 P1~P3，其加工工时受加工模块中单个最慢节拍控制；产线总产能受制于最慢的环节，当月生产不受月初月末控制，只要安排生产即可得到全产能

2）模块加工时间

单个模块在特定工序上的效能取决于工人在此工序的熟练程度。

每季度初，各组在管委会进行加工测试，分别对 4 个工序进行测量并作为公司工艺和工人熟练程度的依据。测量步骤如下。

（1）生产管委会在指定时间安排加工测试，在指定场地准备2套单件产品零部件。

（2）生产制造公司出2~4名员工，分别进行4个工序工时测试。

（3）生产根据组装2套总成得到单个总成平均工时（秒）。

（4）生产管委会对成品进行质检，对不合格产品进行扣时操作。

（5）生产单个总成平均工时=2套总成总时间/2。

（6）生产单个模块月加工数量=（总工时×折算比例）/单个总成平均工时。

（7）生产系统规定折算比例=20，总工时=160（每天工作8小时，一月有效加工时间20天）。

公司每月可请求在管委会认证中心进行一次工时测量，可以通过优化工艺及熟练程度进一步降低单件加工工时，提升产能，对单个模块计时超出原有时间的则保留原有时间。初始基本工时如表3-33所示。

表3-33 初始基本工时表（单位：秒）

加工内容	P1	P2	P3
发动机总成	40	55	—
车身总成	42	72	—
汽车总装	55	80	—
底盘总成	64	70	—

注：生产模块每月可提供工时参考生产模块；P3为全自定义，无初始工时，如P1发动机总成工时40秒，则单个生产模块生产发动机月产能=（160×20）/40=80个（向下取整），同理，如车身42秒、底盘64秒、汽车总装55秒，则单个生产模块生产车身、底盘、汽车总装月产能为76个、50个、58个

3）生产模块组织

生产线上生产模块分配（工艺组织）的不同会产生效能的差异。

4）生产产能计算

（1）生产线的产能大小取决于该公司的产品加工测试时间和生产模块的优化安排。产品加工测试时间越短，则单个模块的产量越高。

（2）如P1发动机总成工时40秒，则单个生产模块发动机总成月产能=（160×20）/40=80个（向下取整），同理，如车身42秒、底盘64秒、汽车总装55秒，则单个生产模块生产车身、底盘、汽车总装月产能为76个、50个、58个。

（3）若生产线生产模块按照1：1：1：1的数量放置，按照上述单个模块的产量，该生产线的产能受最低产量的限制，该产能为50个。但一条生产线上可以放置20个生产模块，根据单个模块的产量，进行生产模块的优化安排，则可以得出该生产线的最大产能。

（4）在仿真实训生产过程中，汽车分为发动机、车身、底盘和最后总装四部分，生产过程中前三部分先生产，最后总装是前三部分各生产完1个后才开始组装，但是由于产品产出相隔时间较短，故在仿真环境中四部分在生产线上同时生产。

5）产班次

一条生产线只能安排一班生产。最大产能不能通过加班获得。

6）工人熟练程度

汽车总装生产必须至少分为 4 步，包括发动机组装、总装、车身总装及底盘安装（标准 BOM 只有轮胎部分）。每一部分的生产能力通过月初在生产线上的装配时间折算决定。

7）设备维护情况

生产线需要定期维护以保障性能。

8）质量

工人加工后，需要进行质量检测。若出现质量不合格，则需要算返工时间，这会影响整个生产线产能，所扣时间均摊在汽车总装的 4 个步骤上（表 3-34）。

表 3-34 质量检测表

项目	检查标准	扣时/（秒/每缺陷）
无法移动	由装配导致车轮运行不流畅	8
接缝不均	部件之间能用纸片插入	4
部件脱落	在测试滑动过程中有零部件脱落	20
部件遗失	装配错误导致缺少部件	20

3.2.5 产品研发

P2、P3 两个产品允许各公司自行设计，为保证交易公平性，所有自行设计的产品必须在管委会认证中心认证后才能销售。P1无须认证即可销售，P2按照标准BOM生产也无须认证。认证费用见表 3-35。

表 3-35 产品研发认证表

项目	费用/万元	备注
P2 研发认证	100	符合产品标准后才能认证，每季度可根据特性变化变更认证一次，使用标准 BOM 无须认证
P3 研发认证	200	由于为定制车型，必须认证才能销售。符合产品标准后才能认证，每季度可根据特性变化变更认证一次

注：如未进行产品认证就销售，经审计确定，取消所有相关订单并一次性罚款 100 万元；认证后，若与其他厂家的 BOM 完全一致，视为专利侵权，双方可协商专利使用权，如无法协商，则可以吊销销售许可。已销售则可最高处以销售额 50%的罚款。以上处罚由管委会裁决；认证需要提供产品完整图纸、成品照片，无须提供加工工序

3.3 供应商规则

3.3.1 组织架构及岗位职责

要经营好公司，首先要搭建公司组织架构，表 3-36 方案可供参考。

表 3-36 供应商组织架构和主要职位职责参考表

部门	职位（角色）	主要职责
行政部	总经理	对公司经营发展负全面责任；会议记录；收集资料；协调关系；等等
财务部	财务总监	对公司的财务管理负全面责任；拟定筹资、投资方案；编制财务预算

续表

部门	职位（角色）	主要职责
财务部	会计主管	记录经济业务；组织会计核算；登记账簿；对账、结账；编制财务报告；负责现金收付；登记日记账；等等
人力资源部 信息部	人事主管兼信息主管	制定人事管理制度、分配制度、招聘、劳资、制订员工培训方案，实施培训；收集宏观、微观经济信息，收集市场信息、分析预测市场需求，使用 Notes 系统，上传公司资料
市场部 渠道部	市场总监	全面负责公司营销规划与管理；负责销售业务与管理、销售预算、市场准入决策、渠道建设维护、政府采购
生产部 采购部	生产主管 采购主管	对公司生产管理负全面责任；生产预算；设备需求计划、产销排程、车间作业；材料需求计划、新产品研发、ISO 研发、负责记录出入库业务，计算仓储费用；材料采购计划、采购合同、组织采购、采购预算；设备采购计划、采购合同、组织采购、专门预算

3.3.2 经营起点

机构持股情况、初始资金、存货、人员及财务情况因课程方案设置及教师调整会产生不同初始数据，请参考系统信息。

3.3.3 市场营销

供应商市场营销详情参见 3.1.2 小节中“组间交易”部分内容。

3.3.4 生产作业

1. 车架 BOM 结构

在仿真环境中，对车架等产品机构提出了具体要求，见表 3-37。

表 3-37 产品结构表（单位：克）

产品	粒子量/克	橡胶量/克	备注
P1 车架 S1	10.1	—	标准 BOM，不允许变化
P2 车架 S2	16.3	—	尺寸不允许变化情况下允许调整 BOM，车架不能变更
P3 车架 S3	30	—	允许完全定制，30 克为最低要求
小轮胎 W1	2	11.4	小车轮，P1、P2 标准 BOM，不允许变化

注：P1 车架为标准产品，重量尺寸无变化；定制车架产品需要认证，并需要实物与制造商相吻合

2. 生产模块基本信息

仿真中我们把复杂的生产进行多块的简单化分解，再由分解后的各个模块集成生产，集成生产的模块叫作生产模块，生产模块是生产汽车总成的最小单位。一个生产模块可以进行发动机总成、车身总成、车身总装、轮胎这 4 种组装工作中的任意一种。在仿真环境中生产模块每个月只可生产一种产品，次月可变更一次，生产其他产品，无须额外改装费用。详情见表 3-38。

表 3-38 生产模块信息表

设备类型	价值/万元	残值/万元	折旧年限/年	安装周期/月	租赁安装周期/月	可用工时/小时
生产模块	16	1	5	0	0	160

注：生产模块必须安置在生产线上才能使用；生产模块必须配置生产工人，具体配比参考人员配比部分；模块不安排到生产线生产（闲置）时，无须安排工人，其他费用不变

3. 人员配比

所有生产线无论是否生产，必须配辅助人员和管理人员，即使只有一条生产线运作也需要所有生产线全部配置人员；公司有 10 名管理人员参与行政管理，不能划归生产线管理人员；生产模块闲置可不配生产工人。详情见表 3-39。

表 3-39 人员配比详情表（单位：人）

人员配比	生产工人	辅助人员	管理人员
自动生产线	—	50	15
柔性生产线	—	30	10
生产模块	50	—	—

4. 产能

生产线产能由生产线类型、生产模块组织、生产班次、工人熟练程度、设备维护情况等多种因素共同决定。每月在规划生产方案后，人员配比、原材料总量、成品仓库位置等基本要素满足后可以进入当月生产环节。每月单个企业生产计划只能执行一次。

根据设定的相关要素，系统会自动运算出当月产能并完成生产。

1）生产线类型

在仿真环境中，生产线分为自动生产线和柔性生产线，两者参考产能不一致，具体指标如表 3-40 所示。

表 3-40 生产线产能表

生产线类型	S1	S2	S3
自动生产线	750	600	450
柔性生产线	450（3 种产品合计产量）		
生产线类型	小轮胎 W1		大轮胎 W2
自动生产线	1 200		900
柔性生产线	900（2 种产品合计产量）		

注：参考产能是在安置 20 生产模块的情况下经过一定优化后获得，由于受模块配置、加工工艺、工人熟练程度等因素影响，产能可能有一定出入；柔性线可以混线生产 3 种车架或 2 种轮胎，但总产能约为 450 或 900，其加工工时受加工模块中单个最慢节拍控制；产线总产能受制于最慢的环节，当月生产不受月初月末控制，只要安排即可得到全产能

2）模块组织

生产线上生产模块会因分配（工艺组织）的不同而产生效能的差异。

3）生产班次

一条生产线只能安排一班生产，最大产能不能通过加班获得。

4）设备维护情况

生产线需要定期维护以保障性能。

3.4 经销商规则

3.4.1 组织架构及岗位职责

要经营好公司，首先要搭建公司组织架构，表 3-41 的方案可供参考。

表 3-41 经销商组织架构和主要职位职责参考表

部门	职位（角色）	主要职责
行政部	总经理	对公司经营发展负全面责任；会议记录；收集资料；协调关系；等等
财务部	财务总监	对公司的财务管理负全面责任；拟定筹资、投资方案；编制财务预算
	会计主管	记录经济业务；组织会计核算；登记账簿；对账、结账；编制财务报告；负责现金收付；登记日记账；等等
市场部	市场总监	全面负责公司营销规划与管理；负责销售业务与管理、销售预算、市场准入决策、客户关系管理、政府采购
采购部	采购主管	采购计划、采购合同、组织采购、采购预算

3.4.2 经营起点

机构持股情况、初始资金、存货、人员及财务情况因课程方案设置及教师调整会产生不同初始数据，请参考系统信息。

3.4.3 市场营销

1. 决定经销商销量的因素

详情参见 3.1.2 小节中第 6 部分。

2. 人员配比

经销商人员配比如表 3-42 所示。

表 3-42 人员配比表（单位：人）

人员配比	管理人员	业务经理	销售人员	其他人员
每签订一家制造商	2	10	—	—
每一汽车销售点	—	—	20	10

注：每一汽车销售点指单一制造商、单个市场

3. 销售展场

（1）销售展场是经销商的最终客户体验并购买汽车的销售场所。经销商可根据市场情况确定建设和投入，详见表3-43。

表 3-43 销售展场详情表

展场类别	价值/万元	月折旧/万元	建设周期/月	备注
批发展场	310	2.5	1	可租赁，租赁当月可用
4S 展场	460	3.75	2	不可租赁

注：展场折旧年限均为 10 年，残值均为 10 万元；两类展场可相互变更，变更周期及价格见下文；批发展场租赁费用为 50 000 元/月，每次签租赁合同需另付 400 000 元的场地清洁及装修费用（此为一次性费用），租赁当月可投入使用

（2）展场变更。

普通展场和 4S 展场可相互变更，具体情况如表 3-44 所示。

表 3-44 销售展场变更情况表

变更类别	变更费/万元	变更周期/月	备注
4S 展场变普通展场	20	0	从 4S 变更批发当月可用
普通展场变 4S 展场	200	1	—

（3）运维费用。

要让销售展场正常运营，需要配备相应工作人员，具体配比参考人力资源中配比关系。

根据展场类型的不同，展场每月需要一定的运行费用，如表 3-45 所示。

表 3-45 销售展场运维费用表

展场类别	运维费用/元	备注
批发展场	50 000	可放入代理的各类品牌产品，只能销售
4S 展场	70 000	只能放入代理的单一品牌，可提供维修服务并产生收入

注：每月需支付当月运维费用到管委会原材料账户

3.5 物流商规则

3.5.1 组织架构及岗位职责

物流商和经销商一样，也需要组织架构及职责划分，详见表 3-46。

表 3-46 物流商组织架构和主要职位职责参考表

部门	职位（角色）	主要职责
行政部	总经理	对公司经营发展负全面责任；会议记录；收集资料；协调关系；等等 收集宏观、微观经济信息，收集市场信息、分析预测市场需求，使用 Notes 系统，上传公司资料

续表

部门	职位（角色）	主要职责
财务部	财务总监	对公司的财务管理负全面责任；拟定筹资、投资方案；编制财务预算
	会计主管	记录经济业务；组织会计核算；登记账簿；对账、结账；编制财务报告；负责现金收付；登记日记账；等等
市场部	市场总监	全面负责公司营销规划与管理；负责销售业务与管理、销售预算、市场准入决策、客户关系管理
物流部	物流总监	总体负责运输；物流业务管理

3.5.2 经营起点

机构持股情况、初始资金、存货、人员及财务情况因课程方案设置及教师调整会产生不同初始数据，请参考系统信息。

3.5.3 运输

1. 半成品运输及仓储容量

运输及仓库基本信息见表 3-47。

表 3-47 半成品运输及仓储详情表

半成品名称	运输容量/（件/吨）	仓储体积/（件/米 ^{3}）
车轮 1	100	8
车轮 2	80	8
车架 1	60	8
车架 2	40	4
车架 3	40	4

注：运输计价单位为元/吨；仓储计价单位为元/米 ^{3}

成品是由制造商生产的产品，根据不同的型号，可以分为 3 种不同类型的产成品。产成品的运输只能由单桥运输车和双桥运输车承担，成品车运输和产成品型号无关，只与选择的成品运输车型号有关，单桥运输车一次可以运送成品轿车 12 辆，双桥运输车一次可以运输成品汽车 20 辆，运输的报价计价单位为“元/车”。产成品要求停放在停车场内，不同类型的成品车的停放空间要求如表 3-48 所示。

表 3-48 成品车停放面积表

成品名称	成品车停放面积/（米 ^{2}/车）
成品车 1	8
成品车 2	10
成品车 3	12

注：仓储计价单位为元/车

2. 运输设备

运输设备详情见表3-49。

表3-49 运输设备详情

车辆类型	价值/（万元/辆）	载重	折旧年限/年	月折旧/元	保养费用/（元/月）	月租赁费/元
中卡	20	6吨	5	2 500	500	15 000
轻卡	7	3吨		1 000	500	—
单桥运输车	20	12辆		2 500	500	15 000
双桥运输车	30	20辆		3 750	800	25 000

注：租赁卡车无须负担折旧费，租赁的卡车是不带司机的，必须招聘司机运营；自有卡车可以净值50%出售；自有车辆、租赁车辆都需支付保养费用；每车必须配置两名司机

3. 车辆排程

物流商要提供运输服务，必须对本公司现有的车辆（包括自有车辆和前期租赁未到期车辆）进行运输排程。

根据教学要求，教师可以设置对现有车辆运输排程的最小要求天数。如果教师设置的车辆运输排程最小要求天数大于零的话，物流商需要对全部的现有车辆进行排程，只有在所有现有车辆的排程天数大于或等于设置的车辆运输排程的最小要求天数后，系统才允许物流商开展运输服务。本月新租赁的车辆没有排程限制。

如果在物流商计划中，本月有车辆不进行运输，可以对该车辆进行停运安排，一旦该车进行了停运安排，本月将再不能承担任何运输任务。

4. 公路运输

车辆运输费用明细见表3-50。

表3-50 运输详情表

车辆类型	载重油耗/（升/百公里）	空载油耗/（升/百公里）	过路费/（元/千米）	载重
中卡	25	15	2.5	6吨
轻卡	15	10	1.5	3吨
单桥运输车	30	20	3	12辆
双桥运输车	40	25	4	20辆

注：卡车使用0号柴油，单价7元/升，车辆排程前需购置足够的柴油；柴油向管委会集中采购，为简化计算，每月月末统一开具发票；为简化计算及收缴，在车辆排程之前，物流商需要在管委会通过充值方式预交过路费，过路费由管委会在月末统一开具发票

公路运输根据货物的发货地与目的地的不同，分为本地运输与区域运输（异地运输）。本地运输规定卡车进行本地运输每天可进行两个批次运输作业，总计里程数200千米。区域运输的时间及里程如表3-51所示。

表3-51 区域运输里程及时间表

跨区运输里程	B	C
A	650千米/3天	650千米/3天
B	—	800千米/4天

注：保证运输安全和效率，一辆卡车需配备两名司机轮流驾驶，两位司机均需要按天付费；表中两地运输里程、行驶时间均为单边行驶里程和时间

3.5.4 仓储

1. 仓库基本信息

仓库依据容量，可分为大、中、小型，不同类型仓库的运营费、功能等也不同，具体见表 3-52、表 3-53。

表 3-52 仓库基本信息表

仓库	容量/立方米	运营费/（元/月）	租赁价/（元/月）	建设费/万元	建设周期/月	折旧费/（元/月）	折旧年限/年
大型货仓	480	5 500	—	108	2	8 500	10
中型仓库	360	5 000	16 000	84	1	7 500	10
小型仓库	240	4 000	11 000	72	—	6 500	10

注：无论仓库内是否有货，均要支付运营费；小型仓库只能按月租用，大中型仓库建设完成即开始支付折旧费和运营费，自有仓库可以净值出售；大型仓库没有出租，只能自建；公司原料及成品仓储均租用物流公司仓库，租赁单位为个，不同类型材料（原料及成品）需分别存入特定类型仓库；公司租赁仓库单位为个，租赁价格由双方洽谈确定，最小租赁时间为月，付款方式由双方合同约定；公司从租用的仓库进行生产领料和产品入库无须另行支付运输费用

表 3-53 仓库存储类别表

类别	存储物料
原料仓	M1、M2
半成品仓	S1、S2、S3、W1、W2

2. 停车场基本信息

按停车场的容量，可将其分为大型停车场和中型停车场，它们的建设周期、费用等各不相同，具体见表 3-54。

表 3-54 停车场信息表

停车场	容量/平方米	运营费/（元/月）	租赁价/（元/月）	建设费/万元	建设周期/月	折旧费/（元/月）	折旧年限/年
大型停车场	5 280	10 000	—	380	2	30 000	10
中型停车场	2 880	5 000	80 000	260	1	20 000	10

注：无论停车场是否使用，均要支付运营费；自建停车场运营费用在停车场建设完成即开始支付；物流公司产生运营费用，系统会在月末产生一笔应付账款，物流公司次月到管委会支付相关费用；P1、P2、P3 分别占地 8 平方米、10 平方米、12 平方米

3. 人员配比关系

仓库、停车场因其容量大小不同，所需人员配比各异，如表 3-55 所示。

表 3-55 人员配比详情表

物流设备	仓管	搬运工	司机
卡车	—	—	2
大型仓库	2	4	—
中型仓库	2	3	—

续表

物流设备	仓管	搬运工	司机
小型仓库	1	2	—
大型停车场	3	1	—
中型停车场	2	1	—

注：为保持公司正常运转，即使在无任何运输及仓储设备的情况下，也需配置10位管理人员；每3辆卡车需要配置一名调度，不足3辆按3辆计算；每2个仓库或停车场需要配置一名调度，不足2个按2个计算；上述备注中条款2与条款3中的调度人员需独立配置

3.6 商业银行规则

3.6.1 组织架构及岗位职责

商业银行作为金融机构，也有自己的组织架构及岗位职责，见表3-56。

表3-56 银行组织架构和主要岗位职责参考表

职位（角色）	主要职责
行长	仿真银行的最高决策者，负责对全行工作的综合管理和领导
行长助理	协助行长搞好全行工作，兼任信息、人力资源等工作
客户经理	客户拓展及管理，为企业提供储蓄、结算、信贷及理财等产品销售
产品经理 市场总监	负责银行各类产品策划、产品设计开发到产品营销、推广、维护、改进和市场效果评价的全过程管理和服务支撑工作
财务总监 风控经理	负责银行日常财务管理及银行风险管理工作
综合柜员	负责日常柜台工作，包括存取款、企业结算、货币兑换、银行间业务对账及企业对账

3.6.2 经营起点

机构持股情况、初始资金、存货、人员及财务情况因课程方案设置及教师调整会产生不同初始数据，请参考系统信息。

3.6.3 负债业务

1. 个人存款业务

个人存款总量取决于居民的总收入，会随经济形势变化而变化。

各商业银行通过支付营销费方式吸收当季仿真社会个人存款。当季支付营销费用与吸储金额正相关。营销费用最小单位为万元。无营销费则无法获得当季度个人储蓄。

2. 对公存款业务

银行初始情况下已有一些初始客户，具体客户清单各组需查询系统客户情况。银行可以面向所有仿真公司吸储，但未在银行开户的公司需要先开户，条件由双方商议决定。

3.6.4 资产业务

在仿真环境中，由于企业经营周期不超过 1 年，因此不区别长贷与短贷，但可选择按月还息到期还本方式或到期还本付息方式。

1. 企业贷款

企业贷款是指企业为了生产经营的需要，按约定利率和期限向银行或其他金融机构借款的一种方式。企业的贷款主要用来进行固定资产购建、技术改造等大额长期投资。

在仿真环境中，企业贷款分为抵押贷款及信用贷款。

1）利率

见基准利率。

2）额度

抵押贷款：银行给公司的贷款额度与申请贷款单位的抵押物价值挂钩。贷款最大额度不高于抵押物当前净值的 70%。

制造商、供应商、物流商可以使用生产线、厂房、车辆、仓库、大楼等固定资产进行抵押（存货不能抵押），经销商除可以使用固定资产以外，还允许抵押存货、车辆进行贷款。

信用贷款：各商业银行自行掌握，信用贷款总额不超过贷款总金额的 30%。

3）业务流程

（1）借款到期后偿还本金（如还本付息还需还利息）。

（2）商业银行每月初发布指导性企业贷款利率等指导性说明。

（3）借款人提出申请（在系统登记并发出申请）。

（4）银行审查，进行贷前审核（审查申请单及进行企业征信查询）。

（5）双方谈判并签订贷款合同。

（6）银行将所贷资金转入借款人账户。

（7）借款人按期支付利息（按月付息）。

2. 个人消费贷款

个人消费贷款是指银行向个人客户发放的有指定消费用途的人民币贷款业务，主要有个人住房贷款、汽车贷款、一般助学贷款等消费性个人贷款。

个人消费贷款在本环境中来自汽车经销商汽车销售环节。为保证部分客户能贷款购车，经销商需向银行申请消费贷款额度，银行审批并向经销商提供特定额度的消费贷款供客户使用。在产生汽车销售后，相关消费贷款自动发放。在当期消费贷款额度用完后，无法发放消费贷款。

个人消费贷款的基准利率为 1.5%，每月归还 25%贷款本金（4 个月完成还款）并支付利息，还款采用等额本金方式自动划转。每月本金=总本金/还款月数，每月利息=（本金−累计已还本金）×月利率。

（1）利率。见基准利率。

（2）额度。发放给经销商的消费贷款额度由商业银行根据资金预算情况自行决定。

（3）业务流程。经销商提出额度申请，双方谈判达成合作意向（收取手续费），银行审查并发放指定额度给经销商当月使用，未使用额度当月结束后自动回收并收取资金占用费。

3.6.5 中间业务

1. 结算业务

在仿真实习中，国内结算采用商业汇票、支票进行结算。企业需选择一家往来银行支付交易结算费和代发工资等费用，初始季度必须为年初开户行，每季度末可做调整。

银行可确定每季度结算业务费用标准，但必须在每季度开始公示。

2. 企业贴现及转贴现

银行公告季度贴现利率，企业根据需要申请贴现。

3. 股票发行、转卖、购买业务

发行方挂出规划文档与股票价格及总发行股本，企业和银行手动输入购买量。

4. 金融债业务

银行资本充足率不足则必须发行金融债，商业银行金融债券（属于次级债）余额不得超过其上年存款余额的 8%，金融债必须由另一家银行承销，金融债的期限不超过两个季度，利率自定，任何银行和企业均可购买金融债。

5. 国债业务

1）国债承销

招标方式发行，每季度挂出招标公告，公布最高承销费比例及总金额，由各商业银行报价竞标承销，以最低承销报价银行承销。承销银行不能购买当期国债。

2）国债购买及转卖

以招标形式发行国债，每季度由承销银行发行，除承销银行外，其他银行和企业均可以购买。国债最高月利率为 0.5%，以 1 000 万元为最低单位进行购买，国债通过购买企业在系统报价，由低到高进行分配，分完即止。

6. 理财业务

在经营 1 年的模式下，可开展银行理财业务。

企业和银行可投资多种理财产品，理财产品由银行发行，收益由银行支付。企业只能委托理财，并支付银行代理费，代理费由双方自行商定。银行可以自行投资理财产品，无须支付代理费。

银行理财产品从第三季度开始可以发行。产业投资基金收益率=上年所有制造企业主营业务利润率变化幅度，金融投资基金收益率=上年所有商业银行净资产收益率变化幅度，鼓励各银行设计新的理财产品，每设计成功一款理财产品并实现销售，银行将获得 500 万元的奖励。

7. 委托贷款业务

企业之间可以相互发放委托贷款，期限和利率由双方自由商定，但必须通过银行进行，银行收取代理费 20 万元/笔。

3.6.6 资本管理

本环境中，由管委会、央行、银监会对商业银行进行监督，指标见表 3-57、表 3-58。

表 3-57 风险因素详情表

资产类别	风险系数
现金	0
国债	0
个人贷款	50%
企业抵押贷款	50%
企业信用贷款	100%
其他资产	100%

表 3-58 存贷损失准备详情表

类别		提取标准	评价标准
一般风险损失		1%	A 级及以上企业抵押贷款
专项风险损失准备	关注类	2%	BB 级及以上企业抵押贷款
	次级类	25%	A 级及以上信用贷款
	可疑类	50%	BB 级及以上企业信用贷款
	损失类	100%	BB 级及以下所有贷款

注：一般风险损失准备，不计提特种风险损失准备

1. 银行存贷比

商业银行存贷比不得高于央行存贷比要求，默认为 75%，教师可根据实际情况进行调整。

存贷比=（企业贷款总额+消费贷款总额）/（个人存款总额+企业存款总额）。

2. 资本充足率

资本充足率监控指标是否使用由指导教师根据实习学生专业情况决定。

资本充足率不低于 8%。

本环境内计算公式及参数如下。

资本充足率=资本净额/加权资产

资本净额=银行所有者权益

加权资产=单项资产×资产风险系数

3. 贷款损失准备金

贷款损失准备金预留应付坏账的款项（客户违约、需要重新磋商贷款条款等），在

发生贷款业务后，相关款项自动划转到央行，贷款到期后自动从央行托管账户转回，期间不产生利息。

4. 企业信用评级

系统定期采集数据对企业进行信用评级，评级表见表3-59。

表3-59 企业信用评级表

级别	评级说明
AAA	贷款风险导致的损失的保护最强
AA	贷款风险导致的损失的保护很强
A	贷款风险导致的损失的保护较强
BBB	贷款风险导致的损失的保护一般
BB	贷款风险导致的损失的保护存在不确定性
B	贷款风险导致的损失的保护较差
CCC	贷款风险导致的损失的保护最差

注：评级采用综合指标评判法，包括财务状况、市场地位、贷款情况及其他征信记录

5. 贷款集中度

从第三季度开始，单一企业占该银行企业贷款集中度不得超过50%。

各银行和企业违规操作，除归还违规操作款项外，另罚款500万元。

央行规定抵押贷款不超过当前净值价值70%；企业还可以申请流动资金贷款。

6. 监管机构及处罚措施

商业银行运营监管由管委会下设银监会及央行执行。对违反监管要求的机构，由银监会及央行开具违约通知单和违约罚款单，处罚标准如表3-60所示。

表3-60 银行监管详情表

项目	罚金	备注
存贷比超标	500万元/次	每月底系统自动检查，违约为一次，银监会可临时增加检查，每月不超过1次
资产充足率	500万元/次	每月底系统自动检查，违约为一次
贷款集中度超标	500万元/次	每月底系统自动检查，违约为一次
2次以上连续违约	1 000万元/次	不区分违约类别

注：连续违约是指连续2个检查周期内特定项目未达到监管要求，在原有处罚基础上增加罚款。临时检查违约不算连续违约

7. 基准利率

在仿真实习中利率均指月利率，月利率×12=年利率。

基准利率可随整体经济情况发生变化，具体见系统环境数据公示。

各银行背景储蓄账户存款利率为0.25%，企业存款利率为0（可调节）。

商业银行吸收存款和发放贷款的利率可根据央行公布的基准利率，在 0.5~2 倍范围内自行浮动。

企业抵押贷款基准利率为 2%，企业信用贷款基准利率为 3%。

个人贷款（抵押）基准利率为 1.5%。

商业银行发放贷款的品种可自行设定，贷款期限最长为 1 年。

法定准备金率：由央行公布，初始值为 0。

再贷款利率：0.4%（商业银行资不抵债时可以申请，期限为一季度）。

再贴现利率：0.2%。

贴现利率：0.5%。

金融债利率：3%。

国债利率：0.5%。

委托贷款利率：1%。

央票利率：0.1%。

同业拆借利率：根据双方谈判决定。

以后各年度存贷款基准利率的变更由央行根据季度通胀总量决定，其他利率由交易双方自定或招标决定。仿真环境不考虑商业银行的准备金及备付金制度。

存贷款、国债与央票、委托贷款与同业拆借均在业务发生当期先行支付本期利息，以后各期利息在当期末支付，到期贷款无须支付利息，仅偿还本金。

3.7 政府及外围机构规则

管委会是制造公司和供应商之外的外部机构。政府部门主要包括工商局、税务局、中央银行、银监会、人力资源和社会保障局；外围机构主要包括人力资源部门、原材料采购部门、设备租赁部门、认证中心部门、客户公司部门、新闻媒体部门。它们共同构成了仿真活动所需要的外部环境，保证了制造企业及服务企业主要业务的完整性、系统性。为了规范外部相关部门（公司）的行为，特制定本规则。相关部门（公司）必须遵照执行。

3.7.1 政府的职能

政府的基本职能包括政治职能、经济职能、文化职能和社会职能。仿真市场虚拟政府的基本职能主要是经济职能、管理职能和社会职能。

1. 政府的经济职能

政府的经济职能主要有四项，即提高经济效益；改善收入分配；通过宏观经济政策稳定经济；执行国际经济政策。

从仿真市场的实际情况出发，在虚拟的市场环境下，虚拟政府的经济职能如下。

（1）规范和稳定市场秩序，确保自由公平竞争的职能。

（2）对经济进行宏观调控的职能，确保仿真综合实习环境中经济平衡发展。

（3）直接生产和提供公共物品，弥补市场失效的职能。

（4）管理仿真实习环境公共资产的职能。

2. 政府的管理职能

虚拟政府的管理职能就是虚拟政府管理仿真市场的职能。具体包括以下几个方面。

（1）维持仿真市场秩序的职能。维持仿真市场的正常秩序，确保仿真环境中的人身安全和财产安全，这是虚拟政府的基本管理职能。

（2）确保企业运作仿真环境公平分配的职能。仿真市场本身是不可能进行公平分配的。只有政府才能进行公平分配，以弥补市场所造成的欠缺。虚拟政府利用税收政策和福利政策以及建立社会保障制度进行收入再分配，以求得分配公平，保持虚拟实习环境的稳定。

（3）环境保护的职能。虚拟政府要制定相关制度，保持仿真市场的环境整洁，承担起保护环境的责任。

3. 政府的社会职能

促进技术进步和人才素质提高是虚拟政府的一项重要职能。虚拟政府鼓励仿真市场中的所有公司提高生产技术水平、研发新产品；鼓励各个公司建立先进的公司文化，利用公司活动、员工风貌、公司网页等宣传、展示公司文化；鼓励各公司（部门）的员工专业素质和专业道德并重，在做好本职业务的同时，树立文明新风，争做仿真市场精神文明的标兵。

3.7.2 政府机构

1. 央行和银监会

（1）银行存贷比。

（2）资本充足率。

（3）贷款损失准备金。

（4）五级贷款分类的标准。

正常类贷款：借款人能够履行合同，没有足够理由怀疑贷款本息不能按时足额偿还。

关注类贷款：尽管借款人目前有能力偿还贷款本息，但存在一些可能对偿还产生不利影响的因素。

次级类贷款：贷款的缺陷已经很明显，正常经营收入已不足以保证还款，需要通过出售、变卖资产或对外融资，乃至执行抵押担保来还款，预期损失比率在 20%（含）以下。

可疑类贷款：肯定要发生一定的损失，只是因为存在借款人重组、兼并、合并、抵押品处理和诉讼未决等待定因素，损失金额还不能确定，预期损失区间在大于 20%并小于等于 90%之间。

损失类贷款：预期损失比率在 90%以上的贷款。

（5）贷款集中度。

（6）初始年基准利率水平。

（7）一般户转基本户。

企业一般户转基本户，需要先注销原有的基本户，然后向工商局进行申报，工商局批准以后，由中央银行代为操作，转为基本户。

2. 工商局

机 构 章 程

工商行政管理部门根据其在仿真市场中的地位和作用特制定本章程。工商行政管理部门全体工作人员必须根据本章程的各项规定开展工作。

总 则

第一条 工商行政管理部门是仿真市场虚拟的管理机构，受虚拟政府的委托，监督仿真市场的运行，维护仿真市场的经济秩序和工作秩序，促进仿真市场经济的健康发展。

第二条 仿真市场工商行政管理部门是虚拟政府的职能机构，主管市场监督管理和行政执法。

工商行政管理部门的基本任务是：确认市场主体资格，规范市场主体行为，维护市场经济秩序，保护商品生产经营者和消费者的合法权益；负责商标的统一注册和管理；实施对广告活动的监督管理；监督管理仿真市场的正常有序运行。参与市场体系的生产制造公司外部相关部门（公司）的章程不同于现实公司或者管理机构的章程。考虑到仿真实习环境的特殊性，我们没有照搬实际部门（公司）的章程，也没有涉及管理部门的全部职能和外部公司的全部经营业务，仅针对虚拟实习环境中的外部相关部门（公司）为生产制造公司提供的相关管理和服务工作或相关业务，设计各部门（公司）章程。外部相关部门（公司）章程在本规则中统称为机构章程。

生产制造公司外部相关部门（公司）制定的机构章程对本部门（公司）的行为具有约束作用。如果实习组织单位修改实习内容，导致虚拟实习环境发生变化或者仿真业务范围扩大（缩小），外部相关部门（公司）可以修订机构章程。

第三条 工商行政管理部门行使职权，坚持依法、公正、效率、廉洁的原则。

第四条 工商行政管理部门依法独立行使职权，不受非法干预。

第五条 工商行政管理部门实行执法监督制度，并接受仿真实习环境公众的监督。

细 则

第一条 工商行政管理部门是仿真实习环境中的登记主管机关，负责确认商品生产、经营活动的各类企业（简称经营者）的法人资格或合法经营地位，依法履行下列登记管理职责。

（1）受理经营者的设立、变更和注销登记申请，并依照法律、法规规定的原则和程序，审查是否予以核准登记。

（2）通过年度检验制度等方式，对经营者的登记注册行为及其相关活动进行监督。

（3）查处各类违反有关登记管理规定的行为。

第二条 工商行政管理部门是经营者市场交易活动的监督管理机关，负责查处下列违法行为。

（1）不正当竞争行为和违法的垄断行为。

（2）损害消费者权益的行为。

（3）其他违法、违章的市场交易行为。

第三条 工商行政管理部门负责合同的监督检查，依法履行下列职责。

（1）查处利用合同危害公共利益、侵害他人合法权益的行为。

（2）对企业以动产（运输车辆除外）设定抵押、订立抵押合同的，负责有关动产抵押物的登记，并对违反有关抵押物登记管理规定的行为进行查处。

（3）对仿真市场中的合同纠纷进行调解、仲裁，并按照合同标的的5%收取仲裁费，标的物在40 000元及其以下的，调解仲裁费为2 000元。

第四条 工商行政管理部门对各类商品交易市场实施监督管理，依法履行下列职责。

（1）负责生产制造公司开发市场的登记、审核、办理准入资格证等工作。

（2）对产成品、生产资料市场中的交易行为进行规范和监督，查处其中各类违反有关规则和市场管理规定的行为。

（3）参与金融、人才、技术、信息等市场的监督管理。

第五条 工商行政管理部门对违反工商行政管理法律、法规、规章的经营者，依法实施行政处罚。

（1）对未经核准登记，擅自从事经营活动，或者从事其他违反经营登记管理规定行为的，工商行政管理部门可以依照相关法律、法规、规章，责令改正；给予警告、没收违法所得、罚款、责令停业整顿、吊销营业执照等处罚。

（2）对未经登记擅自开发市场，或在未开发完成的市场从事产品交易活动的生产制造公司，工商行政管理部门依照有关规定予以处罚。

（3）对不正当竞争行为，工商行政管理部门可以依照《中华人民共和国反不正当竞争法》等法律、法规、规章，责令停止违法行为；视情节严重程度，分别给予没收违法所得、违法所得1倍以上3倍以下或者1万元以上20万元以下罚款、责令停业整顿、吊销营业执照等处罚。

（4）对利用合同侵害仿真市场公共利益及他人合法权益的，工商行政管理部门可以依照有关法律、法规、规章，给予没收违法所得、罚款、责令停业整顿、吊销营业执照等处罚。

（5）订立公司动产抵押合同或者无形资产专用权质押合同，未向工商行政管理部门办理抵押物或者无形资产专用权出质登记的，其抵押或者质押合同无效。对违反有关登记管理规定的，工商行政管理部门可以依照本规定，给予罚款、注销登记证等处罚。

（6）工商行政管理部门接受仿真实习环境中任何组织和个人的举报、投诉，并负责投诉项目的记录、查证、处理，同时负有保护投诉人、保证不泄漏投诉内容的义务。

第六条 仿真实习环境中的任何单位和个人对工商行政管部门处罚不服的，可以在收到处罚通知书后的一个月（仿真实习时间可能为1~2小时，具体时间由实习组织单位安排）内，向上一级工商行政管理部门（指导教师）提出行政复议。

第七条　每个经营年度结束，举办“诚实守信，合法经营”评选活动，表彰和宣传守法、诚信经营单位。

第八条　工商行政管理部门实行执法监督制度，其执法行为必须接受仿真实习环境公众的监督。仿真实习环境中的任何组织和个人对工商管理部门工作人员的违法、违纪行为，有权向上一级工商行政管理部门（指导教师）举报、控告，对依法检举、控告违法行政行为的组织或个人，任何人不得压制和打击报复。

主要业务

工商行政管理部门属于市场管理部门，其主要业务如下。

（1）公司注册登记。

（2）公司变更登记。

（3）资本变更登记。

（4）执行工商检查。工商检查包括经常性检查和年度检查。对检查不合格的公司，有权责令其限期改正，同时视情节轻重处以1万~10万元罚款。

（5）监管并维护市场秩序，对市场纠纷进行调解或者仲裁。

（6）办理抵押物或者无形资产专用权出质登记。

（7）每半年举办“纳税大户”评选活动。本部门负责制定参评条件和评价标准，审核参评者资格，评选与表彰先进企业。

3. 税务局

机构章程

根据税务部门在仿真实习环境中的地位、作用及其相关业务，特制定本章程，税务部门全体工作人员必须根据本章程的各项规定开展工作。

总　则

第一条　税务部门是仿真实习环境中办理各项税务业务的虚拟机构，是执行国家、地方有关税收政策的唯一合法组织。

第二条　税务部门不分设国家税务总局和地方税务局，仿真实习环境所有公司各项涉税业务均由税务部门办理。

第三条　本规则中税务部门的内部机构设置及工作流程主要参考当前实际税务机关的做法，并结合仿真实习的具体情况而制定，因此一些具体流程及规则与实际不一定完全相符。

第四条　税务部门是仿真实习环境中的管理与服务机构。一方面要行使税收管理职责，完成税收任务；另一方面要体现服务社会的职能，积极为各个仿真公司（即纳税人）服务。

细　则

第一条　仿真实习环境中的所有经营者，都是纳税义务人，是税务部门的征税对象，所有纳税义务人都要到税务部门办理税务登记，并依法纳税。

第二条　在日常税收工作中，税务部门要严格按照流程及制度的规定，并参照当前国家税收制度的相关规定，充分体现“依法治税”的精神，做到“应收尽收”。

第三条　在办理税收业务中，税务人员可以手工处理，也可以使用相关的软件辅助处理，并要强调管理在日常税收工作中的重要性，体现“科技+管理”的现代税收管理理念。

第四条　仿真实习中涉及的一些业务表单，需要本部门相关岗位的工作人员（即学生）提前设计并提供给有关单位和人员使用。

第五条　鉴于仿真实习环境和仿真市场的特点，税务部门规定，纳税申报采用自主上门申报方式。

第六条　鉴于仿真实习环境和仿真市场的特点，税务部门如无特殊规定，税款的征收一律采取查账征收方式。

主要业务

在众多的税收业务中，仿真税收业务的设置主要针对税收征管业务，并结合仿真市场的具体情况进行设计。具体内容如下。

1）税务登记

按照国家税收法规的规定，新设立的企业或者企业经营情况发生变化，需要到当地税务部门办理开业税务登记或变更税务登记。纳税人需如实填写“税务登记表”，并提供相关证件、资料，税务部门对报送表格、资料于当月审核完毕，为符合规定的企业办理税务登记，核发税务登记证。

2）纳税申报

纳税申报方式有很多，针对仿真企业主要采取企业自主的上门申报制度。申报周期以“月”为单位，即一个经营月度纳税人申报一次。办理纳税申报时，办税人员主要审核纳税人各税种纳税申报表填制的合理性和合法性，审核无误后为纳税人填开“纳税缴款书”，申报业务结束。

征收方式无特殊规定，一律采取查账征收。

3）缴纳税款

缴纳税款方式很多，针对仿真市场的实际情况，主要采取“纳税人直接向银行缴款”的方式。

纳税人持纳税缴款书如期到指定银行缴纳税款，之后将其中一联交回税务部门作为税款缴交核销处理的依据，税务部门为该纳税人填开“完税凭证”。

税务部门要定期与银行就税款的缴交情况进行对账。

税款交到银行后，即认为税款已“入库”（实际中还有税款从专业银行入国库的过程）。

4）发票管理

发票管理主要针对发票的印制、购领、使用、监督及违章处罚等各环节进行管理。就仿真实习而言，所涉及的发票业务主要包括发票的领用、监督及违章处罚。

发票的种类：主要有增值税专用发票和普通发票两种，不分面额，均为机打。

税务部门应定期进行增值税发票的开票联及抵扣联的稽核工作，以保证纳税人开票及抵扣的真实性。

5）纳税检查

纳税检查主要分为三个环节：纳税人自查、常规检查和专项检查。

纳税人自查：纳税人要定期就其涉税业务进行自查，及时发现问题。

常规检查：税务部门要定期对纳税人进行检查。检查内容主要包括纳税人的会计账簿、凭证、报表等相关资料；商品、产品的生产、经营、存贮；资金的往来；物流环节；等等。税务部门每季度最少要对三家仿真公司进行常规性的检查。

专项检查：这是税务部门对纳税人的申报资料及报送的会计资料进行分析，发现其中的异常情况，而进行的针对性很强的纳税检查。税务部门每季度至少对一家仿真生产制造公司进行专项检查。

税务部门应将纳税检查结果以书面形式送达纳税人以及仿真管委会相关部门以备对异常情况进行处罚。

6）违法处罚

违规违法行为是指各个仿真企业由于工作上的失误或者主观上的故意，违反了税收法律法规的规定的行为。

针对仿真实习的情况，税务违规违法行为主要有：未如期办理税务登记；账簿建立、管理不当，发票使用违规；未能按税务机关要求提供相关会计资料；未按期进行纳税申报；欠税；骗税；抗税。

其他违规违法行为。

对违规违法行为的处罚主要依据国家税收管理制度中相关规定进行。根据仿真实习环境的特点，具体处罚规定如下。

（1）出现上述违规违法行为中第一至第四种情况之一者，罚款 500~50 000 元，并要求及时纠正。

（2）对欠税的处罚：追回所欠税款，并缴纳相应的滞纳金（以每月 10%计），同时处以所欠税额 5 倍以下的罚款处理。情节严重时，可以取消相关责任人的仿真成绩。

（3）对骗税、抗税的处罚：追回骗税税款，并缴纳相应的滞纳金（以每月 10%计），同时对骗税额在 5 万元以下的，处以所骗税额 5 倍以下的罚款，对骗税额在 5 万元以上的，处以所骗税额5倍以下的罚款。情节严重时，可以取消相关责任人的仿真成绩。

税务部门要通过多种方式向纳税人进行依法纳税及相关处罚规定的宣传，提高纳税人依法纳税的意识。

7）复议诉讼

纳税人对税务部门的处罚决定不服时，可在规定时间内向上级税务部门（指导教师）申请复议诉讼。

纳税人要进行复议诉讼时，需先执行处罚决定，在处罚决定送达的2个季度内（实际为 60 天）向上级税务机关申请复议。过期则视为纳税人服从处罚决定，放弃复议诉讼。

简要税收制度

本制度主要按照我国现行税收制度的规定，并结合仿真实习的具体情况而制定，未提及的内容均以现行中国税收制度的规定为准。

1）增值税

增值税是流转税的一个主要税种。征税范围主要包括境内销售动产货物和提供加工、修理修配劳务以及进口动产货物。

在仿真市场中，所有仿真企业均为增值税一般纳税人，税率统一为：制造型企业17%，物流型企业6%或11%。

对增值税实行凭票抵扣进项税额，不能提供进项税发票联的，不予抵扣。

增值税申报时除提供必要的申报表、账簿之外，尚需提供当期增值税发票的填开、抵扣明细及原始凭证。

2）企业所得税

（1）征税对象和范围。企业所得税的征税对象为纳税人取得的生产经营所得和其他所得。

（2）计税依据。企业所得税的计税依据为应纳税所得额。应纳税所得额应当按照税收法规的规定计算，将企业会计利润按税法的规定调整为应纳税所得额，才能作为应纳所得额计算企业所得税税额。

（3）税率。企业所得税以25%为基本税率。

（4）减免税优惠。为了体现国家的经济政策，鼓励和扶持某些产业或者企业的发展，特规定了减免税优惠。企业享受税收优惠政策，需提前向税务机关提交税收减免优惠申请书，经税务部门审核验证后执行。

3）其他税种

税务部门征收的其他税种包括土地增值税、固定资产投资方向调节税（暂停征）、印花税、车船税、城市维护建设税、教育费附加等。其征税范围、计税依据及适用税率均参照现行中国税收制度的规定执行。

纳 税 实 施

详细税率，参见基础信息部分。

纳税大户评比

半年度评选一次纳税大户。制造、供应、物流纳税第一名发放纳税大户证书，并奖励500万元。

4. 海关

1）出口报关

（1）前往海关办理“自理报关注册登记”手续，取得报关资格；到外汇管理局领取并填写出口收汇核销单。

（2）收单、审单。出口货物报关单（若有出口退税的，应填一式两份，并在报验时已填写）、海运提单、装箱单、发票（一份）、出口合同、出口收汇核销单、出口许可证。

海关对报关单进行编号登记，并批注接受申报日期；查阅报关单证是否齐全、正确、有效；审核报关单内容，核对报关单与出口收汇核销单的内容和编号是否一致。

（3）凭海关开出的银行缴款书到银行缴纳税款；海关审核商品价格是否正常，依税率计征；开出海关专用缴款书。

（4）查验货物。出口商派员到场会同验货关员查验货物；查验时负责搬移、开箱、验毕封号；应验货员要求随时提供必要的单证。

海关凭报关员递交的银行缴款书的回执去验货；填写一份验货记录。

（5）签章放行。出口商领取放行单、发票正本及其他应发还的单证；装船起运出境。

海关审核关税是否交讫；在报关单和提单上加盖放行章，在出口收汇核销单上盖“验讫章”，在出口退税专用报关单上加盖“验讫章”，退还报关单位。

2）进口报关

（1）前往海关办理“自理报关注册登记”手续，取得报关资格。

（2）收单、审单。填进口货物报关单一式两份、海运提单、装箱单、发票（一份）、进口合同、进口许可证。

海关对报关单进行编号登记，并批注接受申报日期；查阅报关单证是否齐全、正确、有效；审核报关单内容。

（3）凭海关开出的银行缴款书到银行缴纳税款；海关审核商品价格是否正常，依税率计征；开出海关专用缴款书。

（4）查验货物。进口商派员到场会同验货关员查验货物；查验时负责搬移、开箱、验毕封号；应验货员要求随时提供必要的单证。

海关凭报关员递交的银行缴款书的回执去验货；填写一份验货记录。

（5）签章放行。进口商领取放行单、发票正本及其他应发还的单证；到海关监管仓库或场所提货。

海关审核关税是否交讫；在报关单和提单上加盖放行章。

3）出口货物商检

（1）商品报验，填写商业发票、装箱单、出口货物报关单、出境货物报检单。

（2）提供相关单证和资料。其包括出口合同、信用证、出口货物报关单、厂检结果等。如需要，申请办理原产地证书。

（3）接受商品检验、抽样，商检局签发检验证书，并在出口货物报关单上加盖放行章。出口企业在取得检验证书或放行通知单后，在规定的有效期内报运出口。

注意：出口商品检验一般于通关之前进行。

4）进口货物商检

（1）商品报检，填写进口货物报关单、入境货物报检单。

（2）提供相关单证和资料。其包括进口合同、进口报关单、国外商业发票、装箱单、提单、商品检验证书等。如需要，要求提供原产地证书。

（3）接受商品拆箱检验，商检局签发检验情况通知单，进口商领取货物。不合格的，通知进口商向出口商进行索赔。

注意：进口商品检验一般于通关之后进行，注意检查商品与提单、报关单等单据是否一致。

5. 进出口地银行

开立信用证

国际结算方式统一为不可撤销跟单信用证。

要求用汇票作为支付工具。

1）银行费用

（1）开证行的费用（由进口商支付给开证行）。

开证费：货款总值的 0.15%。

审单费：每笔 300 元。

每票改证费为 200 元/次，邮费 150 元/次。

（2）议付行的费用（由出口商支付给议付行）。

通知费：300 元/笔。

议付费：货款总值的 0.1%。

每票改证费为 200 元/次，邮费 150 元/次。

汇率：按人民币兑美元的当期牌照。

开证申请人、开证行和受益人都同意，信用证修改才有效。如果当事人一方不同意修改，则修改不能成立，信用证仍以原条款为准。

买卖双方签订合同以后，进口商首先应向银行申请开立信用证，填写开证申请书。银行再根据申请书的内容开出正式的信用证。

2）业务内容及步骤

（1）申请信用证。在开信用证以前，进口商到外汇指定银行领取进口付汇核销单，凭以办理进口付汇手续。

进口商填妥付汇核销单。

进口商填写信用证申请书，向进口地银行申请开立信用证。

开证银行接受申请并根据申请书开立信用证。

开证行将信用证寄给出口商所在地的议付行。

（2）修改信用证（如果需要）。进口商根据受益人的要求修改信用证。填写信用证修改通知书交给开证行，开证行转给议付行。

3）主要单据

信用证开证申请书、信用证、信用证修改通知书、汇票。

4）参与方：进口商、进口地银行（开证行）、出口地银行（议付行）

熟练掌握信用证的相关基本知识，掌握进口商申请信用证和进口方银行开立信用证。

出口审核信用证

进口商及时、正确地开出信用证成为出口合同如期履行交货环节的关键，也是出口商及时收回货款的基本保证。信用证的掌握、管理和使用，主要包括催证、审证、改证。

1）业务内容及步骤

（1）审核信用证。出口商所在地银行收到开证行发来的信用证后，填妥信用证通知书，将信用证通知出口商。出口商收到银行送来的通知书后，参照合同进行审核，审核无误后接受信用证。

（2）修改信用证。如果信用证有误，可填写信用证修改通知书，由通知行负责转交给开证行。

2）主要单据

信用证、信用证修改通知书。

3）参与方

出口商、出口地银行。

通知行填写信用证通知书，出口商审核信用证，如需要可进行信用证修改。此处要求学生掌握出口商审核信用证的基本注意事项。

3.7.3 外围机构

1. 认证中心

机 构 章 程

根据认证中心在仿真实习环境中的地位、作用及其相关业务，特制定本章程，认证中心全体工作人员必须根据本章程的各项规定开展工作。

总 则

第一条 认证中心是仿真市场唯一合法的认证机关，其认证具有合法性和权威性。

第二条 本中心主要业务包括市场准入认证和新产品研发认证。

第三条 各市场均包含市场准入认证，本中心提供市场准入认证服务。

第四条 ISO 认证包括质量认证体系和环境保护认证体系。

第五条 电子行业的新产品研发具有一定风险，本中心将按照严格标准界定新产品的研发风险。

第六条 本中心严格遵守严肃、公正、科学、廉洁、高效的原则，秉公办理各种业务。

细 则

第一条 本中心在办公时间随时受理生产制造公司提出的市场准入、ISO 认证和新产品研发认证申请，不得以任何理由拒绝公司申请。

第二条 本中心严格公正记录生产制造公司新产品认证、装配时间认证作为审核依据。

第三条 本中心严格按照新产品研发认证规则，审核生产制造公司的新产品研发的有关工作程序和资料，并对达标公司颁发证书（证明）。

第四条 本中心有义务对生产制造公司申请市场准入、认证和新产品研发工作予以指导。

第五条 本中心对申请认证单位提交的资料，在未颁发证书前严格保密。

第六条 本中心不得强制要求生产制造公司参加新产品研发。

新产品研发认证

具体信息参见基础信息。

2. 仲裁委员会

机构职责

管委会仲裁委员会的主要职责是处理仿真系统中各公司之间的经济合同纠纷并给出处理办法和意见。

每笔纠纷管委会仲裁委员会收取50 000元的仲裁费用，费用由败诉方支付。

办事流程

公司双方若有经济合同纠纷，且私下不能通过协商解决的，双方可以通过管委会仲裁委员会仲裁解决，纠纷双方从管委会仲裁委员会领取申诉表，填好盖章交由管委会仲裁委员会。

管委会仲裁委员会自收到纠纷申诉表起，4 小时之内给出解决处理办法，在处理期内，仲裁委员会有权随时叫纠纷双方来管委会进行情况了解，若有一方不配合，则最终损失自负。

管委会在4个小时之内给出处理办法，并收取败诉方50 000元审理费用，并将审理结果在管委会展示板上进行1日的公示，若败诉方对处理意见不服，可在管委会再次领取申诉表，填好盖章后交由办公室由教师最终仲裁。最终仲裁不管败诉与否，都将收取100 000元的申诉费用。费用交给管委会仲裁委员会。

常见的纠纷处理案例及意见

合同纠纷/违约纠纷

由于物流商运输不及时，供应商供给制造商半成品在本月没有运出，从而导致制造商下月不能生产的，由物流商赔偿制造商这批半成品所生产的成品汽车的全部利润的30%，另外对运输不及时导致的制造商仓储空置，人员空置的费用全部由物流商进行赔偿。

由于物流商运输不及时，制造商的成品车在本月没有运出，从而导致经销商下月不能收到货的，由物流商赔经销商本月销售利润的30%，另外对运输不及时导致的经销商仓储空置、人员空置的费用全部由物流商进行赔偿。

由于物流商运输不及时，承运方对其他公司所产生的违约赔偿，全部由物流商负责赔偿。

对合同书写不清楚导致的违约处理，若双方不能达成协议解决，管委会仲裁委员会将强行按照合同的效应进行处理。

若合同没有标明尾款还款时间，则仲裁委员会裁决自处理月起（不包含本月）最晚还款时间为3个月。

管委会操作错误的赔偿

若管委会操作失误一笔业务，则扣除该操作人员本月工资的三分之一，如果没有造成损失，则可直接更正，若造成损失，则管委会赔偿损失方这次操作失误造成的全部损失，仲裁委员会对损失进行评估，如果不能评估，可寻求教师帮助。

若由于教师的操作失误或者因此导致的经济损失问题，则教师酌情处理。

3. 人才交流中心

机 构 章 程

根据人才交流服务中心在仿真实习环境中的地位、作用及其相关业务，特制定本章程，人才交流中心全体工作人员必须根据本章程的各项规定开展工作。

总 则

第一条 人才交流服务中心是经仿真实习环境中工商行政管理部门注册登记并持有营业执照的人才交流服务机构，是仿真实习环境中唯一合法的人才中介组织。

第二条 人才交流服务中心的宗旨是：贯彻执行仿真市场虚拟政府有关人才交流和合理流动的政策、规定；积极引进仿真市场需要的各类专业人才，广泛挖掘人才资源，发挥人才潜能，合理调整仿真市场人才结构，并引入社会竞争机制，完善人才市场，利用本中心的人才储存和流动功能为仿真市场提供服务。

第三条 本中心的服务对象是制造商及供应商及其可能流动的各类人才。

第四条 本中心可为各制造商及供应商建立人才档案和人员流动档案。

第五条 本中心直接监管所有制造商及供应商的人员流动。制造商及供应商的人员流动和交流必须通过本中心进行，各制造商及供应商之间不允许人员私自流动。

第六条 本中心人才库储备人才丰富，可以满足制造商及供应商对各类人才的需要。

第七条 本中心对各制造商及供应商虚拟职工的种类、数量、技术级别或专业技术职称及其变动情况具有监督检查权。

细 则

第一条 本中心在办公时间随时办理人才交流的各项业务。

第二条 本中心为了提供优质服务，坚持在市场调研的基础上，预测各类人才的需求量，保证满足用人单位对各类人才的需要。

第三条 本中心严格按照各项业务规则办理业务。

第四条 本中心对用人单位的人才需求信息和求职者个人资料严格保密。

第五条 本中心有义务协助工商行政管理部门检查仿真市场制造商及供应商职员变动的统计工作。

4. 原料供应中心

参见“3.1.9 设施设备购买租赁”。

5. 设备供应中心

参见“3.1.9 设施设备购买租赁”。

6. 客户公司

仿真市场中凡是购买生产制造公司产品的公司，统称为客户公司。客户公司只能购买生产制造公司的产成品。

机构章程

根据客户在仿真实习环境中的地位、作用及其相关业务，特制定本章程。仿真市场不同区域的所有客户公司，都必须根据本章程的各项规定开展工作。

总　　则

客户公司是仿真市场中购买生产制造公司产成品的经营单位。本仿真市场有1家分布于不同区域的客户公司。

客户公司应遵守行业规范。

客户公司目前只与制造商及供应商进行最终产成品的购销，不进行原材料交易和半成品交易。

客户公司的需求量和采购资金是有一定限度的，不保证生产制造公司生产的产品均能实现销售。

客户公司的需求量和采购报价受本地区经济发展水平、市场未来偏好和产品供求关系的影响。

细　　则

客户公司根据业务规则购买制造及供应商生产的P1、P2、P3、P4产品。

客户公司有义务参加所有订货洽谈会并对参与制造及供应商做出推广评分。

客户公司与生产制造公司达成的商品交易一律以书面购销合同为准，不执行其他形式的协议、合同。

客户公司业务规则

制造商及供应商在业务系统上报价并提交纸质报价单到客户公司，不同生产线生产的同一种产品的基本销售价格是一样的。产成品销售价格一律为不含税价，增值税率为17%。销售业务发生时，销售方需给客户开具增值税专用发票。系统上报价不含增值税。

制造商参加订货会讲解，客户公司按照评分规则评分并登记到业务系统，并保留评分记录原件。对参加订货会推广讲解的公司，每期选择一家表现最优的公司颁发优秀市场推广公司称号和证书。

业务系统自动运算并发放订单，如果系统出现故障，则由客户公司根据规则手工发放订单。

客户公司与制造商或供应商签订购销合同。如中标公司不签署合同，则顺延向下一名签署合同。购销合同为唯一执行依据，购销双方必须严格执行购销合同的每项条款。违约造成的经济损失，由违约方承担或赔偿。执行中如有争议，可提请工商行政管理部门调节、仲裁。购销合同签订后如需修改，必须经双方协商同意，重新签订合同。

生产制造公司有义务应客户公司要求出示市场准入证明、新产品生产许可证、ISO认证资格证书等文件。在获取订单后如无法提交相关证明，则订单无效，并收取合同金额30%，工商局再罚款10万元。

所有订单均在与制造商约定好时节交货（同一订单不得分批交货），完不成的订单需按每月交10%违约金（仅针对完不成的部分），订单可提前交货，但不可以互相转让订单。提前交货的订单并不会提前获得现金，客户仍将按原合同账期支付货款。

订单交货期默认为签订后3个月，账期默认为签订合同后3个月。供应商可以提前交货，但不给予提前支付。订单不允许分次交付。

外贸市场。外贸市场订单量按价格100%决定排名，客户按价格由低到高进行发盘。

7. 会计师事务所

机构章程

根据会计师事务所在模拟实习环境中的地位、作用及其相关业务，特制定本章程，会计师事务所全体工作人员必须根据本章程的各项规定开展工作。

总　则

第一条　会计师事务所是依法设立，经模拟实习环境中工商行政管理部门注册登记的法人组织，主任会计师为事务所的法定代表人。其一切经营活动应遵守国家法律、法规、规章的规定及本章程的约定。

第二条　事务所的宗旨是：事务所以适应仿真市场经济发展的需要，充分发挥注册会计师等各类专业资格人员在经济活动和社会活动中的鉴证和服务作用，恪守独立、客观、公正的原则，维护社会公共利益为宗旨。

第三条　事务所的经营范围如下。

（1）审计等鉴证业务：包括审查企业财务报表；验证企业资本；企业合并、分立、清算事宜中的审计业务；法律、行政法规规定的其他审计业务。

（2）资产评估：包括资产拍卖、转让，企业收购/合并、出售、联营，企业清算，资产抵押及其担保，企业租赁等情形中的资产评估；依照仿真市场虚拟政府有关规定需要进行资产评估的其他情形。

（3）税务服务：包括税务代理；税收咨询和筹划；税收审计。

（4）基建（自建厂房、仓库等）预决算审核。

（5）司法会计鉴定。

（6）会计咨询、会计服务业务：包括会计管理咨询；设计会计制度；担任会计顾问；代理记账；项目可行性研究和项目评价；培训财会人员；其他会计咨询、服务业务。

（7）委托人委托的其他业务。

第四条　事务所全体股东、注册会计师及其他员工都应当遵守下列规定。

（1）严格遵守国家的法律法规，维护投资者的合法权益。

（2）严格遵守中国注册会计师执业规范以及其他各项工作规定。

（3）坚持独立、客观、公正原则。

（4）严格保守业务秘密。

（5）廉洁诚实，忠于职守，保持良好的职业操守。

（6）努力钻研业务，不断提高自身的专业水平，保持优良的工作质量。

（7）遵守事务所的各项内部管理制度。

细 则

第一条 事务所的主要工作职责是接受仿真市场生产制造公司的委托，对委托单位的生产经营过程、财务状况和经营成果等进行审计，检查公司是否遵守国家的财经纪律，是否遵守国家相关法律法规的规定，是否按照仿真市场生产制造公司业务规则和相关部门（公司）业务规则的相关规定组织生产经营活动，进行会计核算。

第二条 鉴于仿真市场的特殊性，本规则规定，仿真市场上所有竞争性公司是否需要委托会计师事务所审计均由管委会认定，属于政府行为。

重点审核公司以下内容。

（1）每个会计年度净利润或者年末所有者权益在本行业排名第一的制造商和供应商。

（2）拟参加仿真实习经营期“最佳经营成果奖”评选活动的生产制造公司，在经营期内委托事务所审计两次以上并出具审计无保留意见。

第三条 审计人员办理审计事项，与委托单位或者审计事项有利害关系的，应当回避。

第四条 审计人员对其在执行职务中知悉的仿真市场秘密和委托单位的商业秘密，负有保密的义务。

第五条 审计人员依法执行职务，受法律保护。任何组织和个人不得拒绝、阻碍审计人员依法执行职务，不得打击报复审计人员。

事务所审计业务主要内容

审计部门主要针对仿真市场生产制造公司生产经营活动过程中的主要业务开展审计工作，出具审计报告。

（1）审核公司的会计核算制度和内部控制制度是否健全，是否与国家现行会计核算制度、会计准则一致，是否与仿真实习业务规则一致。

（2）审核公司的会计账簿设置是否合理、完整，是否符合国家现行会计制度的规定。

（3）审核公司的货币资金使用是否符合财经制度的要求，货币资金有关业务是否及时办理。

（4）审核公司的各项收入是否符合收入的确认原则，收入确认手续、单据是否齐全，是否存在虚增收入或者少列收入的情况。

（5）审核公司各项费用开支是否符合相关规定，费用标准是否超标，是否存在多列或者少计费用的情况，摊销或者预提费用是否按照规则规定使用，是否及时计算有关费用。

（6）审核公司各项投资是否符合虚拟政府产业政策要求，是否执行仿真实习相关规则的规定。

（7）审核公司各种融资方式是否符合融资规则的各项规定，融资规模是否超过规定的标准。

（8）审核公司所招聘的职工是否满足生产技术要求或者管理者素质要求，公司职工培训费与产品合格率、职工类别配比关系等是否符合规定。

（9）审核公司采购环节的各项工作是否与采购规则及其要求一致，采购批量、采购价格等是否弄虚作假。

（10）审核公司新市场开发、新产品研发、ISO 认证等方面所提供的信息是否真实可靠。

（11）审核公司与客户签订合同的真实性、合法性，审核公司的市场行为是否符合相关规则的规定。

（12）审核公司基建项目是否按照相关业务的规定实施审批、验收。

（13）审核公司的各项资产、负债、所有者权益的增减变动是否符合仿真实习相关业务规则的规定。

（14）审核公司各项税金的计算、申报、缴纳是否符合相关规则的规定，是否存在瞒报、虚报、漏报等行为。

（15）审核公司主要业务的会计处理是否正确，是否遵守会计核算制度的要求，会计核算方法是否遵守一贯性原则等。

（16）审核公司的财务报告各项财务信息的真实性、合法性和正确性。

事务所审计工作程序

审计项目、审计内容不同，审计程序也不完全相同。以财务报表审计为例，本事务所进行报表项目审计的基本程序共有以下 9 个步骤。

第一步：成立审计小组。

事务所接受管委会的审计委托 1 日内，成立该委托单位的审计小组，审计小组负责拟订审计计划，确定审计内容和审计程序。

第二步：了解被审计单位的内部控制程序及其实现方式。

财务报表审计程序按其目的不同可分为了解内部控制程序、符合性测试程序和实质性测试程序三种。

在财务报表审计中，审计人员为了确认财务报表可能发生的潜在重要错报的种类，核定影响重要错报风险的因素，应设计了解被审计单位内部控制的审计程序，关注会计和内部控制中与财务报表认定相关的那些政策和程序，并且将对会计和内部控制相关方面的了解同固有风险、控制风险的评价有机地结合起来。

为了完成这一程序，审计人员有三种方式可供选择。

（1）通过结构要素了解内部控制。内部控制结构分析理论认为，内部控制结构由控制环境、会计系统和控制程序三个要素组成。因此，了解内部控制程序可以通过了解内部控制结构要素来实现。按照有关规定，审计人员可以从控制环境、会计系统和控制程序等三个方面充分了解被审计单位的内部控制。了解控制环境，主要围绕被审计单位管理层对内部控制及其重要性的认识和措施来进行。审计人员通过对被审计单位控制环境的了解，应能对其做出合理的判断。了解会计系统，主要是围绕以下事项进行：①被审计单位交易和事项的主要类别；②各类主要交易和事项的发生过程；③重要的会计凭证、账簿记录以及财务报表账目；④重大交易和事项的会计处理过程。通过对被审计单位会计系统的了解，审计人员应能对上述事项有一个清醒的识别和理解。了解控制程序，应着重考虑以下事项：①交易授权；②职责划分；③凭证与记录控制；④资产接触与记录使用；⑤独立稽核。审计人员在了解控制程序这一要素时，比了解控制环境和会计系统要素更强调确定特定单项控制程序与特定认定之间的直接关系。

（2）通过业务循环了解内部控制。业务循环理论认为，一个企业的所有经济业务按其性质差异、联系程度的不同，可以划分成若干类别，同一类别的业务联系比较密切，且随着企业的持续经营，这些业务也会周而复始地不断发生，从而形成业务循环。审计中所谓的业务循环就是指处理某一类经济业务的工作程序和先后顺序。将企业的业务划分成若干业务循环，再按每一业务循环去了解内部控制是了解内部控制程序的第二种方式。

（3）通过账项控制了解内部控制。财务报表的审计总目标需要通过审计具体目标来实现。审计具体目标可以分为一般审计目标和项目审计目标，项目审计目标是针对财务报表中的每一具体项目结合被审计单位管理层在这些项目中的会计认定而形成的。因此，财务报表中每一项目都涉及一些认定，围绕每一项目的几个认定就应该有一些控制环节。通过账项控制了解内部控制就是围绕财务报表中每一项目所包含的会计认定涉及的控制点，了解被审计单位内部控制的设计状况，这是第三种了解被审计单位的内部控制程序的方式。

由于每一种审计程序均可采用不同的方式来组织实施，因此，为完成各类审计程序所采用的不同方式之间的不同组合，就形成了不同的审计程序模式。

第三步：选择一定方式进行符合性测试。

符合性测试是在了解内部控制程序之后的可供选择的程序。审计人员在了解内部控制后，对那些准备信赖的内部控制执行符合性测试。

审计人员在执行符合性测试程序时有两种方式可供选择：①按交易种类的有关控制进行符合性测试，即按照业务循环组织符合性测试工作，这种方法一般被称为“符合性测试的业务循环法”；②按照有关账项及其相关的控制安排符合性测试，即按照财务报表中每一项目涉及的相关控制点进行符合性测试，也就是采用“符合性测试的分项法”进行审计项目的符合性测试。

第四步：选择一定方式进行实质性测试。

实质性测试又称为数据真实性测试。这种测试主要是通过财务报表所反映的交易、事项的检查来判断财务报表所提供的信息是否真实、公允。

实质性测试程序既可按业务循环“分块”来组织进行，就是采用“实质性测试的业务循环法”进行实质性测试；也可按财务报表项目“分项”来组织进行，就是采用“实质性测试的分项法”进行实质性测试。

第五步：选择财务报表审计程序模式。

财务报表审计程序模式主要有四种，审计人员应该根据被审计单位的实际情况选择恰当的审计程序模式。

（1）分项模式。这种模式从了解内部控制到符合性测试直至实质性测试，均针对财务报表中的项目以及这些项目所对应的内部控制措施分别组织实施。这种模式操作简便，但效率太低，属于审计程序模式中的初级模式，适合于规模比较小、内部控制不健全的企业。如果对该企业准备整体上采用“主要证实法”审计策略，则可以选择这种审计模式。

（2）业务循环模式。这种模式从了解内部控制到符合性测试直至实质性测试均按照企业的经济业务循环组织实施。

（3）结构分析+业务循环模式。此模式在了解内部控制时从内部控制结构要素入手，对控制环境、会计系统按整个企业进行了解和描述，对控制程序、控制政策等与会计认定有直接关系的控制则按业务循环进行了解和描述，在以后的符合性测试程序、实质性测试程序中亦采用业务循环方式。

（4）混杂模式。所谓混杂模式是指由除上述模式以外的审计程序方式之间的种种组合所形成的模式，如符合性测试按业务循环组织实施、实质性测试则按分项方式组织实施等。

第六步：收集审计证据。

对审计事项进行调查取证时，审计人员不得少于2人。

第七步：编制审计工作底稿。

审计工作底稿是审计证据的载体，是指注册会计师（仿真实习环境中的注册会计师即会计师事务所的审计人员）在执行审计业务过程中形成的全部审计工作记录和获取的资料。其内容包括注册会计师在制订和实施审计计划时直接编制的、用以反映其审计思路和审计过程的工作记录，注册会计师从被审计单位或其他有关部门取得的、用作审计证据的各种原始资料，以及注册会计师接受并审阅他人代为编制的审计记录。审计工作底稿的全部内容是注册会计师形成审计结论、发表审计意见的直接依据。因此，会计师事务所的审计人员应该编制审计工作底稿。

第八步：撰写审计报告。

审计人员在审计实施阶段结束后对被审计事项的结果做出结论，向授权者或委托者提出书面文件。

第九步：向委托单位出具审计意见。

会计师事务所的审计人员根据审计结论，向委托单位出具下列审计意见之一的审计报告：一是无保留意见；二是保留意见；三是否定意见；四是无法表示意见。

审计报告

审计报告是注册会计师根据独立审计准则的要求，在实施了必要的审计程序后出具的，用于被审计单位年度财务报表发表审计意见的书面文件。审计报告是审计工作的最终成果，具有法定证明效力。由会计师事务所注册会计师签发的审计报告，具有鉴证作用、保护作用和证明作用。

审计报告的鉴证作用表现在审计报告上。审计报告是注册会计师签发的以超然独立的第三者身份，对被审计单位财务报表的合法性、公允性的意见，这种意见具有鉴证作用。审计报告的保护作用是指注册会计师通过审计，可以对被审计单位出具不同类型审计意见的审计报告，以提高或者降低财务报表信息使用者对财务报表的依赖程度，能够在一定程度上对被审计单位的财产、债权人和股东的权益及企业利害关系人的利益起到保护作用。

审计报告是对注册会计师审计任务完成情况及其结果所做的总结，它可以表明审计工作的质量并明确注册会计师的审计责任。因此，审计报告可以对审计工作质量和注册会计师的审计责任起证明作用。

审计报告的基本内容有：实施审计概况，包括审计目的和范围、审计时间、审计依据、审计程序等；审计人员表示的审计结论和提出的建议；审计附件；审计人员署名盖章。

审计报告的重点，因不同审计而异。财务审计报告，应说明被审计单位的财务报表是否可靠可信，财务状况是否真实，经济活动是否合法、合规等。如果要向投资者和债权人证明被审计单位的财务状况和获利能力，应对被审计单位的财务报表、财务状况表明意见，指出财务报表的编制是否符合公司会计准则和有关财务会计法规的规定，会计处理方法的选用是否符合一贯性原则，财务报表是否公允地反映了被审计单位的财务状况，有无隐匿不实之处，等等。

审计报告由经办审计项目的审计人员起草，经事务所主管领导审批，报送审计委托单位。

撰写审计报告的要求是：独立公正，观点正确；分清是否，态度明朗；数字正确，证据确凿；抓住关键，突出重点；文字精练，措辞得当。

8. 费用收取

管委会要在仿真环境中，每个季度要给制造商开广告投入的发票；每月要给经销商开促销费用的发票；并收取上月物流商的柴油使用费用以及过路费，开出相关费用的发票。

9. 招投标中心

机构章程

第一条　为了规范政府采购信息公告行为，提高政府采购活动的透明度，促进公平竞争，根据《中华人民共和国政府采购法》，制定本办法。

第二条　政府采购信息，是指规范政府采购活动的法律、法规、规章和其他规范性文件，以及反映政府采购活动状况的数据和资料的总称。

政府采购信息公告，是指将本办法规定应当公开的政府采购信息在财政部门指定的政府采购信息发布媒体上向社会公开发布。

第三条　采购人、采购代理机构应当按照有关政府采购的法律、行政法规和本办法规定，公告政府采购信息。

前款所称采购代理机构，是指集中采购机构和依法经认定资格的其他采购代理机构。

第四条　政府采购信息公告应当遵循信息发布及时、内容规范统一、渠道相对集中、便于获得查找的原则。

第五条　政府采购信息应当首先在指定的政府采购信息发布媒体上公告。

第六条　下列政府采购信息必须公告。

（1）有关政府采购的法律、法规、规章和其他规范性文件。

（2）招标投标信息，包括公开招标公告、邀请招标资格预审公告、中标公告、成交结果及其更正事项等。

（3）受理政府采购投诉的联系方式及投诉处理决定。

（4）供应商不良行为记录名单。

（5）法律、法规和规章规定应当公告的其他政府采购信息。

第七条 公开招标公告应当包括下列内容。

（1）采购人、采购代理机构的名称、地址和联系方式。

（2）招标项目的名称、用途、数量、简要技术要求或者招标项目的性质。

（3）供应商资格要求。

（4）获取招标文件的时间、地点、方式及招标文件售价。

（5）投标截止时间、开标时间及地点。

（6）采购项目联系人姓名和电话。

第八条 中标公告应当包括下列内容。

（1）采购人、采购代理机构的名称、地址和联系方式。

（2）采购项目名称、用途、数量、简要技术要求及合同履行日期。

（3）定标日期（注明招标文件编号）。

（4）本项目招标公告日期。

（5）中标供应商名称、地址和中标金额。

（6）评标委员会成员名单。

（7）采购项目联系人姓名和电话。

第九条 供应商不良行为记录名单公告，应当包括当事人名称、事由、处理机关和处理结果等内容。

第十条 投诉处理决定公告应当包括下列内容。

（1）采购人、采购代理机构名称。

（2）采购项目名称及采购日期。

（3）投诉人名称及投诉事项。

（4）投诉处理机关名称。

（5）处理决定的主要内容。

政采中心主要工作

1）招标准备工作

（1）编制招标公告。

（2）编制标书及评分细则。

（3）资格审查与费用收取。

2）组织招标会

（1）开标。

（2）评标。

（3）评标结果公示。

3）合同签订

4）违章处理

政府采购竞标规则

（1）政府采购从第三季度开始，不定期发布采购公告到系统政府采购公告中。

（2）在公告时间结束前，有意竞标公司将相关预审材料交管委会招标中心进行资格审查，审查通过后通过银行转账提交保证金并发售招标文件。

（3）在正式开标时间之前，将密封标书交到政采中心。

（4）组织招标会，现场公布报价，其余部分由专家评标打出成绩后公示中标厂商，公示期间，其余厂商可以投诉。

（5）公示期结束后，政采中心与中标商签订合同，其余厂商退换保证金。政采合同交货周期见采购公告要求。

（6）合同完成当月支付合同款。

（7）采购评分细则见具体项目招标文件。

相关费用说明见表3-61，评分细则见表3-62。

表3-61 政采费用（单位：元）

项目	金额	说明
投标保证金	200 000	未中标公司退还，中标公司对应款项变为履约保证金，履约完成后一并支付，招标会前需审查是否到账
标书购买费用	10 000	资格审查合格可购买，不退
投标杂费	15 000	投标公司均产生，不再支付差旅等费用

注：如合同未能执行，除履约保证金没收外，按未交付合同方式进行违约赔偿。政采交货及付款单位为客户公司，保证金及标书费用交招标中心。客户公司委托招标完成后，支付政采中心总合同金额5%作为招标费用

表3-62 政采评分细则

项目	说明
合同价格	一定出现，超预算则废标
产品美誉度	可能出现，当期市场广告+上期市场占有率
公司财务情况	可能出现，包括报表、纳税情况等，投标相关财务状况需第三方进行审计确认
公司资质情况	一定出现，包括认证、开拓、高新企业等情况
标书制作	一定出现，包括完整性、明确性、真实性

注：评分相关维度及所占比例由单个合同确定，公示中将明确维度，标书中将给出评分细则

政采补充说明

1）广告费及订货会规则

公司需参加订货会讲解才能参加政府采购。

政府采购市场，无须进行产品公开报价。

政采市场可选择不支付市场广告费用，但采购合同标书评分细则要求可能包含市场销售或广告投入要求并影响最终评标分数。

政府采购资质审核，需完成对应市场开拓和对应产品研发及标书规定的其他条件才能投标。

2）流标条件

投标人不足 2 家或不足 2 家投标人应标文件达到客户投标要求。

无有效报价在客户预算报价范围之内。

未中标公司有效投诉成功。

3）流标处理办法

流标后调整招标要求后立即进入第二轮招标，连续流标超过 3 次则进入竞争性谈判，之前参与过的公司可进入竞争性谈判，政采中心与公司经过谈判签订合同，如依然无法达成，则交由教师仲裁。

第4章

经营模拟流程

请扫描二维码获取各机构详细流程图及可选流程信息。

4.1 通用业务流程

4.1.1 制定公司章程

1. 业务描述

公司章程是指公司依法制定的规定公司名称、住所、经营范围、经营管理制度等重大事项的基本文件，《中华人民共和国公司法》规定，股份有限公司章程中应载明下列主要事项：公司名称和住所；公司经营范围；公司设立方式；公司股份总数、每股金额和注册资本；发起人的姓名或者名称、认购的股份数、出资方式和出资时间；董事会的组成、职权、任期和议事规则；公司的法定代表人；监事会的组成、职权和议事规则；公司利润分配方法；公司的解散事由与清算办法；公司的通知和公告办法；股东大会认为需要规定的其他事项。

2. 业务步骤流程描述

制定公司章程步骤说明如表4-1所示。

表4-1 制定公司章程步骤说明

序号	操作步骤	操作内容	角色	单据或合同
1	制定公司章程	进入系统教学资料界面下载“公司章程模板”，填写好“公司章程”，提交到实训文档内	制造商总经理	公司章程

4.1.2 公司注册

1. 业务描述

准备创立的公司需要进行工商注册，包含确定企业的法定形式和企业名称、领取营业执照、公司注册审批等环节。依照制造商规则所述，制造商属于股份有限公司，公司高层需确定好公司的名称和公司的注册地。

2. 业务步骤流程描述

公司注册步骤说明如表 4-2 所示。

表 4-2 公司注册步骤说明

序号	操作步骤	操作内容	角色	单据或合同
1	工商注册	进入系统初始界面 填写好公司名称和公司注册地，点击申请 到管委会工商局领取营业执照	制造商总经理	营业执照

4.1.3 税务登记

1. 业务描述

税务登记是纳税人在开业、歇业前以及生产经营期间发生变动时，就其生产经营期间发生变动时向所在地税务机关办理书面登记的一种制度。税务登记是税务征管的首要环节，各类纳税人都应该办理税务登记。

2. 业务步骤流程描述

税务登记步骤说明如表 4-3 所示。

表 4-3 税务登记步骤说明

序号	操作步骤	操作内容	角色	单据或合同
1	税务登记	凭营业执照办理税务登记证 税务局发放税务登记证	制造商总经理	营业执照
2	领取账簿、发票	到税务局领取账簿、发票	制造商总经理	账簿、发票

4.1.4 购买支票

1. 业务描述

支票是出票人签发，委托办理支票存款业务银行或者金融机构在见票时无条件支付确定的金额给收款人或持票人的票据，支票需在银行进行购买。

2. 业务步骤流程描述

购买支票步骤说明如表 4-4 所示。

表 4-4　购买支票步骤说明

序号	操作步骤	操作内容	角色	单据或合同
1	购买支票	去银行购买支票	公司出纳	支票
2	销售支票	银行在系统中销售出票、打印收费凭证	银行柜员	支票
3	填制记账凭证	编制记账凭证	行政助理	记账凭证

4.1.5　招聘人员

1. 业务描述

人员招聘是指组织通过人才市场获取人力资源的活动。它是组织根据自身发展的需要，依照市场规则和本组织人力资源规划，聘用组织所需人力资源的过程。

2. 业务步骤流程描述

招聘人员步骤说明如表 4-5 所示。

表 4-5　招聘人员步骤说明

序号	操作步骤	操作内容	角色	单据或合同
1	查询已聘人员	在系统中查询已聘人员，按照计划安排统计工人缺口数量	人力资源总监	—
2	招聘人员	到管委会人才招聘中心招聘所需人员，填写人员招聘合同	人力资源总监、管委会人力资源负责人	人员招聘合同
3	付款	根据招聘人员数量，填写好转账支票，并在支票上盖上财务章和法人章，交与管委会人才招聘中心	财务部经理、出纳	转账支票
4	填写进账单	管委会人才招聘中心收到转账支票，到相应银行转账过后，填写进账单，并把进账单其中一联交与付款公司、一联交与银行、一联给本部门财务作为记账凭证	管委会人力资源负责人	进账单
5	填制记账凭证	财务会计根据进账单填写记账凭证，并审核	财务会计、财务总监	记账凭证

4.1.6　解聘人员

1. 业务描述

解聘人员是指企业与员工的劳动合同到期之前，企业由于种种原因需要提前终止合同的行为。

2. 业务步骤流程描述

解聘人员步骤说明如表 4-6 所示。

表 4-6　解聘人员步骤说明

序号	操作步骤	操作内容	角色	单据或合同
1	查询已聘人员	在系统中查询已聘人员，按照计划安排统计工人多余数量	人力资源总监	—
2	解聘人员	到管委会人才招聘中心解聘人员，填写人员解聘合同	人力资源总监、管委会人力资源负责人	人员解聘合同
3	付款	根据解聘人员数量，填写好转账支票，并在支票上盖上财务章和法人章，交给管委会人才招聘中心	财务部经理	转账支票

续表

序号	操作步骤	操作内容	角色	单据或合同
4	填写进账单	管委会人才招聘中心，收到转账支票，到相应银行转账后，填写进账单，并把进账单其中一联交给付款公司、一联交给银行、一联给本部门财务作为记账凭证	管委会人力资源负责人	进账单
5	填制记账凭证	财务会计根据进账单填写记账凭证，并审核	财务会计、财务总监	记账凭证

4.1.7 银行贷款

1. 业务描述

企业贷款是指企业为了生产经营的需要，向银行按照规定利率和期限借款的一种方式。

2. 业务步骤流程描述

银行贷款步骤说明如表 4-7 所示。

表 4-7 银行贷款步骤说明

序号	操作步骤	操作内容	角色	单据或合同
1	查询公司存款余额	在系统中查询公司存款余额，并计算出需要贷款的资金数量	财务经理	—
2	申请贷款	向银行进行申请，确定好贷款金额、贷款利率、贷款期限、贷款方式	财务经理	—
3	资格审查	银行审查申请企业的经营状况，并提交相关资料，看是否满足借款条件	银行客户经理	—
4	签订贷款合同	如果满足双方签订借款合同，并将所需借款项转入对方账户，并向企业财务总监出具借款凭证	银行柜员	贷款合同、银行借款凭证
5	填写记账凭证	根据借款凭证，编制记账凭证	出纳	记账凭证

4.1.8 购买厂房

1. 业务描述

因业务规模扩大，企业需要增加厂房数量，此时企业可以通过购买的方式满足需求，实训中管委会设备中心可以为客户提供厂房的购买服务，企业可以通过与设备中心洽谈、合作，获得资产的使用权或所有权。

2. 业务步骤流程描述

购买厂房步骤说明如表 4-8 所示。

表 4-8 购买厂房步骤说明

序号	操作步骤	操作内容	角色	单据或合同
1	提出厂房租赁需求	企业办理该租赁业务的人员到管委会提出购买要求，拟定厂房购买合同	生产计划员	厂房租赁购买合同
2	合同审批、签订	确定合同内容，签字盖章	生产总监、总经理	厂房租赁购买合同
3	领取转账支票	企业办理该业务的人员按照购买价格向出纳申领转账支票，并告知金额及用处	出纳	转账支票
4	银行转账	企业办理该业务的人员持转账支票到银行，银行工作人员将相应款项转入相应账户	银行柜员	转账支票

续表

序号	操作步骤	操作内容	角色	单据或合同
5	开发票、在系统中操作购买生产线	生产总监持转账支票正联到管委会，管委会开一张发票给生产总监，并在软件上进行业务操作	生产总监、管委会设备处负责人	转账支票、发票
6	财务入账	企业办理该业务的人员将发票交回财务部会计处	财务会计	发票
7	填写固定资产竣工表	固定资产竣工后，填写固定资产竣工表	生产总监	固定资产竣工表
8	填写记账凭证	根据借款凭证，编制记账凭证	出纳	记账凭证

4.1.9　购买、租赁生产线

1. 业务描述

业务规模扩大，企业需要增加生产线数量，此时企业可以通过购买、租赁的方式满足需求，实训中管委会设备中心可以为客户提供生产线的购买、租赁服务，企业可以通过与设备中心洽谈、合作，获得资产的使用权或所有权。

2. 业务步骤流程描述

购买、租赁生产线步骤说明如表 4-9 所示。

表 4-9　购买、租赁生产线步骤说明

序号	操作步骤	操作内容	角色	单据或合同
1	提出购买、租赁生产线需求	企业办理该租赁业务的人员到管委会提出购买要求，拟定购买、租赁生产线	生产计划员	厂房租赁购买合同
2	合同审批、签订	确定合同内容，签字盖章	生产总监、总经理	厂房租赁购买合同
3	领取转账支票	企业办理该业务的人员按照购买价格向出纳申领转账支票，并告知金额及用处	出纳	转账支票
4	银行转账	企业办理该业务的人员持转账支票到银行，银行工作人员将相应款项转入相应账户	银行柜员	转账支票
5	开发票、在系统中操作购买生产线	生产总监持转账支票正联到管委会，管委会开一张发票给生产总监，并在软件上进行业务操作	生产总监、管委会设备处负责人	转账支票、发票
6	财务入账	企业办理该业务的人员将发票交回财务部会计处	财务会计	发票
7	填写固定资产竣工表	固定资产竣工后，填写固定资产竣工表	生产总监	固定资产竣工表
8	填写记账凭证	根据借款凭证，编制记账凭证	出纳	记账凭证

4.1.10　物流仓库租赁

1. 业务描述

在仿真实训系统中，物流公司从事仓储外包，从管委会租赁中心租赁仓库和停车场存放，再把所租赁的仓库和停车场分成仓位和车位租赁给其他公司。所有公司物料需要在物流商租赁仓库/停车场，合同由公司与客户直接洽谈。原材料的运输与仓储报价单位为“元/吨”，半成品的报价以“元/件”为单位，整车以“元/辆”为单位。

2. 业务步骤流程描述

物流仓库租赁步骤说明如表 4-10 所示。

表 4-10 物流仓库租赁步骤说明

序号	操作步骤	操作内容	角色	单据或合同
1	提出仓库租赁需求	采购总监根据本次采购材料的数量在物流商处签订仓库租赁合同（一式两份）	采购总监	仓库租赁合同
2	领取转账支票	采购总监按照所需费用格向出纳申领转账支票，并告知金额及用处	采购总监	转账支票
3	银行转账	采购总监持转账支票到银行，银行工作人员将相应款项转入相应账户	采购总监、银行客户经理	转账支票
4	开发票、在系统中操作购买、租赁仓库	采购总监持转账支票正联到物流商，物流商开一张发票给采购总监，并在软件上进行业务操作	采购总监、物流商	转账支票、发票
5	财务入账	采购总监将发票交回财务部会计处	采购总监、财务会计	发票

4.1.11 购买原材料

1. 业务描述

原材料采购又称原材料购进，是产品进入市场流通的第一环节，是指生产企业在市场中采购投入产品成本中的原材料，在仿真系统中，是指制造商到管委会购买所需原材料。

2. 业务步骤流程描述

购买原材料步骤说明如表 4-11 所示。

表 4-11 购买原材料步骤说明

序号	操作步骤	操作内容	角色	单据或合同
1	提出原材料购买需求	采购总监根据采购计划与采购预算确定该月应该采购的原材料及相应数量，到管委会签订采购合同（一式两份），双方盖公章	采购员、采购总监	原材料购买合同
2	领取转账支票	企业办理该业务的人员按照购买价格向出纳申领转账支票，并告知金额及用处	采购总监	转账支票
3	银行转账	企业办理该业务的人员持转账支票到银行，银行工作人员将相应款项转入相应账户	银行客户经理	转账支票
4	管委会开发票、在系统中操作	生产总监持转账支票正联到管委会，管委会开一张发票给生产总监，并在软件上进行业务操作	采购总监、管委会设备处负责人	转账支票、发票
5	财务入账	企业办理该业务的人员将发票交回财务部会计处	财务会计	发票
6	填写记账凭证	根据借款凭证，编制记账凭证	出纳	记账凭证

4.1.12 签订物流运输合同

1. 业务描述

在仿真实训系统中，物流企业从事第三方物流业务时，所有服务合同均由公司直接与客户公司直接洽谈。原材料的运输与仓储报价单位为“元/吨”，半成品的报价以

“元/件”为单位，整车以“元/辆”为单位。

2. 业务步骤流程描述

签订物流运输合同步骤说明如表 4-12 所示。

表 4-12　签订物流运输合同步骤说明

序号	操作步骤	操作内容	角色	单据或合同
1	提出运输服务需求	采购总监根据本次采购材料的数量计算所需的运输次数及运费并在物流商处签订运输合同（一式两份）	采购总监	物流运输合同
2	领取转账支票	采购总监按照所需费用向出纳申领转账支票，并告知金额及用处	采购总监	转账支票
3	银行转账	采购总监持转账支票到银行，银行工作人员将相应款项转入相应账户	采购总监、银行客户经理	转账支票
4	物流商开发票、在系统中操作购买	采购总监持转账支票正联到物流商，物流商开一张发票给采购总监，并在软件上进行业务操作	采购总监、物流商	转账支票、发票
5	财务入账	采购总监将发票交回财务部会计处	采购总监、财务会计	发票

4.1.13　采购入库

1. 业务描述

采购入库是指原材料供应商发出的货物已经抵达企业，采购员协作仓管员办理采购入库的手续，仓管员填写原材料入库单确认货物入库。仓储部经理登记台账。

2. 业务步骤流程描述

采购入库步骤说明如表 4-13 所示。

表 4-13　采购入库步骤说明

序号	操作步骤	操作内容	角色	单据或合同
1	核对发货单、发票及实物	采购总监接收原材料供应商发出来的材料，根据采购订单核对发货单和发票及实物	采购员	—
2	填写原材料入库单	根据物料清单填写原材料入库单，并将副联交给采购部、财务部	仓管员	原材料入库单
3	登记库存台账	仓储部经理根据入库单登记库存台账	采购总监	转账支票
4	填制记账凭证	接收到采购员交给的入库单和发票填制记账凭证	成本会计	发票

4.1.14　生产产品

1. 业务描述

产品生产过程是指从原材料投入到成品出产的全过程，在仿真环境中，生产产品是指制造商根据生产计划，生产成品汽车。

2. 业务步骤流程描述

生产产品步骤说明如表 4-14 所示。

表 4-14 生产产品步骤说明

序号	操作步骤	操作内容	角色	单据或合同
1	制订生产计划	总经理根据市场需求，制订生产计划	总经理	—
2	生产任务	总经理根据之前制订的生产计划制定具体的生产任务	生产总监	—
3	生产领料	根据生产计划和生产排程，首先进行领料：根据生产所需的原材料申请领料，填写领料单	生产总监、车间管理员、仓管员	领料单
4	生产派工	根据生产计划和生产排程，进行生产派工，填写派工单	生产总监	派工单
5	产品入库	生产完成后，生产部根据生产数量填写生产产品入库单	采购总监	产品入库单
6	填制记账凭证	接收到仓管员交给的入库单和发票填制记账凭证	财务会计	发票、入库单

4.1.15 出售厂房、生产线

1. 业务描述

出售厂房、生产线是企业在面临资金短缺或破产的时候获取资金的一种方式。

2. 业务步骤流程描述

出售厂房、生产线步骤说明如表 4-15 所示。

表 4-15 出售厂房、生产线步骤说明

序号	操作步骤	操作内容	角色	单据或合同
1	填写固定资产处理表	当企业的厂房、生产线由于生产成本过高决定变卖，先由生产总监填写固定资产处理单	生产总监	固定资产处理单
2	填写进账单	生产总监到银行填写进账单，收款人为本企业，付款人为管委会材料及设备供应商，金额为固定资产所能收回的价值（见规则）	生产总监	进账单
3	财务入账	生产总监将进账单返给本企业会计处，其中财务联交到会计手中时，进行固定资产的变动处理	生产总监、财务会计	进账单
4	填制记账凭证	根据收据或者进账单回单填制记账凭证	财务总监	记账凭证

4.1.16 购买生产模块

1. 业务描述

因业务规模扩大，企业需要增加生产模块，此时企业可以通过购买的方式满足需求，实训中管委会设备中心可以为客户提供生产模块的购买服务，企业可以通过与设备中心洽谈、合作，获得资产的使用权或所有权。

2. 业务步骤流程描述

购买生产模块步骤说明如表 4-16 所示。

表 4-16 购买生产模块步骤说明

序号	操作步骤	操作内容	角色	单据或合同
1	提出购买生产模块需求	企业办理该租赁业务的人员到管委会提出购买要求，拟定生产模块	生产计划员	厂房租赁购买合同
2	合同审批，签订	确定合同内容，签字盖章	生产总监、总经理	厂房租赁购买合同

续表

序号	操作步骤	操作内容	角色	单据或合同
3	领取转账支票	企业办理该业务的人员按照购买价格向出纳申领转账支票，并告知金额及用处	出纳	转账支票
4	银行转账	企业办理该业务的人员持转账支票到银行，银行工作人员将相应款项转入相应账户	银行柜员	转账支票
5	开发票、在系统中操作购买生产模块	生产总监持转账支票正联到管委会，管委会开一张发票给生产总监，并在软件上进行业务操作	生产总监、管委会设备处负责人	转账支票、发票
6	财务入账	企业办理该业务的人员将发票交回财务部会计处	财务会计	发票
7	填写固定资产竣工表	固定资产竣工后，填写固定资产竣工表	生产总监	固定资产竣工表
8	填写记账凭证	根据借款凭证，编制记账凭证	出纳	记账凭证

4.1.17　缴纳差旅费

1. 业务描述

差旅费是行政事业单位和企业的一项重要的经常性支出项目，主要包括因公出差期间所产生的交通费、住宿费、伙食费和公杂费等各项费用，在仿真环境中，签订合同也要缴纳差旅费。

2. 业务步骤流程描述

缴纳差旅费步骤说明如表 4-17 所示。

表 4-17　缴纳差旅费步骤说明

序号	操作步骤	操作内容	角色	单据或合同
1	计算差旅费总额	人力资源总监根据当月员工出差的情况计算差旅费总额	人力资源总监	—
2	填写转账支票	填写支票申领单，申领单上注明金额及用处：用于缴纳差旅费。出纳根据支票申领单填写一张转账支票，并在支票簿中做领取记录	出纳	转账支票
3	进行转账	财务总监持转账支票到银行，银行将相应款项转入相应账户	财务总监	转账支票
4	填写进账单	财务总监持转账支票到管委会，管委会填写一张收据或进账单（收据上应清楚注明支付差旅费），将收据盖章交回相关部门	财务总监	进账单
5	财务入账	财务总监回到公司将收据交回财务部报销，财务部在支票簿中核销领用记录，并根据转账支票、收据和支票申领单做账	财务总监	进账单

4.1.18　缴纳培训费用

1. 业务描述

在仿真环境中，企业必须每个月提取职工（含管理层）培训费，最少不低于工资总额（含提成）的 2.5%。

2. 业务步骤流程描述

缴纳培训费用步骤说明如表 4-18 所示。

表 4-18　缴纳培训费用步骤说明

序号	操作步骤	操作内容	角色	单据或合同
1	计算培训费用总额	人力资源总监根据工人工资总额计算出培训费用总额	人力资源总监	—
2	填写转账支票	填写支票申领单，申领单上注明金额及用处：用于缴纳培训费。出纳根据支票申领单填写一张转账支票，并在支票簿中做领取记录	出纳	转账支票
3	进行转账	人力资源总监持转账支票到银行，银行将相应款项转入相应账户	人力资源总监	转账支票
4	填写进账单	人力资源总监持转账支票到管委会，管委会填写一张收据或进账单（收据上应清楚注明支付培训费），将收据盖章交回相关部门	人力资源总监	进账单
5	财务入账	人力资源总监回到公司将收据交回财务部报销，财务部在支票簿中核销领用记录，并根据转账支票、收据和支票申领单做账	财务总监	进账单

4.1.19　缴纳设备维护费用

1. 业务描述

在仿真环境中，固定资产设备每月需维护，维护需缴纳设备维护费。

2. 业务步骤流程描述

缴纳设备维护费用步骤说明如表 4-19 所示。

表 4-19　缴纳设备维护费用步骤说明

序号	操作步骤	操作内容	角色	单据或合同
1	计算设备维护费总额	生产总监根据企业的固定资产数量按照规则计算出当月应缴纳的设备维护费总额	生产总监	—
2	填写转账支票	填写支票申领单，申领单上注明金额及用处：用于缴纳设备维护费。出纳根据支票申领单填写一张转账支票，并在支票簿中做领取记录	出纳	转账支票
3	进行转账	生产总监持转账支票到银行，银行将相应款项转入相应账户	生产总监	转账支票
4	填写进账单	生产总监持转账支票到管委会，管委会填写一张收据或进账单（收据上应清楚注明支付设备维护费），将收据盖章交回相关部门	出纳	进账单
5	财务入账	生产总监回到公司将收据交回财务部报销，财务部在支票簿中核销领用记录，并根据转账支票、收据和支票申领单做账	财务总监	进账单

4.1.20　缴纳增值税

1. 业务描述

增值税是以商品（含应税劳务）在流转过程中产生的增值额为计税依据而征收的一种流转税。从计税原理上说，增值税是对商品生产、流通、劳务服务中多个环节的新增价值或商品的附加值进行征收的一种流转税。实行价外税，也就是由消费者负担，有增值才征税，没增值不征税。

2. 业务步骤流程描述

缴纳增值税步骤说明如表 4-20 所示。

表 4-20 缴纳增值税步骤说明

序号	操作步骤	操作内容	角色	单据或合同
1	计算增值税税额	财务、会计根据当月的企业购买产品和销售产品的情况计算应交增值税的总额，然后去管委会税务局进行纳税申报	财务总监	—
2	填写转账支票	填写支票申领单，申领单上注明金额及用处：用于缴纳增值税。出纳根据支票申领单填写一张转账支票，并在支票簿中做领取记录	出纳	转账支票
3	进行转账	财务总监持转账支票到银行，银行将相应款项转入相应账户	银行柜员	转账支票
4	填写进账单	财务总监持转账支票到管委会，管委会填写一张收据或进账单（收据上应清楚注明支付广告费），将收据盖章交回相关部门	税务局	进账单
5	财务入账	财务总监回到公司将收据交回财务部报销，财务部在支票簿中核销领用记录，并根据转账支票、收据和支票申领单做账	财务总监	进账单

4.1.21 缴纳城建税、教育附加税

1. 业务描述

城建税以实际缴纳的增值税、消费税、营业税为基础按照法定比例缴纳，市区 7%、县城和镇 5%、其他地区 1%。教育费附加税以实际缴纳的增值税、消费税、营业税为基础按照 3%缴纳。

2. 业务步骤流程描述

缴纳城建税、教育附加税步骤说明如表 4-21 所示。

表 4-21 缴纳城建税、教育附加税步骤说明

序号	操作步骤	操作内容	角色	单据或合同
1	计算城建税、教育附加税税额	财务、会计根据企业当月的购买产品和销售产品的情况计算应交城建税、教育附加税的总额，然后去管委会税务局进行纳税申报	财务总监	—
2	填写转账支票	填写支票申领单，申领单上注明金额及用处：用于缴纳城建税和教育附加税。出纳根据支票申领单填写一张转账支票，并在支票簿中做领取记录	出纳	转账支票
3	进行转账	财务总监持转账支票到银行，银行将相应款项转入相应账户	银行柜员	转账支票
4	填写进账单	财务总监持转账支票到管委会，管委会填写一张收据或进账单（收据上应清楚注明支付城建税、教育附加税费），将收据盖章交回相关部门	税务局	进账单
5	财务入账	财务总监回到公司将收据交回财务部报销，财务部在支票簿中核销领用记录，并根据转账支票、收据和支票申领单做账	财务总监	进账单

4.1.22 薪酬发放

1. 业务描述

在仿真环境中，企业每月须给企业的员工发放工资，生产工人工资不得低于生产辅助人员，如果停工等原因导致生产工人工资低于生产辅助人员，则需进行对等支付，即生产工人最低收入不低于生产辅助人员。工资须按月支付，高层工资第一次设定不低于

2 500 元即可，后续变化幅度只能在现有上季度工资的 0.5~2 倍范围内变化。

2. 业务步骤流程描述

薪酬发放步骤说明如表 4-22 所示。

表 4-22 薪酬发放步骤说明

序号	操作步骤	操作内容	角色	单据或合同
1	计算工人工资	人力资源总监应根据当月的工人人数和生产情况计算出当月的工人工资，填写工人工资汇总表	人力资源总监	工人工资汇总表
2	填写转账支票	填写支票申领单，申领单上注明金额及用处：用于缴纳工人工资费。出纳根据支票申领单填写一张转账支票，并在支票簿中做领取记录	出纳	转账支票
3	进行转账	人力资源总监持转账支票到银行，银行将相应款项转入相应账户，虚拟人员工资发放到管委会人力资源中心，公司高层发放到个人账户	人力资源总监	转账支票
4	填写进账单	人力资源总监持转账支票到管委会，管委会填写一张收据或进账单（收据上应清楚注明支付广告费），将收据盖章交回相关部门	人力资源总监	进账单
5	财务入账	人力资源总监回到公司将收据交回财务部报销，财务部在支票簿中核销领用记录，并根据转账支票、收据和支票申领单做账	财务总监	进账单

4.1.23 缴纳“五险一金”

1. 业务描述

“五险一金”是指养老保险、失业保险、工伤保险、生育保险、医疗保险和住房公积金。

2. 业务步骤流程描述

缴纳“五险一金”步骤说明如表 4-23 所示。

表 4-23 缴纳“五险一金”步骤说明

序号	操作步骤	操作内容	角色	单据或合同
1	计算“五险一金”缴费金额	人力资源总监应根据当月的工人人数和生产情况计算单位和个人应承担的缴费金额	行政主管	工人工资汇总表
2	“五险一金”缴费统计表的制作	制作“五险一金”的缴费表，并将缴费表数据录入表中	行政主管	—
3	填写转账支票	填写支票申领单，申领单上注明金额及用处：用于缴纳“五险一金”。出纳根据支票申领单填写一张转账支票，并在支票簿中做领取记录	出纳	转账支票
4	进行转账	人力资源总监持转账支票到银行，银行将相应款项转入相应账户，虚拟人员工资发放到管委会人力资源中心，公司高层发放管理人员工资到个人账户	人力资源总监	转账支票
5	填写进账单	人力资源总监持转账支票到管委会，管委会填写一张收据或进账单（收据上应清楚注明支付“五险一金”），将收据盖章交回相关部门	人力资源总监	进账单
6	财务入账	人力资源总监回到公司将收据交回财务部报销，财务部在支票簿中核销领用记录，并根据转账支票、收据和支票申领单做账	财务总监	进账单

4.1.24　缴纳企业所得税

1. 业务描述

企业所得税是对我国内资企业和经营单位的生产经营所得和其他所得征收的一种税。

2. 业务步骤流程描述

缴纳企业所得税步骤说明如表 4-24 所示。

表 4-24　缴纳企业所得税步骤说明

序号	操作步骤	操作内容	角色	单据或合同
1	计算企业所得税税额	财务、会计根据企业当月生产经营的情况计算应交企业所得税的总额，然后去管委会税务局进行纳税申报	财务总监	—
2	填写转账支票	填写支票申领单，申领单上注明金额及用处：用于缴纳企业所得税。出纳根据支票申领单填写一张转账支票，并在支票簿中做领取记录	出纳	转账支票
3	进行转账	财务总监持转账支票到银行，银行将相应款项转入相应账户	银行柜员	转账支票
4	填写进账单	财务总监持转账支票到管委会，管委会填写一张收据或进账单（收据上应清楚注明支付企业所得税费），将收据盖章交回相关部门	税务局	进账单
5	财务入账	财务总监回到公司将收据交回财务部报销，财务部在支票簿中核销领用记录，并根据转账支票、收据和支票申领单做账	财务总监	进账单

4.2　制造商业务经营流程

4.2.1　与经销商签订代理协议

1. 业务描述

依照规则，制造商不能在市场终端直接销售产品，须和经销商签订产品代理销售协议，由经销商在市场终端销售产品。

2. 业务步骤流程描述

与经销商签订代理协议步骤说明如表 4-25 所示。

表 4-25　与经销商签订代理协议步骤说明

序号	操作步骤	操作内容	角色	单据或合同
1	签订代理合作协议	制造商与经销商进行谈判，签订代理合作协议，确定代理销售产品类型和代理时间，明确双方责任	制造商市场总监	代理销售协议

4.2.2　购买半成品

1. 业务描述

在仿真环境中，半成品由汽车零部件商（供应商）提供，半成品是制造商生产成品车必不可少的一部分，半成品包括两大类五种产品。制造商与供应商谈判并签订产品买卖合同，规定双方义务和责任并执行。

2. 业务步骤流程描述

购买半成品步骤说明如表 4-26 所示。

表 4-26 购买半成品步骤说明

序号	操作步骤	操作内容	角色	单据或合同
1	提出购买半成品需求	采购总监根据生产计划和采购预算确定该月应该采购的半成品及相应数量	采购总监	—
2	签订产品买卖合同	到供应商签订采购合同（一式两份），双方盖公章	采购总监	产品购买合同
3	领取转账支票	采购总监按照所需费用向出纳申领转账支票，并告知金额及用处	采购总监	转账支票
4	银行转账	采购总监持转账支票到银行，银行工作人员将相应款项转入相应账户	采购总监、银行客户经理	转账支票
5	开发票、在系统中操作购买、租赁生产线	采购总监持转账支票正联到物流商，物流商开一张发票给采购总监，并在软件上进行业务操作	采购总监、物流商	转账支票、发票
6	财务入账	采购总监将发票交回财务部会计处	采购总监、财务会计	发票
7	进行半成品入库	进行产品入库，填写产品入库单	库管员	产品入库单

4.2.3 销售产品

1. 业务描述

汽车制造商不能直接面向市场销售汽车，需通过经销商向最终用户销售汽车。制造商通过向经销商销售成品车获利。在销售给经销商前，双方需要达成合作协议。

2. 业务步骤流程描述

销售产品步骤说明如表 4-27 所示。

表 4-27 销售产品步骤说明

序号	操作步骤	操作内容	角色	单据或合同
1	签订销售合同	根据市场需求，与经销商进行谈判，签订产品销售合同	销售专员	产品销售合同
2	合同登记	销售总监把签订好的产品销售合同登记在系统上	销售总监	—
3	产品出库	根据与经销商签订合同得到的订单上的交货日期、交货品种、数量，填写出库单，进行产品出库	销售总监、库管员	出库单
4	填写进账单	根据经销商给的转账支票到银行进行转账，填写进账单，并把进账单的副联交给经销商	财务总监	转账支票、进账单
5	开发票	财务部根据进账单的回单开具增值税发票，第一联自留，其他联由市场部交给经销商	财务总监	增值税发票
6	填制记账凭证	根据进账单和发票填制记账凭证	财务会计	发票、出库单

4.2.4 产品发布会

1. 业务描述

制造商应在每季度开始时召开产品发布会（订货会）进行本季度产品宣传。每个季度制造商有一次讲解机会，讲解内容为制造商推出的车型介绍（有特性可单独介绍特性）。

2. 业务步骤流程描述

产品发布会步骤说明如表 4-28 所示。

表 4-28 产品发布会步骤说明

序号	操作步骤	操作内容	角色	单据或合同
1	制作发布会 PPT	总经理根据产品发布会的要求，安排人员制作产品发布会 PPT	总经理	—
2	讲解	市场总监或总经理，按照顺序进行产品发布会的讲解	市场总监	—

4.2.5 市场报价、广告投放

1. 业务描述

制造商在每季度第一个月末公开报价，此报价在本季度不能变更。每个季度制造商只有一次报价机会。此公开报价为市场上销售相关产品的含税指导价（指导经销商在市场上的产品报价）。此价格受历史最高价控制，超过历史价则销量会受到极大影响乃至没有销量，并在每季度第一个月末投放当季广告费用，广告费用发挥的作用表现在一个具体市场的具体车型（每个月的广告费均摊）。

2. 业务步骤流程描述

市场报价、广告投放步骤说明如表 4-29 所示。

表 4-29 市场报价、广告投放步骤说明

序号	操作步骤	操作内容	角色	单据或合同
1	制定广告投放、报价计划	市场总监根据市场需求，制订当季度的广告投放、报价计划	市场总监、市场专员	—
2	填写转账支票	出纳填写一张转账支票，注明用处：用于广告费，并在支票簿中做领取记录	市场总监	转账支票
3	领取进账单	市场总监持转账支票存根到管委会，管委会填写一张收据（收据上应清楚注明支付广告费）或进账单，收据盖章交后回市场总监	市场总监	进账单
4	填制记账凭证	财务总监根据支出凭证填制记账凭证	财务总监	记账凭证

4.2.6 产品研发

1. 业务描述

在仿真环境中，P2、P3 两个产品允许各公司自行设计，为保证交易公平性，所有自行设计的产品必须在管委会认证中心认证后才能销售。P1 无须认证即可销售，P2 按照标准 BOM 生产也无须认证。

2. 业务步骤流程描述

产品研发步骤说明如表 4-30 所示。

表 4-30 产品研发步骤说明

序号	操作步骤	操作内容	角色	单据或合同
1	制订产品计划及预算	生产总监根据市场需求提出产品研发计划及预算	生产总监	—
2	进行产品设计研发	进行产品设计，并在管委会登记认证	生产总监	产品研发表
3	申请转账支票	生产总监根据产品研发计划及预算，向出纳申请转账。告知金额及用处（××产品研发第×期，金额：××××；××产品研发第×期，金额××××）	出纳	转账支票
4	领取进账单	出纳填写一张转账支票，注明用处：××产品研发第×期，金额：××××；××产品研发第×期，金额××××，并在支票簿中做领取记录	出纳	进账单
5	领取进账单	生产总监持转账支票存根到管委会，管委会填写一张收据或进账单（收据上应清楚注明支付××产品研发第×期，金额：××××；××产品研发第×期，金额××××），将收据或进账单盖章交回生产总监处	生产总监	转账支票 进账单、收据
6	财务入账	根据收据或者进账单回单填制记账凭证	财务总监	记账凭证

4.3 供应商业务经营流程

1. 业务描述

汽车供应商把生产出来的半成品按照一定的价格销售给制造商。

2. 业务步骤流程描述

销售产品步骤说明如表 4-31 所示。

表 4-31 销售产品步骤说明

序号	操作步骤	操作内容	角色	单据或合同
1	签订销售合同	总经理根据市场需求，与制造商进行谈判，签订产品销售合同	总经理	产品销售合同
2	合同登记	销售总监把签订好的产品销售合同登记在系统上	销售总监	—
3	产品出库	根据与制造商签订合同得到的产品的交货日期及交货品种、数量，填写出库单，进行产品出库	销售总监	出库单
4	填写进账单	根据制造商给的转账支票到银行进行转账，填写进账单，并把进账单的副联交给经销商	财务总监	转账支票、进账单
5	开发票	财务部根据进账单的回单开具增值税发票，第一联自留，其他联由市场部交给经销商	财务总监	增值税发票

4.4 经销商业务经营流程

4.4.1 购买、租赁展场

1. 业务描述

业务规模扩大，企业需要增加展场，此时企业可以通过购买、租赁的方式满足需求，实训中管委会设备中心可以为客户提供展场的购买、租赁服务，企业可以通过与设备中心洽谈、合作，获得资产的使用权或所有权。

2. 业务步骤流程描述

购买、租赁展场步骤说明如表 4-32 所示。

表 4-32　购买、租赁展场步骤说明

序号	操作步骤	操作内容	角色	单据或合同
1	提出展场租赁、购买需求	企业办理该租赁业务的人员到管委会提出购买要求，双方签订租赁合同（一式两份）	采购总监	展场租赁购买合同
2	领取转账支票	企业办理该业务的人员按照购买价格向出纳申领转账支票，并告知金额及用处	总经理	转账支票
3	银行转账	企业办理该业务的人员持转账支票到银行，银行工作人员将相应款项转入相应账户	银行客户经理	转账支票
4	开发票、在系统中操作购买、租赁展场	采购总监持转账支票正联到管委会，管委会开一张发票给生产总监，并在软件上进行业务操作	采购总监、管委会设备处负责人	转账支票、发票
5	财务入账	企业办理该业务的人员将发票交回财务部会计处	财务会计	发票

4.4.2　购买成品汽车

1. 业务描述

汽车制造商不能直接面向市场销售汽车，需通过经销商向最终用户销售汽车。经销商需从制造商处购买成品汽车，然后销售给虚拟客户。

2. 业务步骤流程描述

购买成品汽车步骤说明如表 4-33 所示。

表 4-33　购买成品汽车步骤说明

序号	操作步骤	操作内容	角色	单据或合同
1	提出产品汽车	采购总监根据采购计划与采购预算确定该月应该采购的成品及相应数量，与制造商进行讨价还价	采购总监	产品购买合同
2	领取转账支票	企业办理该业务的人员按照购买价格向出纳申领转账支票，并告知金额及用处	采购总监	转账支票
3	银行转账	企业办理该业务的人员持转账支票到银行，银行工作人员将相应款项转入相应账户	银行客户经理	转账支票
4	领取发票和进账单	制造商填写进账单（收款人为自己公司），并将进账单副联交给经销商，制造商市场部开具增值税发票和出库单给采购总监	采购总监、管委会设备处负责人	转账支票、发票
5	财务入账	企业办理该业务的人员将发票交回财务部会计处	财务会计	发票

4.4.3　签订物流运输合同

1. 业务描述

在仿真实训系统中，物流企业在实训过程中，从事第三方物流业务时，所有服务合同均由公司直接与客户公司洽谈。原材料的运输与仓储报价单位为“元/吨”，半成品的报价以“元/件”为单位，整车以“元/辆”为单位。

2. 业务步骤流程描述

签订物流运输合同步骤说明如表 4-34 所示。

表 4-34 签订物流运输合同步骤说明

序号	操作步骤	操作内容	角色	单据或合同
1	提出运输服务需求	采购总监根据本次采购的数量计算所需的运输次数及运费并在物流商处签订运输合同（一式两份）	采购总监	物流运输合同
2	领取转账支票	采购总监按照所需费用向出纳申领转账支票，并告知金额及用处	采购总监	转账支票
3	银行转账	采购总监持转账支票到银行，银行工作人员将相应款项转入相应账户	采购总监、银行客户经理	转账支票
4	物流师开发票、在系统中操作购买	采购总监持转账支票正联到物流商，物流商开一张发票给采购总监，并在软件上进行业务操作	采购总监、物流商	转账支票、发票
5	财务入账	采购总监将发票交回财务部会计处	采购总监、财务会计	发票

4.4.4 产品报价和促销费用投放

1. 业务描述

经销商向最终用户（系统代替最终客户）销售汽车。经销商报价如高于市场成交历史高位，则不容易获取订单乃至完全没有订单。经销商报价不得高于制造商市场指导价格的 1.25 倍。

2. 业务步骤流程描述

产品报价和促销费用投放步骤说明如表 4-35 所示。

表 4-35 产品报价和促销费用投放步骤说明

序号	操作步骤	操作内容	角色	单据或合同
1	制定广告投放、报价计划	市场总监根据市场需求，制订当季度的广告投放、报价计划	市场总监、市场专员	—
2	填写转账支票	出纳填写一张转账支票，注明用处：用于广告费，并在支票簿中做领取记录	市场总监	转账支票
3	领取进账单	市场总监持转账支票存根到管委会，管委会填写一张收据（收据上应清楚注明支付广告费）或进账单，将收据盖章交回市场总监	市场总监	进账单
4	填制记账凭证	财务总监根据支出凭证填制记账凭证	财务总监	记账凭证

4.4.5 销售产品

1. 业务描述

汽车销售是指通过经销商面向最终客户的销售。

2. 业务步骤流程描述

销售产品步骤说明如表 4-36 所示。

表 4-36　销售产品步骤说明

序号	操作步骤	操作内容	角色	单据或合同
1	登记产品报价和广告投放	市场总监根据当月的销售策略，在系统中登记产品的报价和广告	市场总监	—
2	产品出库	根据与制造商所签订合同约定的交货日期、交货品种及数量，填写出库单，进行产品出库	市场总监	出库单
3	填写进账单	根据制造商给的转账支票到银行转账，填写进账单，并把进账单的副联交给经销商	财务总监	转账支票、进账单
4	开发票	财务部根据进账单回单开具增值税发票，第一联自留，其他联由市场部交给经销商	财务总监	增值税发票

4.4.6　出售展场

1. 业务描述

出售展场是在企业面临资金短缺或破产的时候获取资金的一种方式。

2. 业务步骤流程描述

出售展场步骤说明如表 4-37 所示。

表 4-37　出售展场步骤说明

序号	操作步骤	操作内容	角色	单据或合同
1	填写固定资产处置费	当企业由于展场的生产成本过高决定变卖时，先由总经理填写固定资产处理单	总经理	固定资产处理单
2	填写进账单	总经理到银行填写进账单，收款人为本企业，付款人为管委会材料及设备供应商，金额为固定资产所能收回的价值（见规则）	出纳	进账单
3	财务入账	总经理将进账单返回本企业会计处，其中财务联交到会计手中时，需进行固定资产的变动处理	财务总监	进账单

4.5　物流商主要业务经营流程

4.5.1　购买、租赁仓库

1. 业务描述

业务规模扩大，企业需要增加仓库面积，此时企业可以通过购买、租赁的方式满足需求，实训中管委会设备中心可以为客户提供仓库的购买、租赁服务，企业可以通过与设备中心洽谈、合作，获得资产的使用权或所有权。

2. 业务步骤流程描述

购买、租赁仓库步骤说明如表 4-38 所示。

表 4-38　购买、租赁仓库步骤说明

序号	操作步骤	操作内容	角色	单据或合同
1	提出仓库租赁、购买需求	企业办理该租赁业务的人员到管委会提出购买要求，双方签订租赁合同（一式两份）	采购总监	仓库租赁购买合同
2	领取转账支票	企业办理该业务的人员按照购买价格向出纳申领转账支票，并告知金额及用处	总经理	转账支票

续表

序号	操作步骤	操作内容	角色	单据或合同
3	银行转账	企业办理该业务的人员持转账支票到银行，银行工作人员将相应款项转入相应账户	银行客户经理	转账支票
4	开发票、在系统中操作购买、租赁仓库	采购总监持转账支票正联到管委会，管委会开一张发票给生产总监，并在软件上进行业务操作	采购总监、管委会设备处负责人	转账支票、发票
5	财务入账	企业办理该业务的人员将发票交回财务部会计处	财务会计	发票

4.5.2 购买、租赁车辆

1. 业务描述

业务规模扩大，企业需要增加运输车辆，此时企业可以通过购买、租赁的方式满足需求，实训中管委会设备中心可以为客户提供车辆的购买、租赁服务，企业可以通过与设备中心洽谈、合作，获得资产的使用权或所有权。

2. 业务步骤流程描述

购买、租赁车辆步骤说明如表 4-39 所示。

表 4-39 购买、租赁车辆步骤说明

序号	操作步骤	操作内容	角色	单据或合同
1	提出租赁、购买需求	企业办理该租赁业务的人员到管委会提出购买要求，双方签订租赁合同（一式两份）	采购总监	车辆租赁购买合同
2	领取转账支票	企业办理该业务的人员按照购买价格向出纳申领转账支票，并告知金额及用处	总经理	转账支票
3	银行转账	企业办理该业务的人员持转账支票到银行，银行工作人员将相应款项转入相应账户	银行客户经理	转账支票

4.5.3 签订物流运输合同

1. 业务描述

在仿真实训系统中，物流企业在实训过程中，从事第三方物流业务时，所有服务合同均由公司直接与客户公司洽谈。原材料的运输与仓储报价以“元/吨”为单位，半成品的报价以“元/件”为单位，整车的报价以“元/辆”为单位。

2. 业务步骤流程描述

签订物流运输合同步骤说明如表 4-40 所示。

表 4-40 签订物流运输合同步骤说明

序号	操作步骤	操作内容	角色	单据或合同
1	提出运输服务需求	运输部经理根据本次运输的数量计算所需的运输次数及运费并在物流商处签订运输合同（一式两份）	运输部经理	物流运输合同
2	收到转账支票	运输部经理收到客户开具的转账支票	运输部经理	转账支票
3	银行转账	运输部经理持转账支票到银行，银行工作人员将相应款项转入相应账户	运输部经理	转账支票

续表

序号	操作步骤	操作内容	角色	单据或合同
4	物流师开发票、在系统中操作购买	运输部经理开具一张发票给客户，并在软件上进行业务操作	运输部	转账支票、发票
5	财务入账	运输部经理将发票交回财务部会计处	采购总监、财务会计	发票

4.5.4　物流仓库租赁

1. 业务描述

在仿真实训系统中，物流企业在实训过程中，物流公司从事仓储外包，物流商从管委会租赁中心租赁仓库和停车场，再把所租赁的仓库和停车场分成仓位和车位租赁给其他公司。所有公司物料需要在物流商租赁仓库/停车场。合同由公司与客户直接洽谈。原材料的运输与仓储报价以"元/吨"为单位，半成品的报价以"元/件"为单位，整车的报价以"元/辆"为单位。

2. 业务步骤流程描述

物流仓库租赁步骤说明如表 4-41 所示。

表 4-41　物流仓库租赁步骤说明

序号	操作步骤	操作内容	角色	单据或合同
1	拟定物流仓库租赁合同	仓储部经理拟定仓库租赁合同（一式两份）	仓储部经理	仓库租赁合同
2	收到转账支票	仓储部经理收到客户的转账支票	仓储部经理	转账支票
3	银行转账	银行工作人员将相应款项转入相应账户	银行客户经理	转账支票
4	开发票、在系统中操作购买、租赁仓库	仓储部经理持转账支票开一张发票给客户，并在软件上进行业务操作	仓储部经理	转账支票、发票
5	财务入账	仓储部经理采购总监将发票交回财务部会计处	财务会计	发票

4.5.5　出售车辆和仓库

1. 业务描述

出售车辆和仓库是企业在面临资金短缺或破产时获取资金的一种方式。

2. 业务步骤流程描述

出售车辆和仓库步骤说明如表 4-42 所示。

表 4-42　出售车辆和仓库步骤说明

序号	操作步骤	操作内容	角色	单据或合同
1	填写固定资产处理表	当企业的车辆和仓库由于生产成本过高决定变卖，先由总经理填写固定资产处理单	总经理	固定资产处理单
2	填写进账单	总经理到银行填写进账单，收款人为本企业，付款人为管委会材料及设备供应商，金额为固定资产所能收回的价值（见规则）	总经理	进账单

续表

序号	操作步骤	操作内容	角色	单据或合同
3	财务入账	总经理进账单返给本企业会计，其中财务联交到会计手中时，进行固定资产的变动处理	出纳	进账单
4	填制记账凭证	根据收据或者进账单回单填制记账凭证	财务总监	记账凭证

4.5.6 薪酬发放

1. 业务描述

在仿真环境中，企业每月须给企业的员工发放工资，生产工人工资不得低于生产辅助人员，如果停工等原因导致生产工人工资低于生产辅助人员，则需进行对等支付，即生产工人最低收入不低于生产辅助人员收入。工资须按月支付，高层工资第一次设定不低于 2 500 元即可，后续变化幅度只能在现有上季度工资的 0.5~2 倍范围内变化。

2. 业务步骤流程描述

薪酬发放步骤说明如表 4-43 所示。

表 4-43 薪酬发放步骤说明

序号	操作步骤	操作内容	角色	单据或合同
1	计算工人工资	人力资源总监根据当月的工人人数和生产情况计算出当月的工人工资，填写工人工资汇总表	人力资源总监	工人工资汇总表
2	填写转账支票	填写支票申领单，申领单上注明金额及用处：用于缴纳工人工资费。出纳根据支票申领单填写一张转账支票，并在支票簿中做领取记录	人力资源总监	转账支票
3	进行转账	人力资源总监持转账支票到银行，银行将相应款项转入相应账户，虚拟人员工资发放到管委会人力资源中心，公司高层发放到个人账户	人力资源总监	转账支票
4	填写进账单	人力资源总监持转账支票到管委会，管委会填写一张收据或进账单（收据上应清楚注明支付工人工资），将收据盖章交回相关部门	人力资源总监	进账单
5	财务入账	人力资源总监回到公司将收据交回财务部报销，财务部在支票簿中核销领用记录，并根据转账支票、收据和支票申领单做账	人力资源总监	进账单

4.6 商业银行主要业务经营流程

4.6.1 企业开户

1. 业务描述

企业开户是指企业在银行开设一般存款账户，一般存款账户是企事业单位在基本账户以外的银行因借款开立的账户，该账户只能办理转账结算和现金的缴存，不能支取现金。

2. 业务步骤流程描述

企业开户步骤说明如表 4-44 所示。

表 4-44　企业开户步骤说明

序号	操作步骤	操作内容	角色	单据或合同
1	收取、审核客户提供的资料	收取客户公司提供相应的资料，银行行长审核客户提供的资料	银行客户经理	营业执照、税务登记证
2	签订企业开户协议	客户经理与客户公司签订开户协议	银行客户经理	开户协议
3	资料存档	银行柜员把客户公司提交的资料存档	银行柜员	开户协议、营业执照、税务登记证

4.6.2　发布利率政策

1. 业务描述

利率政策是一国经济政策的重要组成部分，是政府调节经济的重要杠杆，与其他经济杠杆配合使用。利率作为经济杠杆，是货币当局可操纵的经济变量，其运用就在于可根据国家的货币政策所确定的利率政策等，通过利率的变动影响经济运行，银行发布利率政策是指发布当期银行的各项业务的利率，在仿真系统环境中，利率的设定只能在基准利率的基础上上下浮动 100%。

2. 业务步骤流程描述

发布利率政策步骤说明如表 4-45 所示。

表 4-45　发布利率政策步骤说明

序号	操作步骤	操作内容	角色	单据或合同
1	查看央行制定的基准利率	查看央行制定的各项基准利率政策	银行客户经理	—
2	制定银行的各项利率政策	根据央行的利率政策制定本银行的各项利率政策	行长	—
3	填报发布	银行柜员把制定的银行利率政策填报在系统中并发布	银行柜员	—

4.6.3　发布转账手续费公示

1. 业务描述

转账手续费是银行方针对客户进行转账汇款业务收取的服务费用。

2. 业务步骤流程描述

发布转账手续费步骤说明如表 4-46 所示。

表 4-46　发布转账手续费步骤说明

序号	操作步骤	操作内容	角色	单据或合同
1	制定转账手续费收取比例	银行行长制定转账手续费的收取比例	行长	—
2	填报发布	银行柜员把制定的转账手续费收取标准填报在系统中并发布	银行柜员	—

4.6.4　转账结算

1. 业务描述

通过银行将款项从付款单位（或个人）的银行账户直接划转到收款单位（或个人）

的银行账户的货币资金结算方式。

2. 业务步骤流程描述

转账结算步骤说明如表 4-47 所示。

表 4-47　转账结算步骤说明

序号	操作步骤	操作内容	角色	单据或合同
1	转账	收取公司的转账支票，进行系统操作	银行柜员	转账支票
2	填写进账单	填写进账单	银行柜员	进账单

4.6.5　银行征信

1. 业务描述

银行征信是银行通过央行的征信系统查询各企业的信用情况。

2. 业务步骤流程描述

银行征信步骤说明如表 4-48 所示。

表 4-48　银行征信步骤说明

序号	操作步骤	操作内容	角色	单据或合同
1	查询企业的信用情况	通过系统查询拟征信企业信用情况	行长助理	—

4.6.6　贷款审批、发放

1. 业务描述

企业向银行提交贷款申请后，银行根据企业提供的资料进行审核，审核完成后发放贷款。

2. 业务步骤流程描述

贷款审批、发放步骤说明如表 4-49 所示。

表 4-49　贷款审批、发放步骤说明

序号	操作步骤	操作内容	角色	单据或合同
1	受理申请	企业向银行申请贷款，并提交相关资料	客户经理	营业执照、财务报表、抵押物证明
2	贷款审批	银行审核企业提交资料的真实性，并审核企业的财务情况	行长助理	—
3	签订贷款合同	若资格审查合格，则银行与企业签订贷款合同	客户经理	银行贷款合同
4	贷款发放	银行在系统中发放贷款	银行柜员	—

4.6.7　个人消费贷款审批、发放

1. 业务描述

个人消费贷款是指银行向个人客户发放的有指定消费用途的人民币贷款业务，在仿真系统中，因设置的是虚拟客户，则个人消费贷款申请由经销商代为申请。

2. 业务步骤流程描述

个人消费贷款审批、发放步骤说明如表 4-50 所示。

表 4-50　个人消费贷款审批、发放步骤说明

序号	操作步骤	操作内容	角色	单据或合同
1	受理申请	企业向银行申请贷款，并提交相关资料	客户经理	营业执照、财务报表、抵押物证明
2	贷款审批	银行审核企业提交资料的真实性，并审核企业的财务情况	行长助理	—
3	签订贷款合同	若资格审查合格，则银行与企业签订贷款合同	客户经理	银行贷款合同
4	贷款发放	银行在系统中发放贷款	银行柜员	—

4.6.8　吸纳社会储蓄

1. 业务描述

吸纳社会储蓄是指银行吸纳社会闲散资金。

2. 业务步骤流程描述

吸纳社会储蓄步骤说明如表 4-51 所示。

表 4-51　吸纳社会储蓄步骤说明

序号	操作步骤	操作内容	角色	单据或合同
1	投放促销费用	投放银行为吸纳社会储蓄产生的费用	客户经理	—

4.6.9　承兑汇票

1. 业务描述

承兑汇票是指办理过承兑手续的汇票，银行承兑汇票是指银行收到承兑汇票后，根据承兑汇票上的金额将付款账户中的资金转入收款银行账户中。

2. 业务步骤流程描述

承兑汇票步骤说明如表 4-52 所示。

表 4-52　承兑汇票步骤说明

序号	操作步骤	操作内容	角色	单据或合同
1	受理申请	收到客户公司的承兑汇票	银行柜员	承兑汇票
2	转账	根据承兑汇票上的金额将付款账户中的资金转入收款银行账户中	银行柜员	承兑汇票

4.7　管委会主要业务经营流程

4.7.1　企业工商注册

1. 业务描述

工商行政管理局是政府主管市场监管和行政执法的工作部门，负责各类企业、农民专业合作社和从事经营活动的单位、个人以及外国（地区）企业常驻代表机构等市场主体的登记注册并监督管理，承担依法查处取缔无照经营的责任。

2. 业务步骤流程描述

工商注册步骤说明如表4-53所示。

表4-53 工商注册步骤说明

序号	操作步骤	操作内容	角色	单据或合同
1	名称审核	通知企业办理企业名称审核	工商局专员	—
2	告知企业名称审核通过	告知企业名称审核通过，要求企业提交资料	工商局专员	企业设立登记申请书、公司章程、验资报告、股东资格证明等
3	办理工商注册	审核企业提交的资料，在系统中登记	工商局专员	—
4	发放营业执照	依照企业注册信息发放营业执照	工商局专员	营业执照

4.7.2 企业税务登记

1. 业务描述

税务登记也叫纳税登记，是指税务机关根据税法规定对纳税人的生产经营活动进行登记管理的一项法规制度，也是纳税人依法履行纳税义务的法定手续。

2. 业务步骤流程描述

税务登记步骤说明如表4-54所示。

表4-54 税务登记步骤说明

序号	操作步骤	操作内容	角色	单据或合同
1	办理税务登记	凭营业执照、组织机构代码办理税务登记证	总经理	—
2	颁发税务登记证	填写税务登记表，提交登记信息	税务局专员	企业设立登记申请书、公司章程、验资报告、股东资格证明等
3	资料	资料归档	工商局专员	—

4.7.3 出售厂房

1. 业务描述

因业务规模扩大，企业需要增加厂房数量，此时企业可以通过购买的方式满足需求，实训中管委会设备中心可以为客户提供厂房的购买服务，企业可以通过与设备中心洽谈、合作，获得资产的使用权或所有权。

2. 业务步骤流程描述

出售厂房步骤说明如表4-55所示。

表 4-55 出售厂房步骤说明

序号	操作步骤	操作内容	角色	单据或合同
1	企业提出厂房购买需求	企业办理该租赁业务的人员到管委会提出购买要求，拟定厂房购买合同	设备供应商	厂房购买合同
2	签订厂房购买合同	与客户企业签订厂房购买合同	设备供应商	厂房购买合同
3	收款	收到客户公司的转账支票	设备供应商	转账支票
4	出售厂房	在系统中操作	设备供应商	—
5	开发票	根据合同金额开增值税发票	设备供应商	增值税发票

4.7.4 出售、出租车辆

1. 业务描述

因业务规模扩大，企业需要增加车辆数量，此时企业可以通过购买的方式满足需求，实训中管委会设备中心可以为客户提供车辆的购买服务，企业可以通过与设备中心洽谈、合作，获得资产的使用权或所有权。

2. 业务步骤流程描述

出售、出租车辆步骤说明如表 4-56 所示。

表 4-56 出售、出租车辆步骤说明

序号	操作步骤	操作内容	角色	单据或合同
1	企业提出车辆租赁需求	企业办理该租赁业务的人员到管委会提出购买要求，拟定车辆购买合同	设备供应商	车辆购买合同
2	签订厂房购买合同	与客户企业签订车辆购买合同	设备供应商	车辆购买合同
3	收款	收到客户公司的转账支票	设备供应商	转账支票
4	出售车辆	在系统中操作	设备供应商	—
5	开发票	根据合同金额开增值税发票	设备供应商	增值税发票

4.7.5 出售、出租生产线

1. 业务描述

因业务规模扩大，企业需要增加生产线数量，此时企业可以通过购买的方式满足需求，实训中管委会设备中心可以为客户提供生产线的购买服务，企业可以通过与设备中心洽谈、合作，获得资产的使用权或所有权。

2. 业务步骤流程描述

出售、出租生产线步骤说明如表 4-57 所示。

表 4-57 出售、出租生产线步骤说明

序号	操作步骤	操作内容	角色	单据或合同
1	企业提出生产线租赁需求	企业办理该租赁业务的人员到管委会提出购买要求，拟定生产线购买合同	设备供应商	生产线购买合同
2	签订生产线购买合同	与客户企业签订生产线购买合同	设备供应商	生产线购买合同

续表

序号	操作步骤	操作内容	角色	单据或合同
3	收款	收到客户公司的转账支票	设备供应商	转账支票
4	出售生产线	在系统中操作	设备供应商	—
5	开发票	根据合同金额开增值税发票	设备供应商	增值税发票

4.7.6 出售生产模块

1. 业务描述

因业务规模扩大，企业需要增加生产模块数量，此时企业可以通过购买的方式满足需求，实训中管委会设备中心可以为客户提供生产模块的购买服务，企业可以通过与设备中心洽谈、合作，获得资产的使用权或所有权。

2. 业务步骤流程描述

出售生产模块步骤说明如表 4-58 所示。

表 4-58 出售生产模块步骤说明

序号	操作步骤	操作内容	角色	单据或合同
1	企业提出生产模块购买需求	企业办理该租赁业务的人员到管委会提出购买要求，拟定生产模块购买合同	设备供应商	生产模块购买合同
2	签订生产模块购买合同	与客户企业签订生产模块购买合同	设备供应商	车辆购买合同
3	收款	收到客户公司的转账支票	设备供应商	转账支票
4	出售生产模块	在系统中操作	设备供应商	—
5	开发票	根据合同金额开增值税发票	设备供应商	增值税发票

4.7.7 出售展场

1. 业务描述

因业务规模扩大，企业需要增加展场数量，此时企业可以通过购买的方式满足需求，实训中管委会设备中心可以为客户提供展场的购买、租赁服务，企业可以通过与设备中心洽谈、合作，获得资产的使用权或所有权。

2. 业务步骤流程描述

出售展场步骤说明如表 4-59 所示。

表 4-59 出售展场步骤说明

序号	操作步骤	操作内容	角色	单据或合同
1	企业提出展场租赁需求	企业办理该租赁业务的人员到管委会提出购买要求，拟定展场购买合同	设备供应商	展场购买合同
2	签订展场购买合同	与客户企业签订展场购买合同	设备供应商	展场购买合同
3	收款	收到客户公司的转账支票	设备供应商	转账支票
4	出售展场	在系统中操作	设备供应商	—
5	开发票	根据合同金额开增值税发票	设备供应商	增值税发票

4.7.8　出售原材料

1. 业务描述

企业原材料采购又称原材料购进，是产品进入市场流通的第一环节，是指生产企业在市场中采购投入产品成本中的原材料，在仿真系统中，是指原材料供应商出售原材料给各公司。

2. 业务步骤流程描述

出售原材料步骤说明如表 4-60 所示。

表 4-60　出售原材料步骤说明

序号	操作步骤	操作内容	角色	单据或合同
1	提出原材料购买合同	企业办理该租赁业务的人员到管委会提出购买要求，拟定原材料购买合同	设备供应商	原材料购买合同
2	签订原材料购买合同	与客户企业签订原材料购买合同	设备供应商	原材料购买合同
3	收款	收到客户公司的转账支票	设备供应商	转账支票
4	出售原材料	在系统中操作	设备供应商	—
5	开发票	根据合同金额开增值税发票	设备供应商	增值税发票

4.7.9　柴油购置

1. 业务描述

在仿真环境中，管委会的设备供应商代为出售柴油。

2. 业务步骤流程描述

柴油购置步骤说明如表 4-61 所示。

表 4-61　柴油购置步骤说明

序号	操作步骤	操作内容	角色	单据或合同
1	企业提出柴油需求	企业办理该租赁业务的人员到管委会提出购买要求	设备供应商	—
2	收款	收到客户公司的转账支票	设备供应商	转账支票
3	出售柴油	在系统中操作	设备供应商	—
4	开发票	根据合同金额开增值税发票	设备供应商	增值税发票

4.7.10　路费充值

1. 业务描述

在仿真环境中，管委会的设备供应商代为出售路费充值。

2. 业务步骤流程描述

路费充值步骤说明如表 4-62 所示。

表 4-62 路费充值步骤说明

序号	操作步骤	操作内容	角色	单据或合同
1	客户公司提出路费充值需求	企业办理该业务的人员到管委会提出购买要求	设备供应商	—
2	收款	收到客户公司的转账支票	设备供应商	转账支票
3	路费充值	在系统中操作	设备供应商	—
4	开发票	根据合同金额开增值税发票	设备供应商	增值税发票

4.7.11 产品研发登记

1. 业务描述

管委会公证处可以对制造商研发出的新产品进行认证，并将相关产品的 BOM 信息录入系统。

2. 业务步骤流程描述

产品研发登记步骤说明如表 4-63 所示。

表 4-63 产品研发登记步骤说明

序号	操作步骤	操作内容	角色	单据或合同
1	收取企业的产品认证申请	制造企业提出产品认证申请，并在认证中心填写产品认证申请表	认证中心	产品认证申请表
2	签订认证合同	制造企业与认证中心签订产品认证合同	认证中心	产品认证合同
3	审核产品	认证中心审核制造企业认证的产品	认证中心	—
4	签订产品标志使用说明书	审核通过后，与企业签订产品标志使用说明书	认证中心	产品标志使用说明书
5	颁发产品认证证书	颁发产品认证证书	认证中心	产品认证证书
6	收取产品认证费用	收取产品认证费用	认证中心	转账支票

4.7.12 生产计时

1. 业务描述

管委会公证处每个月可以对制造商车架总成、轮胎、发动机总成、车身总成四个部分进行装配时间的工时认证，并把工时认证的数据录入系统，以此确定制造商的产能。

2. 业务步骤流程描述

生产计时步骤说明如表 4-64 所示。

表 4-64 生产计时步骤说明

序号	操作步骤	操作内容	角色	单据或合同
1	产品测时	管委会认证中心对制造企业进行产品生产计时	认证中心	—
2	登录系统	管委会认证中心把生产计时的结果录入系统	认证中心	—

4.7.13　登记渠道协议

1. 业务描述

制造商-代理商双方可经过协商建立厂家-经销商合作关系，需要到管委会公证处登记备案。

2. 业务步骤流程描述

登记渠道协议步骤说明如表 4-65 所示。

表 4-65　登记渠道协议步骤说明

序号	操作步骤	操作内容	角色	单据或合同
1	收取代理协议	认证中心将制造商和经销商签订的渠道代理协议录入系统	认证中心	—

4.7.14　登记路演评分

1. 业务描述

制造商每季度初举行产品发布会，管委会在系统中登记最后的分数。

2. 业务步骤流程描述

登记路演评分步骤说明如表 4-66 所示。

表 4-66　登记路演评分步骤说明

序号	操作步骤	操作内容	角色	单据或合同
1	现场打分	管委会在产品发布会现场根据学生表现进行现场打分	认证中心	路演评分表
2	登录系统	将现场打分结果录入系统	认证中心	路演评分表

4.7.15　招解聘人员

1. 业务描述

人员招聘是指组织通过人才市场获取人力资源的活动。它是组织根据自身发展的需要，依照市场规则和本组织人力资源规划，聘用组织所需人力资源的过程。人才交流服务中心是经仿真实习环境中工商行政管理部门注册登记并持有营业执照的人才交流服务机构，是仿真实习环境中唯一合法的人才中介组织。

2. 业务步骤流程描述

招解聘人员步骤说明如表 4-67 所示。

表 4-67　招解聘人员步骤说明

序号	操作步骤	操作内容	角色	单据或合同
1	查询已聘人员	在系统中查询已聘人员	人才招聘中心	—
2	签订人员招解聘合同	管委会人才招聘中心与客户公司填写人员招解聘合同	人才招聘中心	人员招解聘合同
3	在系统中操作	根据招解聘合同上的内容在系统上操作	人才招聘中心	—
4	转账	管委会人才招聘中心收到转账支票，到相应银行转账	人才招聘中心	转账支票
5	填写进账单	管委会人才招聘中心将转账余额填写进账单	人才招聘中心	进账单

4.7.16 代收工人工资

1. 业务描述

在仿真环境中，企业每月须给企业的员工发放工资，虚拟人员的工资由人才招聘中心代收。

2. 业务步骤流程描述

代收工人工资步骤说明如表 4-68 所示。

表 4-68 代收工人工资步骤说明

序号	操作步骤	操作内容	角色	单据或合同
1	计算工人工资	各人力资源总监填写工人工资汇总表并交与管委会人才招聘中心	人才招聘中心	工人工资汇总表
2	代收费用	管委会人才招聘中心根据工资汇总表代收工人工资	人才招聘中心	转账支票
3	填写进账单	收取到企业的转账支票后，管委会填写一张收据或进账单（收据上应清楚注明支付工人工资），将收据盖章交回相关部门	人才招聘中心	进账单

4.7.17 代收“五险一金”

1. 业务描述

“五险一金”是指养老保险、失业保险、工伤保险、生育保险、医疗保险和住房公积金。“五险一金”由管委会社保局代为收取。

2. 业务步骤流程描述

代收“五险一金”步骤说明如表 4-69 所示。

表 4-69 代收“五险一金”步骤说明

序号	操作步骤	操作内容	角色	单据或合同
1	审核资料	管委会审核企业缴纳“五险一金”提交的资料	社保局	—
2	代收费用	制作“五险一金”的缴费表，并将缴费表数据录入系统中	社保局	—
3	填写进账单	收取到企业的转账支票后，管委会填写一张收据或进账单，将收据盖章交回相关部门	社保局	进账单

4.7.18 代收员工培训费

1. 业务描述

在仿真环境中，企业必须每个月提取职工（含管理层）培训费，最少不低于工资总额（含提成）的 2.5%。

2. 业务步骤流程描述

代收员工培训费用步骤说明如表 4-70 所示。

表 4-70　代收员工培训费用步骤说明

序号	操作步骤	操作内容	角色	单据或合同
1	审核资料	管委会审核企业缴纳培训费提交的资料	人才招聘中心	—
2	代收费用	制作培训费的缴费表，并将缴费表数据录入系统中	人才招聘中心	—
3	填写进账单	收取到企业的转账支票后，管委会填写一张收据或进账单，将收据盖章交回相关部门	人才招聘中心	进账单

4.7.19　代收差旅费

1. 业务描述

差旅费是行政事业单位和企业的一项重要的经常性支出项目，主要包括因公出差期间所产生的交通费、住宿费、伙食费和公杂费等各项费用，在仿真环境中，签订合同也要缴纳差旅费。

2. 业务步骤流程描述

代收差旅费步骤说明如表 4-71 所示。

表 4-71　代收差旅费步骤说明

序号	操作步骤	操作内容	角色	单据或合同
1	审核资料	管委会审核企业为缴纳差旅费提交的资料	外围服务公司	—
2	代收差旅费	制作差旅费的缴费表，并将缴费表数据录入系统中	外围服务公司	—
3	填写进账单	收取到企业的转账支票后，管委会填写一张收据或进账单，将收据盖章交回相关部门	外围服务公司	进账单

4.7.20　代收设备维护费

1. 业务描述

在仿真环境中，固定资产设备每月需维护，维护需缴纳设备维护费。

2. 业务步骤流程描述

代收设备维护费步骤说明如表 4-72 所示。

表 4-72　代收设备维护费步骤说明

序号	操作步骤	操作内容	角色	单据或合同
1	审核资料	管委会审核企业为缴纳设备维护费提交的资料	外围服务公司	—
2	代收设备维护费	制作设备维护费的缴费表，并将缴费表数据录入系统中	外围服务公司	—
3	填写进账单	收取到企业的转账支票后，管委会填写一张收据或进账单，将收据盖章交回相关部门	外围服务公司	进账单

4.7.21　收取增值税

1. 业务描述

增值税是以商品（含应税劳务）在流转过程中产生的增值额作为计税依据而征收的

一种流转税。从计税原理上说，增值税是对商品生产、流通、劳务服务中多个环节的新增价值或商品的附加值征收的一种流转税。实行价外税，也就是由消费者负担，有增值才征税，没增值不征税。

2. 业务步骤流程描述

收取增值税步骤说明如表 4-73 所示。

表 4-73 收取增值税步骤说明

序号	操作步骤	操作内容	角色	单据或合同
1	收取企业纳税申报表	税务局收取各企业填写的纳税申报表和其他资料	税务局	—
2	办理纳税申报	根据企业提交的纳税申报表，收取税费并录入系统	税务局	转账支票

4.7.22 收取城建税

1. 业务描述

城建税以实际缴纳的增值税、消费税、营业税为基础，按照法定比例缴纳，市区7%、县城和镇 5%、其他地区 1%。

2. 业务步骤流程描述

收取城建税步骤说明如表 4-74 所示。

表 4-74 收取城建税步骤说明

序号	操作步骤	操作内容	角色	单据或合同
1	收取企业纳税申报表	税务局收取各企业填写的纳税申报表和其他资料	税务局	—
2	办理纳税申报	根据企业提交的纳税申报表，收取税费并录入系统	税务局	转账支票

4.7.23 收取教育附加税

1. 业务描述

教育费附加税以实际缴纳的增值税、消费税、营业税为基础按照 3%的法定比例缴纳。

2. 业务步骤流程描述

收取教育附加税步骤说明如表 4-75 所示。

表 4-75 收取教育附加税步骤说明

序号	操作步骤	操作内容	角色	单据或合同
1	收取企业纳税申报表	税务局收取各企业填写的纳税申报表和其他资料	税务局	—
2	办理纳税申报	根据企业提交的纳税申报表，收取税费并录入系统	税务局	转账支票

4.7.24 收取企业所得税

1. 业务描述

企业所得税是对我国内资企业和经营单位的生产经营所得和其他所得征收的一

种税。

2. 业务步骤流程描述

收取企业所得税步骤说明如表 4-76 所示。

表 4-76　收取企业所得税步骤说明

序号	操作步骤	操作内容	角色	单据或合同
1	收取企业纳税申报表	税务局收取各企业填写的纳税申报表和其他资料	税务局	—
2	办理纳税申报	根据企业提交的纳税申报表，收取税费并录入系统	税务局	转账支票

4.8　联合演练

4.8.1　制造商联合演练

1. 业务流程

制造商联合演练流程表见表 4-77。

表 4-77　制造商联合演练流程表

业务操作	完成状态	备注
1. 组建公司的组织架构	■	联合演练不演练该业务
2. 制定公司章程	■	联合演练不演练该业务
3. 工商注册	□	—
4. 税务登记注册	□	—
月初		
5. 缴纳“五险一金”、工资	□	第二月演练该业务
6. 缴纳增值税	□	第二月演练该业务
7. 缴纳城建税、教育附加税	□	第二月演练该业务
8. 登记本月经营目标	□	—
9. 缴纳企业所得税	□	第二月演练该业务
10. 产品发布会	■	联合演练不演练该业务
11. 生产计时	■	联合演练不演练该业务
月中		
12. 登记渠道协议关系	□	—
13. 广告费用投放、报价发布	□	—
14. 销售信息发布	□	—
15. 填写贷款申请	□	—
16. 签订购买原材料合同	□	—

续表

业务操作	完成状态	备注
17. 签订购买半成品合同	□	—
18. 采购半成品发票接受	□	—
19. 采购原材料发票接受	□	—
20. 销售产品	□	—
21. 开增值税发票	□	—
22. 签订物流运输合同	□	—
23. 购买生产模块	□	—
24. 填写人员招聘需求	□	—
25. 签订物流仓储租赁合同	□	—
26. 购买厂房、生产线	■	联合演练不演练该业务
27. 原材料收货	□	—
28. 产品发货	□	—
29. 生产	□	—
30. 购买厂房、生产线	■	联合演练不演练该业务
31. 应收、应付账款勾销	□	—
32. 登记差旅费	□	—
33. 产品研发	■	联合演练不演练该业务
34. 出售固定资产	■	联合演练不演练该业务
月末		
35. 计提员工培训费	■	联合演练不演练该业务
36. 计提增值税	■	联合演练不演练该业务
37. 计提城建税、教育附加税	■	联合演练不演练该业务
38. 计提企业所得税	■	联合演练不演练该业务
39. 计提“五险一金”、工资	■	联合演练不演练该业务

2.1 月具体业务

1）工商注册（操作人员：总经理）

在系统初始界面录入公司名称，选择公司所在地 A，然后点击申请注册，再去管委会工商局进行公司注册登记。

线下操作：到工商局领取营业执照和到税务局领取税务登记证。

2）登记本月经营目标（操作人员：总经理）

在系统中“总经办—目标管理”处登记本月的企业愿景、企业目标、企业战略。

线下操作：无线下操作。

3）登记渠道协议关系（操作人员：销售总监）

与两个经销商签订协议（制造商 1 签约经销商 1、2，制造商 2 签约经销商 3、4，以此类推），到管委会认证中心登记。

线下操作：与经销商签订代理销售协议纸质合同，凭纸质合同到管委会认证中心登记。

4）登记广告和产品指导报价（操作人员：市场总监）

在系统中"市场部—市场活动—广告及报价"处登记 A 市场 P1 广告投放 1 000 000 元，P2 广告投放 1 000 000 元；A 市场 P1 产品报价 95 000 元，P2 产品报价 105 000 元。

线下操作：系统填报完成后，向管委会索要广告费用发票。

5）销售信息发布（操作人员：市场总监）

在系统中"市场部—市场活动—销售信息"处发布 P1、P2 的销售信息，P1 数量 500 个，价格 87 000 元；P2 数量 250 个，价格 100 000 元。

线下操作：无线下操作。

6）填写贷款申请（操作人员：财务总监）

在"财务部—融资管理—贷款申请"处提交贷款申请，选择当前基本户银行，当前账户贷款形式为抵押贷款，贷款额度 10 000 000 元，贷款时间到 6 月为止，贷款用途为购买原材料，抵押物选择自动线 1。

线下操作：与贷款银行签订贷款合同和填写借款凭证。

7）签订购买原材料合同（操作人员：采购总监）

在"采购部—采购管理—采购合同"处登记原材料购买合同，交货产品选择 M1，数量为 100 吨，备注填写购买原材料，点击保存。待管委会审核原材料购买合同后，到银行转账 877 500 元，拟定物流运输合同，将原材料运往 A 地，物流商审核，购买方承担运费。

线下操作：与原材料中心签订原材料购买合同纸质文本，然后填写转账支票。

8）签订购买半成品合同（操作人员：采购总监）

与供应商签订半成品购买合同（制造商 1 对应供应商 1，制造商 2 对应供应商 2，以此类推），此合同由供应商登记。待供应商登记合同后，在"采购部—采购管理—采购合同"处对供应商签订的 100 个 S1，单价 20 000 元的合同进行审核，到银行转账 2 000 000 元，付款是一次性付清，购买方承担运费。

线下操作：与供应商签订纸质产品销售合同，然后填写转账支票。

9）销售产品（操作人员：销售总监）

制造商向已经签订代理协议的经销商销售产品，并在"销售部—销售管理—销售合同"处登记销售合同，对每一家经销商各销售 P1 汽车 100 辆，含税单价 70 000 元，运往地点选择 A，运费承担方为甲方，一次性付款。除此之外，和经销商签约产生系统自动订单 P1 80 个，单价为 70 200 元。这些产品也要销售给签约经销商，产品买卖合同自动生成，待经销商审核过后，选择物流商签订运输合同。

线下操作：与经销商签订产品销售纸质合同。

10）签订物流运输合同（操作人员：采购总监）

与物流商签订物流运输合同（制造商 1、2 对应物流商 1，制造商 3、4 对应物流商

2，制造商 5、6 对应物流商 3），在“采购部—仓储物流管理—物流合同”处登记物流合同，半成品 S1 200 元/个，原材料 M1 250 元/吨；待签约经销商（2 家）审核签约产生的系统自动订单（80 辆 P1，单价 70 200 元，运费由乙方承担）后，制造商为这条订单寻找物流公司并签订物流运输合同，价格为 800 元/辆。

线下操作：与物流商签订物流合同纸质文本，填写转账支票，接受物流商开具的增值税发票。

11）购买生产模块（操作人员：采购总监）

到管委会设备供应中心购买 40 个生产模块，到银行转账生产模块购置费用 6 400 000 元。

线下操作：与管委会设备供应中心签订生产模块购买合同，填写转账支票，接受管委会设备供应中心开具的增值税发票。

12）填写人员招解聘需求（操作人员：人力资源总监）

在系统中“人力部—招聘与配置—招聘解聘”处填写人员招聘信息，招聘管理人员 40 人，生产工人 500 人，辅助人员 65 人。管委会确认后，到银行转账 1 070 000 元。

线下操作：与管委会人才交流中心签订人员招聘合同，填写转账支票，接受管委会人才交流中心开具的增值税发票。

13）租赁仓位和停车场（操作人员：采购总监）

到物流商处（制造商 1、2 对应物流商 1，制造商 3、4 对应物流商 2，制造商 5、6 对应物流商 3）租赁 100 个 M1 仓位，单价 15 元，100 个 S1 仓位，单价 16 元，100 个 P1 的停车位，单价 400 元，租赁时间都为 1 个月。到银行转账，物流商开增值税发票给制造商。

线下操作：与物流商签订仓库租赁合同，填写转账支票，接受物流商开具的增值税发票。

14）原材料收货（操作人员：采购总监）

待管委会原材料发货后，在系统中“采购部—采购管理—采购订单—原材料订单”处对原材料进行收货。

线下操作：填写材料入库单。

15）产品发货（操作人员：销售总监）

待物流商运输 P1 后，制造商在“销售部—销售管理—销售订单”处进行发货出库（每一家经销商各两条订单，一条系统自建订单 80 个，一条新建订单 100 个）。

线下操作：填写产品出库单。

16）生产 P1（操作人员：生产总监）

先进行生产优化，在“生产部—生产优化—生产方案管理”处新建一个 P1 的生产方案，选择自动线，模块按照 3、2、2、3 来配置；选择生产 P1，把新建的生产方案激活。然后在“生产部—计划管理—主生产计划”处新建一个主生产计划，计划生产 P1 100 个，添加产线计划，选择生产线 1 生产 P1，生产 100 个，点击计划保存，保存主生产计划。进行粗能力需求计划计算，选择生产计划，然后生成报告，下推执行；进行物流需求计划计算，生成 MRP（material requirement planning，物资需求计划）报告，下推执行。在主生产计划处下推执行主生产计划，下推后，在“生产管理—生产安排”下点击生产，生产完成后在“产品入库”处选择产品入库。

线下操作：填写材料出库单和产品入库单。

17）应收账款勾销（操作人员：财务总监）

经销商转账后，在系统“财务部—应收账款”处选择经销商转账的记录勾销应收账款。

线下操作：无线下操作。

18）应付账款勾销（操作人员：财务总监）

给管委会、供应商转账后，在系统“财务部—应付账款”处选择转账记录勾销应付账款。

线下操作：无线下操作。

19）登记差旅费（操作人员：财务总监）

在“销售部—费用管理”处登记差旅费 5 000 元，然后在“财务部—费用管理—费用报销”下进行缴纳。

线下操作：无线下操作。

20）采购发票接受 （操作人员：采购总监）

在“财务部—票据管理—接受发票”处接受供应商开出的 2 000 000 元的发票。

线下操作：接受供应商开出的纸质发票。

21）采购原材料发票接受（操作人员：采购总监）

在“财务部—票据管理—接受发票”处接受管委会原材料供应中心开出的购买原材料 100 吨 877 500 元的发票。

线下操作：接受采购原材料的纸质发票。

22）开增值税发票（操作人员：财务总监）

待签约经销商对销售合同审核过后，并且收到经销商转账支票后，在“财务部—票据管理—发票管理—空白发票”处给两家经销商各开 12 616 000 元的增值税发票。

线下操作：开增值税发票给经销商。

23）“五险一金”计算、填报和工资发放（操作人员：人力资源总监）

根据规则在“人力部—薪酬与福利管理—工资个税管理”处填报本月公司工人的“五险一金”和工资。保存后查看结算总额，根据结算总额缴纳工资和“五险一金”。

制造商人员工资明细表见表 4-78。线下操作：填写职工薪酬汇总表，填写转账支票给各收款单位。

表 4-78 制造商人员工资明细表

工人类型	应发工资	个人“五险一金”	公司“五险一金”	个税	实发工资	工人数
管理人员	5 000	723	1 672	23	4 254	65
生产工人	2 500	723	1 672	0	1 777	1 000
辅助工人	2 500	723	1 672	0	1 777	105
高层	5 000	723	1 672	23	4 254	2

24）纳税申报（操作人员：财务总监）

在“财务部—税务申报”处申报一月的企业所得税0元，增值税3 224 683元，城建税225 728元，教育附加税96 740元。然后在“人力部—薪酬与福利管理—个税申请”下点击添加记录，选择1月，系统会自动生成1月的个人所得税。

线下操作：填写纳税申报表。

3. 2月具体业务

填写转账支票，然后转账，在税务局确认缴纳。

4.8.2 供应商联合演练

1. 业务流程

供应商联合演练流程表见表4-79。

表4-79 供应商联合演练流程表

业务操作	完成状态	备注
1. 组建公司的组织架构	■	联合演练不演练该业务
2. 制定公司章程	■	联合演练不演练该业务
3. 工商注册	□	—
4. 税务登记注册	□	—
月初		
5. 缴纳“五险一金”、工资	□	第二月演练该业务
6. 缴纳增值税	□	第二月演练该业务
7. 缴纳城建税、教育附加税	□	第二月演练该业务
8. 登记本月经营目标	□	—
9. 缴纳企业所得税	□	第二月演练该业务
10. 产品发布会	■	联合演练不演练该业务
11. 生产计时	■	联合演练不演练该业务
月中		
12. 销售信息发布	□	—
13. 填写人员招聘需求	□	—
14. 填写贷款申请	□	—
15. 签订购买原材料合同	□	—
16. 销售产品	□	—
17. 购买生产模块	□	—
18. 签订物流运输合同	□	—
19. 采购原材料发票接受	□	—

续表

业务操作	完成状态	备注
20. 原材料收货	□	—
21. 产品发货	□	—
22. 签订物流仓储租赁合同	□	—
23. 生产	□	—
24. 购买厂房、生产线	■	联合演练不演练该业务
25. 应收、应付账款勾销	□	—
26. 登记差旅费	□	—
27. 产品研发	■	联合演练不演练该业务
28. 出售固定资产	■	联合演练不演练该业务
月末		
29. 计提员工培训费	■	联合演练不演练该业务
30. 计提增值税	■	联合演练不演练该业务
31. 计提城建税、教育附加税	■	联合演练不演练该业务
32. 计提企业所得税	■	联合演练不演练该业务
33. 计提“五险一金”、工资	■	联合演练不演练该业务

2. 1 月具体业务

1）工商注册（操作人员：总经理）

在系统初始界面录入公司名称，选择公司所在地 A，点击申请注册，然后去管委会工商局进行公司注册登记。

线下操作：到工商局领取营业执照和到税务局领取税务登记证。

2）登记本月经营目标（操作人员：总经理）

在系统中“总经办—目标管理”处登记本月的企业愿景、企业目标、企业战略。

线下操作：无线下操作。

3）销售信息发布（操作人员：市场总监）

在系统中“市场部—市场活动—销售信息”处发布 S1、S2 的销售信息，S1 数量 500 个，价格 17 000 元；S2 数量 500 个，价格 25 000 元。

线下操作：无线下操作。

4）填写人员招解聘需求（操作人员：人力资源总监）

在系统中“人力部—招聘与配置—招聘解聘”处填写人员招聘信息，招聘管理人员 40 人，生产工人 500 人，辅助人员 65 人。管委会确认后，到银行转账 1 070 000 元。

线下操作：与管委会人才交流中心签订招聘合同，填写转账支票，接受管委会人才交流中心开具的增值税发票。

5）填写贷款申请（操作人员：财务总监）

在“财务部—融资管理—贷款申请”处提交贷款申请，选择当前基本户银行，当前账户贷款形式为抵押贷款，贷款额度10 000 000元，贷款时间到6月为止，贷款用途为购买原材料，选择抵押物为自动线1。

线下操作：与贷款银行签订贷款合同和填写借款凭证。

6）购买原材料（操作人员：采购总监）

在“采购部—采购管理—采购合同”处登记原材料购买合同，购买100吨M1。待管委会审核原材料购买合同后，到银行转账 877 500 元，拟定物流运输合同，运往 A地，物流商审核，购买方承担运费。

线下操作：与原材料中心签订原材料购买纸质合同，然后填写转账支票。

7）销售产品（操作人员：销售总监）

与制造商签订半成品购买合同（制造商1对应供应商1，制造商2对应供应商2，以此类推），并在系统“销售部—销售管理—销售合同”处登记销售合同，销售车架S1100个，含税单价20 000元，运往A地，运费承担方为甲方。销售款项全款结清。

线下操作：与制造商签订产品销售纸质合同。

8）购买生产模块（操作人员：采购总监）

到管委会设备供应中心购买40个生产模块，生产模块购置费用6 400 000元。

线下操作：与管委会设备供应中心签订生产模块购买合同，填写转账支票，接受管委会设备供应中心开具的增值税发票。

9）签订物流运输合同（操作人员：采购总监）

拟定物流运输合同（供应商1、2对应物流商1，供应商3、4对应物流商2，供应商5、6对应物流商3），在“采购部—仓储物流管理—物流合同”处登记物流合同，原材料M1 250元/吨。供应商到银行转账，物流商开增值税发票给供应商。

线下操作：与物流商签订纸质物流合同，填写转账支票，接受物流商开具的增值税发票。

10）采购原材料发票接受（操作人员：采购总监）

在“财务部—票据管理—接受发票”处接受管委会原材料供应中心开出的购买原材料100吨877 500元的发票。

线下操作：接受采购原材料的纸质发票。

11）租赁仓位和停车场（操作人员：采购总监）

到物流商处（供应商1、2对应物流商1，供应商3、4对应物流商2，供应商5、6对应物流商3）租赁100个M1仓位，单价15元，100个S1仓位，单价16元，租赁时间都为1个月。供应商到银行转账，物流商开增值税发票给供应商。

线下操作：与物流商签订仓库租赁合同，填写转账支票，接受物流商开具的增值税发票。

12）原材料收货（操作人员：采购总监）

待管委会原材料发货过后，在系统“采购部—采购管理—采购订单—原材料订单”处对原材料进行收货。

线下操作：填写材料入库单。

13）产品发货（操作人员：销售总监）

待物流商运输 S1 后，供应商在“销售部—销售管理—销售订单”处进行发货出库。

线下操作：填写产品出库单。

14）生产 S1（操作人员：生产总监）

在“生产部计划管理—主生产计划”处新建一个生产线生产 S1 的主生产计划，点击生产计划，添加产线计划，选择生产线 1，选择生产线类型为自动线，配置生产模块 10 个，选择生产产品 S1 100 个，保存产线计划和主生产计划。进行粗能力需求计划计算，选择生产计划，然后生成报告，下推执行；进行物料需求计划计算，生成 MRP 报告，下推执行。在主生产计划处下推主生产计划，然后在“生产管理—生产安排”下点击生产，生产完成后最后进行产品入库。

线下操作：填写材料出库单和产品入库单。

15）应收账款勾销（操作人员：财务总监）

制造商转账后，在“财务部—应收账款”处选择制造商转账的记录勾销应收账款。

线下操作：无线下操作。

16）应付账款勾销（操作人员：财务总监）

给管委会转账后，在系统“财务部—应付账款”处选择转账记录勾销应付账款。

线下操作：无线下操作。

17）登记差旅费（操作人员：财务总监）

在“销售部—费用管理”处登记差旅费 5 000 元，然后在“财务部—费用管理—费用报销”下进行缴纳。

线下操作：无线下操作。

18）“五险一金”计算、填报和工资发放（操作人员：人力资源总监）

根据规则在“人力部—薪酬与福利管理—工资个税管理”处填报本月公司工人的“五险一金”和工资，保存后查看结算总额，根据结算总额缴纳工资和“五险一金”。

线下操作：填写职工薪酬汇总表。

供应商人员工资明细表见表 4-80。

表 4-80　供应商人员工资明细表

工人类型	应发工资	个人“五险一金”	公司“五险一金”	个税	实发工资	工人数
管理人员	5 000	723	1 672	23	4 254	65
生产工人	2 500	723	1 672	0	1 777	1 000
辅助工人	2 500	723	1 672	0	1 777	105
高层	5 000	723	1 672	23	4 254	2

19）纳税申报（操作人员：财务总监）

在“财务部—税务申报”处申报一月的企业所得税 0 元，增值税 160 171 元，城建税 11 212 元，教育附加税 4 805 元。然后在“人力部—薪酬与福利管理—个税申请”下点击添加记录，选择 1 月，系统会自动生成 1 月的个人所得税。

线下操作：填写纳税申报表。

3. 2 月具体业务

填写转账支票，然后转账，在税务局确认缴纳。

4.8.3 经销商联合演练

1. 业务流程

经销商联合演练流程表见表 4-81。

表 4-81 经销商联合演练流程表

业务操作	完成状态	备注
1. 组建公司的组织架构	■	联合演练不演练该业务
2. 制定公司章程	■	联合演练不演练该业务
3. 工商注册	□	—
4. 税务登记注册	□	—
月初		
5. 缴纳“五险一金”、工资	■	第二月演练该业务
6. 缴纳增值税	■	第二月演练该业务
7. 缴纳城建税、教育附加税	■	第二月演练该业务
8. 登记本月经营目标	□	
9. 缴纳企业所得税	■	第二月演练该业务
月中		
10. 登记渠道协议关系	□	—
11. 银行贷款/还款	□	—
12. 招聘人员	□	—
13. 解聘人员	■	联合演练不演练该业务
14. 购买成品车	□	—
15. 签订物流运输合同	□	—
16. 购买、租赁展场	□	—
17. 展场升级	■	联合演练不演练该业务
18. 登记仓位和停车场合同	□	—
19. 收货	□	—
20. 创建报价记录	□	—
21. 个人消费贷款办理	□	—
22. 应付账款勾销	□	—
23. 接受采购发票	□	—

续表

业务操作	完成状态	备注
月末		
24. 计提员工培训费	■	联合演练不演练该业务
25. 缴纳差旅费	■	联合演练不演练该业务
26. 计提增值税	■	—
27. 计提城建税、教育附加税	■	联合演练不演练该业务
28. 计提企业所得税	■	联合演练不演练该业务
29. 计提“五险一金”、工资	■	联合演练不演练该业务

2.1 月具体业务

1）工商注册（操作人员：总经理）

在系统初始界面录入公司名称，选择公司所在地 A，点击申请注册，然后去管委会工商局进行公司注册登记。

线下操作：到工商局领取营业执照和到税务局领取税务登记证。

2）登记本月经营目标（操作人员：总经理）

在系统中“总经办—企业绩效—目标管理”处登记本月的企业愿景、企业目标和企业的战略。

线下操作：无线下操作。

3）登记渠道协议关系（操作人员：销售总监）

与一个制造商签订渠道协议（制造商 1 签约经销商 1、2，制造商 2 签约经销商 3、4，以此类推），到管委会认证中心进行登记。

线下操作：签订代理销售协议纸质文本。

4）填写贷款申请（操作人员：财务总监）

在“财务部—融资管理—贷款申请”处提交贷款申请，选择当前基本户银行，当前账户贷款形式为抵押贷款，贷款额度 10 000 000 元，贷款时间到 6 月为止，选择抵押物为行政大楼，贷款用途为购买产品。

线下操作：与贷款银行签订贷款合同和填写借款凭证。

5）填写人员招解聘需求（操作人员：人力资源总监）

在系统中“人力部—招聘与配置—招聘解聘”处填写人员招聘信息，招聘管理人员 40 人，销售人员 50 人，业务经理 60 人，保洁人员 50 人，待管委会确认后，到银行转账 735 000 元给管委会人才交流中心。人才交流中心收到转账后，开发票给转账公司。

线下操作：与管委会签订招解聘合同，然后填写转账支票，到对应银行转账，到管委会确认。管委会开发票给转账公司。

6）购买成品车（操作人员：采购总监）

与签约制造商签订产品购买合同，待制造商在系统登记合同后，在经销商系统“采购部—采购管理—采购合同”处审核与制造商签订的产品购买合同，购买成品车 P1 100

辆，单价 70 000 元，也审核与制造商签约产生的系统自建订单 P1 80 辆，单价 70 200 元，到银行转账 12 616 000 元，接受制造商开具的增值税发票。

线下操作：与制造商签订产品销售纸质合同，然后填写转账支票，到对应银行转账。

7）签订物流运输合同（操作人员：采购总监）

与物流商签订物流运输合同（经销商 1~4 对应物流商 1，经销商 5~8 对应物流商 2，以此类推）。在“采购部—仓储物流管理—物流合同”处签订物流合同，P1 的运输价格为 800 元/辆，物流商审核合同。经销商开转账支票 80 000 元给物流商，物流商开增值税发票给经销商。

线下操作：与物流商签订纸质物流合同，填写转账支票，接受物流商开具的增值税发票。

8）购买、租赁展场（操作人员：采购总监）

到管委会设备供应中心租赁一个展场，租赁在 B 地，租赁时间为一个月，到银行转账 450 000 元（租赁费为 50 000 元，清理费 400 000 元）到管委会设备供应中心，经销商财务部开 50 000 元的增值税发票，接受管委会开具的增值税发票。

线下操作：与管委会设备供应中心签订展场租赁合同，填写转账支票，到管委会确认，接受管委会开具的增值税发票。

9）租赁仓位和停车场（操作人员：采购总监）

到对应物流商处租赁仓库和停车场（经销商 1~4 对应物流商 1，经销商 5~8 对应物流商 2，以此类推）租赁 100 个 P1 的停车位和 50 个 P2 的停车位，单价都为 400 元，租赁时间都为 1 个月。到银行转账 60 000 元给出租物流商。

线下操作：与物流商签订纸质仓储合同，填写转账支票，接受物流商开具的增值税发票。

10）收货（操作人员：采购总监）

待制造商发货后，在系统中“采购部—采购管理—采购订单”处对 P1（80 辆）进行收货。

线下操作：填写产品入库单。

11）创建报价记录（操作人员：市场总监）

在“市场部—市场活动—促销及报价”处登记产品的报价记录，P1 A 市场报价 98 000 元，促销费用 100 000 元，P2 A 市场报价 115 500 元，促销费用 100 000 元，然后依次点击“报价检测”和“发布报价”。

线下操作：到管委会广告公司索要发票。

12）个人消费贷款办理（操作人员：财务总监）

到银行（经销商 1~4 对应银行 1，经销商 5~8 对应银行 2，以此类推）申请个人消费贷款 5 000 000 元。

线下操作：到对应银行进行个人消费贷款申请。

13）应付账款勾销（操作人员：财务总监）

转账后，在系统“财务部—应收应付—应付账款”处选中对应转账记录，勾销应付账款。

线下操作：无线下操作。

14）采购发票接受　（操作人员：采购总监）

在“财务部—票据管理—接受发票”处接收制造商、物流商、管委会分别开出的对应金额的发票。

线下操作：无线下操作。

15）“五险一金”计算、填报和工资发放（操作人员：财务总监）

根据规则在“人力部—薪酬与福利管理—工资个税管理”填报本月公司工人的“五险一金”和工资，保存后查看结算总额，根据结算总额缴纳工资和“五险一金”。

线下操作：填写职工薪酬汇总表。

经销商人员工资明细表见表 4-82。

表 4-82　经销商人员工资明细表

工人类型	应发工资	个人“五险一金”	公司“五险一金”	个税	实发工资	工人数
管理人员	5 000	723	1 672	23	4 254	45
销售人员	1 500	723	1 672	0	777	50
业务经理	4 000	723	1 672	0	3 277	60
保洁人员	2 500	723	1 672	0	1 777	60
高层	5 000	723	1 672	23	4 254	2

16）纳税申报（操作人员：财务总监）

在财务部税务申报处申报一月的增值税（负数，不交）、企业所得税（利润为负数，不交企业所得税），然后在“人力部—薪酬与福利管理—个税申请”下点击添加记录，选择 1 月，系统会自动生成 1 月的个人所得税。然后在 2 月转账到税务局，最后在税务局确认缴纳。

线下操作：填写纳税申报表，转账支票，到银行转账。

3. 2 月具体业务

填写转账支票，然后转账，在税务局确认缴纳。

4.8.4　物流商联合演练

1. 业务流程

物流商联合演练流程表见表 4-83。

表 4-83　物流商联合演练流程表

业务操作	完成状态	备注
1. 组建公司的组织架构	■	联合演练不演练该业务
2. 制定公司章程	■	联合演练不演练该业务
3. 工商注册	□	—
4. 税务登记注册	□	—

续表

业务操作	完成状态	备注
月初		
5. 缴纳“五险一金”、工资	□	第二月演练该业务
6. 缴纳增值税	□	第二月演练该业务
7. 缴纳城建税、教育附加税	□	第二月演练该业务
8. 登记本月经营目标	□	—
9. 缴纳企业所得税	□	第二月演练该业务
月中		
10. 填写贷款申请	□	—
11. 购买、租赁车辆	□	—
12. 购买、租赁仓库	□	—
13. 购买柴油和路费充值	□	—
14. 招聘人员	□	—
15. 解聘人员	■	联合演练不演练该业务
16. 车辆排程	□	—
17. 安排运输	□	—
18. 出租仓库	□	—
19. 车辆排程	□	—
20. 物流运输	□	—
21. 出租仓位	□	—
22. 薪酬发放	□	—
23. 缴纳差旅费	□	—
24. 出售固定资产	■	联合演练不演练该业务
月末		
25. 计提员工培训费	■	联合演练不演练该业务
26. 计提增值税	■	联合演练不演练该业务
27. 计提城建税、教育附加税	■	联合演练不演练该业务
28. 计提企业所得税	■	联合演练不演练该业务
29. 计提“五险一金”、工资	■	联合演练不演练该业务

2.1月具体业务

1）工商注册（操作人员：总经理）

在系统初始界面录入公司名称，选择公司所在地A，点击申请注册，然后去管委会工商局进行公司注册登记。

线下操作：无线下操作。

2）登记本月经营目标（操作人员：总经理）

在系统中“总经办—目标管理”处登记本月的企业愿景、企业目标、企业战略。

线下操作：无线下操作。

3）填写贷款申请（操作人员：财务总监）

在“财务部—融资管理—贷款申请”处提交贷款申请，选择当前基本户银行，当前账户贷款形式为抵押贷款，贷款额度5 000 000元，贷款时间到6月为止，选择抵押物为行政大楼，贷款用途为购买仓库和车辆。

线下操作：与贷款银行签订贷款合同和填写借款凭证。

4）车辆购置计划申请（操作人员：采购总监）

在“采购部—采购管理—车辆”处提交车辆购置计划申请。租赁中卡 10 辆，租赁时间 1 个月；租赁双桥车 10 辆，租赁时间 1 个月。开转账支票 410 000 元，接受管委会设备供应中心开具的 410 000 元的增值税发票。

线下操作：去对应银行给管委会转账对应金额，填写转账支票。

5）仓库登记租赁购置（操作人员：采购总监）

在“采购部—采购管理—仓库”处提交仓库购置计划申请。租赁中型仓库 20 个，租赁时间 1 个月；租赁中型停车场 20 个，租赁时间 1 个月。开转账支票 920 000 元，接受管委会设备供应中心开具的 920 000 元的增值税发票。

线下操作：去对应银行给管委会转账对应金额，填写转账支票。

6）购买柴油和充值过路费（操作人员：采购总监）

到石油公司购买柴油100 000升，到高速公路公司充值500 000元。到银行分别转账700 000元到石油公司，转账500 000元到高速公路公司，接受石油公司和高速公路公司开具的增值税发票。

线下操作：去对应银行给管委会转账对应金额，填写转账支票。

7）填写人员招解聘需求（操作人员：人力资源总监）

在“人力部—招聘与配置—招聘解聘”处填写人员招聘信息，招聘管理人员 120 人，搬运工 100 人，库管 80 人，司机 70 人，调度 50 人。待管委会确认招聘后，银行转账 750 000 元。

线下操作：去对应银行给管委会转账对应金额，填写转账支票。

8）车辆安排（操作人员：物流总监）

在“运输部—运输路线方案”处进行车辆路线方案安排，点击新建路线方案，填写方案名称，点击本地运输 5 天和本地运输 10 天各一次后点击保存按钮保存该方案。在“运输部—车辆调度”下点击新建调度方案，选择新建的路线方案，在车辆添加处添加公司所有车辆，最后点击确认。在“运输部—物流调度报告”下点击调度方案选择，选择新建的调度方案，点击调度方案报告，点击调度方案下推，在“运输部—物流调度执行”下点击执行调度方案。

线下操作：无线下操作。

9）根据运输合同并安排运输（操作人员：物流总监）

在“销售部—销售管理—物流合同”处审核制造商、供应商、经销商拟定的物流运输合同（物流商 1 对应制造商 1、2，供应商 1、2，经销商 1、2、3、4，物流商 2 对应制造商 3、4，供应商 3、4，经销商 5、6、7、8，以此类推）。

给制造商运输半成品 S1 100 个，S1 单价 200 元；原材料 M1 100 吨，价格为 250 元/吨；80 辆成品车 P1（共两笔，总共 160 辆），单价 800 元。

给供应商运输原材料 M1 100 吨，M1 运输单价 250 元。

给经销商运输成品车 P1 100 辆，P1 运输单价 800 元。

合同审核后，在“运输部—国内运输—执行”处执行签订物流运输合同的物流订单。

线下操作：与各企业签订物流运输纸质合同，收取转账支票，并开增值税发票。

10）租赁登记（操作人员：仓储总监）

在“仓储部—仓储”处安排对外出租仓库（物流商 1 对应制造商 1、2，供应商 1、2，经销商 1、2、3、4，物流商 2 对应制造商 3、4，供应商 3、4，经销商 5、6、7、8，以此类推）。

给制造商租赁 100 个原材料 M1 仓位，单价 15 元；100 个 S1 仓位，单价 16 元；100 个 P1 的停车场，单价 400 元。

同供应商签订仓位租赁合同，租赁 100 个原材料 M1 仓位，单价 15 元；100 个 S1 仓位，单价 16 元。

同经销商签订仓位租赁合同，租赁 100 个 P1 的停车场，50 个 P2 的停车场，单价均为 400 元。

收到转账后，开增值税发票。

线下操作：与各企业签订纸质仓储合同，收取转账支票，并开增值税发票。

11）“五险一金”计算、填报和工资发放（操作人员：财务总监）

在系统“人力部—薪酬与福利管理—工资个税管理”处填报本月公司工人的“五险一金”和工资。保存后查看结算总额，根据结算总额缴纳工资和“五险一金”。

线下操作：填写职工薪酬汇总表，填写转账支票给各收款单位。

物流商人员工资明细表见表 4-84。

表 4-84 物流商人员工资明细表

工人类型	应发工资	个人“五险一金”	公司“五险一金”	个税	实发工资	工人数
管理人员	5 000	723	1 672	23	4 254	130
司机	3 000	723	1 672	0	2 277	106
库管	2 500	723	1 672	0	1 777	52
搬运工	3 000	723	1 672	0	2 277	112
调度	3 500	723	1 672	0	2 777	50
高层	5 000	723	1 672	23	4 254	2

12）纳税申报（操作人员：财务总监）

在“财务部—税务申报”处申报 1 月的增值税、企业所得税（利润为负数，不交企业所得税），然后在“人力部—薪酬与福利管理—个税申请”下点击添加记录，选择 1 月，系统会自动生成 1 月的个人所得税。然后在 2 月转账到税务局，最后在税务局确认缴纳。

线下操作：去对应银行给管委会转账对应金额。

3. 2 月具体业务

填写转账支票，然后转账，在税务局确认缴纳税费。

4.8.5　商业银行联合演练

1. 业务流程

商业银行联合演练流程表见表 4-85。

表 4-85　商业银行联合演练流程表

业务操作	完成状态	备注
1. 组建公司的组织架构	■	联合演练不演练该业务
2. 制定公司章程	■	联合演练不演练该业务
3. 工商注册	□	—
4. 税务登记注册	□	—
月初		
5. 企业开户	□	—
6. 登记吸储信息	□	—
7. 发布贷款利率政策	□	—
8. 政策信息发布	□	—
月中		
9. 进行企业贷款审批、发放	□	—
10. 进行个人信用额度发放	□	—
11. 进行转账	□	—
12. 填写人员招聘需求	□	—
13. 企业征信	□	—
月末		
14. 缴纳员工培训费	□	—
15. 工资发放	□	—
16. 计提“五险一金”	□	—

2. 1 月具体业务

1）工商注册（操作人员：行长）

在系统初始界面录入公司名称，选择公司所在地 A，点击申请注册，然后去管委会工商局进行公司注册登记。

线下操作：到工商局领取营业执照和到税务局领取税务登记证。

2）企业账户开户（操作人员：综合柜员）

在“综合柜台—企业”处开户，银行1给制造商3，供应商3，物流商2，经销商5各开一个一般户，银行2给制造商6，供应商6，物流商3，经销商9各开一个一般户，银行3给制造商1，供应商1，物流商1，经销商1各开一个一般户。

线下操作：与开户企业签订开户协议。

3）登记吸储信息（操作人员：市场总监）

在系统“市场部—吸纳社会储蓄”处投放促销费用350 000元。

线下操作：无线下操作。

4）发布利率信息（操作人员：行长）

在系统“产品部—发布利率政策”处发布利率信息，银行抵押贷款利率为 2.5%，企业信用贷款利率为3.1%。

线下操作：无线下操作。

5）政策信息发布（操作人员：行长）

在系统“产品部—费用信息公示”处发布政策信息，发布信息为：转账费用转账金额0.001%。

线下操作：无线下操作。

6）企业贷款同意审批（操作人员：行长）

在系统“信贷部—企业贷款审批”处同意制造商、供应商、经销商、物流商的贷款申请，并发放贷款，发放贷款时付息方式选择还本付息。

线下操作：签订银行贷款合同和借款凭证。

7）信用额度发放（操作人员：行长）

在系统“信贷部—个贷额度发放”处给申请的经销商发放个人消费贷款，额度为5 000 000元。

线下操作：无线下操作。

8）银行转账（操作人员：综合柜员）

进行转账，并收取0.001%的手续费。

线下操作：收取转账支票，开进账单给转款企业。

9）填写人员招解聘需求（操作人员：人力资源总监）

提交招聘需求，招聘管理人员 10 人，销售人员 10 人，客户专员 10 人，信贷专员10人，综合柜员5人，并开转账支票145 000元，转账到管委会人才交流中心。

线下操作：填写人员招聘合同和转账支票。

3.2月具体业务

1）“五险一金”计算（操作人员：行长）

计算公司工人的“五险一金”。

2）工资发放（操作人员：行长）

计算本月工人工资，并前往银行转账。

4.8.6　管委会联合演练

1. 业务流程

管委会联合演练流程表见表 4-86。

表 4-86　管委会联合演练流程表

业务操作	状态	备注
1. 组建管委会组织架构	■	联合演练不演练该业务
2. 工商注册	□	—
3. 录入学生信息	□	—
4. 发票出售	□	—
5. 原材料订单登记	□	—
6. 出售展场	□	—
7. 出售生产模块	□	—
8. 仓库出租	□	—
9. 车辆出售	□	—
10. 生产计时	□	—
11. 登记渠道协议	□	—
12. 登记路演评分	□	—
13. 确认招解聘计划	□	—
14. 出售柴油	□	—
15. 充值路费	□	—
16. 确认税费缴纳	□	—
17. 银行指标监管	□	—
18. 代收“五险一金”	□	—
19. 确认工资发放	□	—
20. 发放管委会工资	□	—

2. 1 月具体业务

1）确认工商注册（操作人员：工商局）

在“管委会—政府机构—工商局”处进行注册登记。

线下操作：发放营业执照和税务登记证。

2）录入学生信息（操作人员：管委会主任）

在“管委会—实训助理—学生管理”处录入实训学生信息。

线下操作：统计学生角色。

3）发票出售（操作人员：税务局）

在“政府机构—税务局”处给制造商、经销商、供应商、物流商每一家公司销售 5 张发票。

线下操作：向每个公司出售 5 张纸质发票。

4）原材料订单审核（操作人员：原材料公司）

在“管委会—外围机构—原材料供应商—原材料采购合同”处审核与制造商、供应商各家公司签订的原材料销售合同（购买公司签订合同，管委会审核合同），销售M1 100吨，运往A地，单价8 775元，收到转账后，开877 500元增值税发票。原材料订单审核后，在“管委会—外围机构—原材料供应商—原材料订单”处进行原材料发货。

线下操作：签订纸质原材料销售合同，双方盖章，收取转账支票，开增值税发票给对方。

5）租赁新展场（操作人员：设备供应商）

在“管委会—外围机构—展场购置租赁”处出租展场，给经销商各家公司租赁1个展场，租赁时间一个月、单价450 000元。收到转账后，开50 000元的增值税发票给经销商（租赁费用）。

线下操作：签订纸质展场租赁合同，双方盖章，收取转账支票，开进账单，开增值税发票给对方。

6）购置模块（操作人员：设备供应商）

在“管委会—外围机构—生产模块购置”处给制造商、供应商出售生产模块，给制造商、供应商各家公司销售40个生产模块，单价160 000元，收到转账后，开6 400 000元的增值税发票。

线下操作：签订出售生产模块纸质合同，双方盖章，收取转账支票，开进账单，开增值税发票给对方。

7）仓库出租（操作人员：设备供应商）

在“管委会—外围机构—仓库购置租赁”处确认物流商提交的仓库购置计划（租赁中型仓库20个，中型停车场20个，租赁时间1个月），管委会设备供应中心开920 000元的增值税发票。

线下操作：签订纸质仓库出租合同，双方盖章，收取转账支票，开进账单，开增值税发票给对方。

8）车辆出售（操作人员：设备供应商）

管委会设备供应中心在系统中确认车辆购置计划申请，租赁中卡10辆，租赁时间3个月；租赁双桥车10辆，租赁时间3个月，开2 760 000元的增值税发票。

线下操作：签订纸质车辆出售合同，双方盖章，收取转账支票，开进账单，开增值税发票给对方。

9）生产计时登记（操作人员：认证中心）

在“管委会—外围机构—认证中心—生产计时”处修改P1生产时间，发动机25秒，车轮25秒，车身24秒，汽车总装15秒。

线下操作：无线下操作。

10）渠道关系登记（操作人员：认证中心）

在“管委会—外围机构—认证中心—渠道关系”处登记经销商与制造商之间的渠道协议。

线下操作：无线下操作。

11）登记路演评分（操作人员：认证中心）

在“管委会—外围机构—认证中心—路演评分”处给每一家制造商登记路演评分，各 100 分。

线下操作：无线下操作。

12）确认招解聘计划（操作人员：人才交流中心）

在“管委会—外围机构—人才交流中心—人力资源”处确认各公司的人员招聘计划，并收取招聘费用。

线下操作：签订人才招聘合同，收取转账支票，开进账单，开增值税发票给对方。

13）购置柴油（操作人员：石油公司）

在“管委会—外围机构—石油公司”处给每家物流出售 100 000 升的柴油，单价 7 元，收到转账后，开 700 000 元的增值税发票。

线下操作：收取转账支票，开进账单，开增值税发票给对方。

14）充值路费（操作人员：高速公路公司）

在“管委会—外围机构—高速公路公司”处给物流商充值 500 000 元的过路费，收到转账后，开 500 000 元的增值税发票。

线下操作：收取转账支票，开进账单，开增值税发票给对方。

15）确认税费缴纳（操作人员：税务局）

在“管委会—政府机构—税费收取”处进行税费缴纳确认，进行稽核，收取纳税税额。

线下操作：收取转账支票，开进账单，开增值税发票给对方。

16）银行指标监管（操作人员：央行）

在“管委会—政府机构—央行证监—银行指标监管”处进行商业银行指标审核计算。

线下操作：无线下操作。

17）“五险一金”办理（操作人员：社保局及公积金中心）

在“管委会—社保局及公积金中心—‘五险一金’办理”处确认各公司“五险一金”收取情况。

线下操作：收取转账支票，开进账单，开增值税发票给对方。

18）确认工资发放（操作人员：人才交流中心）

在“管委会—外围机构—人才交流中心—薪酬代收”处确认本月各公司的工人工资缴纳情况。

线下操作：收取转账支票，开进账单，开增值税发票给对方。

19）工资发放（操作人员：人才交流中心）

计算管委会员工本月工资，在中央银行公对私进行转账。

线下操作：填写转账支票，填写工资结算汇总表。

第5章

经营管理与分析决策

本章内容主要是使用经管理论来解释和指导实习工作，以举例子和分析为主。

5.1 组织与领导

5.1.1 制度设计

企业管理有三个层次：①高层管理，即对企业业务和资源在整体上的一种把握和控制，包括组织架构、资源配置和企业战略等；②中层管理，即业务管理中的控制、组织和协调，决定了企业各种业务是否能有效开展；③基层管理，即业务处理的过程管理。

按照企业生命周期理论，企业的发展会经历出生期、成长期、成熟期和衰退期四个阶段，每个阶段的经营特点和制度建设都要遵循周期规律。对企业发展的各个阶段管理制度的变化分析如下。

（1）出生期。此时的企业，消费者和供应商对其都不了解，缺乏竞争地位，销售渠道和售后服务系统尚未形成；产品批量小，技术不完善，特色不显著；组织结构不稳定，制度不健全，除了严密控制库存和现金外，往往没有成文的制度和规定，没有人力资源管理体系，经营管理不规范，企业围着创业者运转。此时，除了确定生产经营的主次顺序，创立品牌外，重要的就是建立科学的管理体制，使领导行为制度化。

此时，按照宜粗不宜精的原则，根据经验的积累不断出台实施细则即可。

（2）成长期。此时的企业完成了由赚到钱向会赚钱的转变，经历了从创业者到创业者服从企业的跳跃。此时，除了要建立合理的组织结构，制订计划管理外，建立完善的规章制度体系也被提上重要日程。例如，人力资源管理制度必须规范“举贤不避亲”“用人唯亲”等难以“定量”的问题，同时需要与其他制度配合，通过合理的制度机制推动企业发展。

（3）成熟期。此时的企业依靠各种规章制度惯性运转，开始失去灵活性和创新精神。企业容易出现以管理培训和管理控制代替管理发展的情况。此时，企业除了唤醒变革意识、形成解决问题的管理队伍、分散经营外，管理制度的设计必须本着激发创业精神的原则，更加注重人本管理和柔性管理，逐步去除僵化的管理制度。以人力资源管理制度为例，此时的特点是在成熟的制度约束下，妥善解决“例外”问题，为企业带来活力和创新。

（4）衰退期。其征兆是企业在行业和市场中落伍，生产能力过剩，资金短缺。此时，企业制度齐备但做事效果却不尽如人意。要打破常规，通过不断地强化危机意识，通过建立创新奖励制度来激发和提高创新能力；通过容许尝试和失误的制度鼓励创新，避免保守；通过重树创业精神，推动管理制度的全面改造；通过强化咨询顾问制度来激活企业；等等。

企业在不同发展阶段，对制度的需求和规范化的程度有着极大的差别，请分析以下问题。

（1）出生期“救火”出现什么问题解决什么问题。

（2）成长期“规范化”完善各种管理制度。

（3）成熟期“理性化”按照既有制度及流程自行运作。

（4）衰退期“人性化”超越理性的约束，注重人本管理。

5.1.2　人员组织分工及协作

在本次仿真模拟实训中，采用总经理负责制，所有工作统一由总经办安排，各部门协调完成每个月经营。

此处以制造商公司为例，业务流程如图 5-1 所示，由总经办负责整体战略的制定和决策，各个部门根据总经办制定的战略进行工作安排后提交到财务部，由财务部核算成本和风险，最终由总经办判断是否执行该战略。

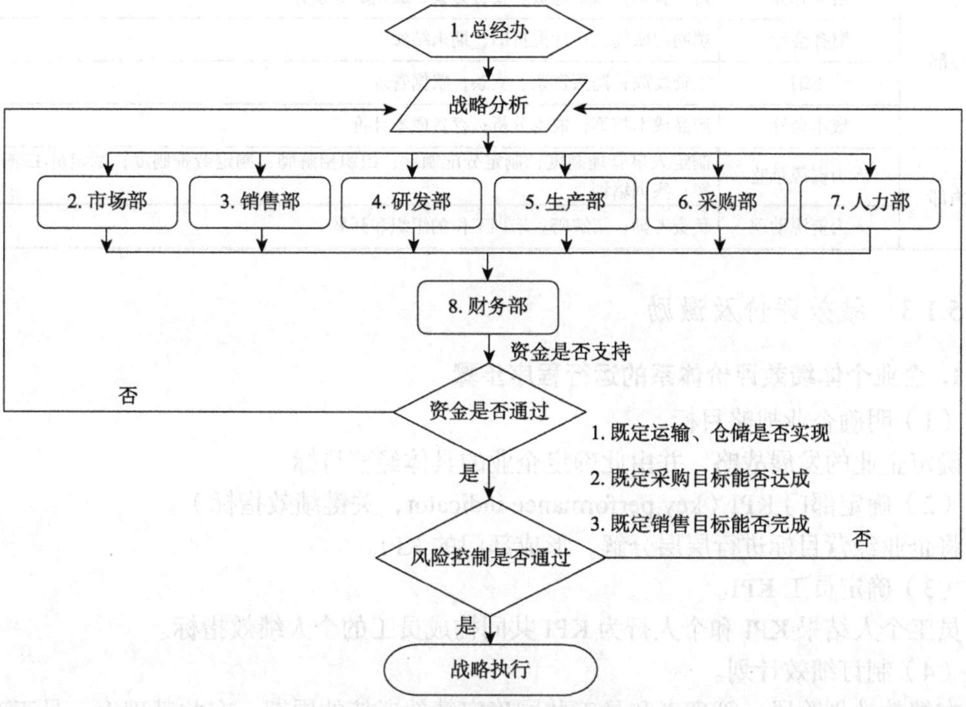

图 5-1　全面预算业务流程图

本次仿真实训包含8个部门、20个岗位，每个部门每个岗位都需要对自己的工作负责，在总经理的领导下，完成每个月的经营任务（表5-1）。

表5-1 岗位职责分工

部门	职位	职责
总经办	总经理	全面负责公司运营，统筹各项事宜
	行政助理	会议记录；收集资料；协调关系
市场部	市场总监	营销策划与管理；销售业务与管理；销售预算；渠道建设；政府采购
	市场专员	产品市场调查；市场分析与预测；市场开发；产品促销
销售部	销售总监	制订销售计划；签订销售合同；编制销售人员
	销售专员	产品销售及客户推广；销售管理
采购部	采购总监	材料采购计划；采购合同；组织采购；采购预算；设备采购
	采购专员	采购合同登记、审核；组织采购
生产部	生产总监	生产管理；生产预算；设备需求计划；产销排程；车间作业；物料需求计划；ISO 研发；生产授权
	生产计划员	编制各期生产计划；编制人员计划；质量计划；车间计划；产销排程；车间作业计划
	车间管理员	协调车间作业；监督生产工作
	仓管员	记录出入库业务；计算仓储面积、费用
研发部	研发总监	研发工作全局把控；研发管理；研发产品
	研发员	新产品研发、认证；产品测试
财务部	财务总监	财务管理，拟定筹资、投资方案；编制财务预算
	财务会计	填制记账凭证；计提折旧；期末结账
	出纳	工资发放；购买发票、支票；票据管理
	成本会计	产品成本核算；成本分析；存货成本计价
人力部	人力资源总监	制定人事管理制度；制定分配制度；组织招解聘；制定劳资制度；制定员工培训方案；实训培训
	人力资源助理	负责考勤；招解聘；培训工作的组织和开展

5.1.3 绩效评价及激励

1. 企业个体绩效评价体系的运行程序步骤

（1）明确企业战略目标。

确定企业的发展战略，并由此确定企业的具体经营目标。

（2）确定部门KPI（key performance indicator，关键绩效指标）。

将企业经营目标进行层层分解，形成部门的KPI。

（3）确定员工KPI。

员工个人结果KPI和个人行为KPI共同构成员工的个人绩效指标。

（4）制订绩效计划。

在绩效计划阶段，管理者和员工共同确定绩效考核的周期。在此基础上，员工对自己的工作目标做出承诺。

（5）绩效辅导。

管理者要对员工的工作进行指导和监督，对发现的问题及时予以解决，并对绩效计划进行调整。在整个绩效期间内，都需要管理者不断地对员工进行指导和反馈。

（6）绩效评价。

在绩效周期结束的时候，依据预先制订好的计划，主管人员对员工的绩效目标完成情况进行评价。

（7）绩效反馈。

通过绩效反馈面谈，员工可以了解主管的期望和实际绩效，请求上司的指导或帮助。在员工与主管双方对绩效评价结果和改进点达成共识后，就需要确定下一绩效管理周期的绩效目标和改进点，从而开始新一轮的绩效评价周期。

（8）评价结果的使用。

绩效评价的结果可用于员工工作绩效和工作技能的提高，据此决定对员工的奖励、薪酬的调整和相应的人事变动。

2. 激励制度的内容设计

激励措施和激励要素手段多样，只有进行必要的组合，才能形成有效的激励制度系统。

环境激励。企业的管理环境包括价值取向、管理风格、规章制度、潜在规则、职位的等级地位、工作稳定性等诸多方面。这些环境可以通过不断建设，以使其朝着保证公司员工的公平性的方向发展。公司的客观环境，如办公环境、办公设备、环境卫生等都可以影响员工的工作情绪。当然，这些被认为是“保健因素”，激励作用有限，同时，也不是通过简单的制度规定就可以达到的。

物质激励。物质激励一般包括加薪、减少工时、高福利等，这是最基本的激励制度，因为获得更多的物质利益是普通员工的共同愿望。需要把握的一点是避免平均主义陷阱。

工作和目标激励。工作内容和目标决定了员工承担的责任、取得的业绩和成就，能使员工充分施展才华。因此，需要员工对其工作的性质和所担负任务的重要性有充分的了解和清晰的认识。与员工共同设定目标，让工作的挑战激发员工的斗志，还可以进一步利用理想的巨大激励作用，将公司的目标与员工的理想结合起来，实现公司和员工的共同发展。最后公布清晰的考评结果，让员工清醒地认识自己，如一直非常流行的劳动竞赛方式的鼓励制度，就属此类。

员工发展激励。做出员工的职业生涯规划设计，为其提供合理的工作轮换和各种培训机会，让每个人都有发展自己能力的机会。根据员工的兴趣各尽其能，从而大大提高工作效率。另外，还可以让员工自主选择工作。培训制度可以提高员工实现目标的能力，为员工承担更大的责任、更富挑战性的工作及提升到更重要的岗位创造条件。

信任与认可激励。通过沟通制度、员工参与制度、荣誉制度和榜样激励制度，成绩突出的员工更加被尊重，从而激发群体中的每位成员的学习兴趣，改善企业的工作风气。企业中经常使用的“感情留人”，其实可以通过制度化的形式得到进一步的确立和巩固。

强化激励。奖励构成、奖惩绩效、奖惩知觉构成强化激励制度的主要内容，因为强化激励的作用，取决于激励对象对自己受到奖励和惩罚的概率的估计，使用强化激励可以产生显著的激励作用，强化制度要注意声明和公平。

5.2 分析与决策

5.2.1 战略分析

企业战略是关于经营方向和解决经营活动中遇到的问题应遵循的全局性、长远性和指导性的原则与规定，是为了开发企业竞争能力和获得竞争优势而对一系列行动所采取的动态统筹。因此战略首先是一个计划，它能综合企业的目标、政策，并使企业上下一致地付诸行动。同时，战略又是对局势的一种评估，它要在环境中找到一个有利于企业生存与发展的定位。最后战略还是一种观念，是企业对事物的看法、概念和灵感，体现了企业决策者对客观世界的认识，它与人们的世界观、价值观和理想等文化因素相联系。战略对企业的生存和发展意义深远。正如希尔等所言，“在一个组织中，管理者所实行的战略对该组织相对竞争对手的表现具有重大的影响”。这在仿真模拟中也是一样的。

1. 战略背景分析

1）产业竞争性分析

产业竞争性分析属于外部环境分析中的微观环境分析，主要是分析本行业中企业竞争格局以及本行业和其他行业的关系。行业的结构及竞争性决定了行业竞争的方式和企业采取的战略。因此产业竞争性分析是企业制定战略最主要的基础。

按照波特（M. E. Porter）的观点，一个行业中的竞争，远不止在原有竞争对手中进行，而是存在着五种基本的竞争力量，它们是潜在的行业新进入者、替代产品的威胁、购买商讨价还价的能力、供应商讨价还价的能力、现有竞争者之间的竞争，如图 5-2 所示。

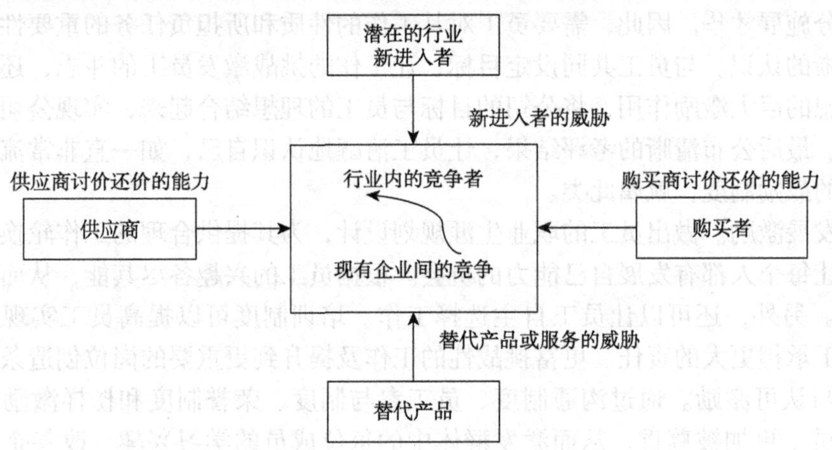

图 5-2 波特五力竞争模型图示

这五种基本竞争力量的状况及其综合强度，决定着行业的竞争激烈程度，从而决定着行业中获利的最终潜力。在竞争激烈的行业中，不会有任何一家企业能获得惊人的收益；在竞争相对缓和的行业中，各企业普遍可以获得较高的收益。

在仿真课程里面，因为模拟的是一个固定的产业链，所以就没有行业新进入者的威胁以及替代产品的威胁，但是，现有竞争者之间的竞争、购买商和供应商讨价还价的能力的威胁却也存在着。

现有竞争者之间经常采用的竞争手段主要有价格战、广告战、引进产品以及增加对消费者的服务和保修。在仿真系统里，所有的行业之间都存在着同类之间的相互竞争，以制造商为例，制造商是整个产业链的核心，同样也是产业链中竞争最为激烈的，制造商相互之间的竞争不仅是产品本身的销量的竞争，同样也是品牌之间的竞争，消费市场的总量是有限的，制造商想要获得更高的利润，那么势必就要从其他的制造商手里进行抢夺。首先，行业增长的缓慢会加剧企业之间的竞争，当企业运营到一定的阶段，市场呈现出饱和的状态，这时候整个行业的增长都比较缓慢，企业想要打破这种局面，势必会加大竞争，从而促使行业竞争更加激烈。其次，企业内部较高的固定成本也会促使行业之间的竞争更加激烈，制造商在投入固定成本较高的情况下，就需要生产更多的产品，从而降低单个产品的成本，同样也会促成库存的增加，从而使行业竞争愈加激烈。

购买方有可能要求降低购买价格，要求高质量的产品，使得行业之间竞争加剧，结果导致企业利润下滑，制造商的直接客户并不是消费者，而是经销商，经销商在选择产品代理的时候，可能会考虑制造商指导价格、优惠价格、广告投放以及路演评分等多项指标，而制造商想要更多的经销商去代理自己的产品，势必会在这些因素上加大投入，从而使制造商相互之间的竞争愈加激烈。

供应商的威胁手段一般是提高供应价格和降低服务成品，制造商生产所需的半成品从半成品供应商和原材料供应商处取得，原材料供应商在原材料供应中心，价格是恒定的，所以没什么影响，但是半成品的供应商可能会在提供半成品的供给时提高产品价格，或者行业联手垄断市场，提高成品的价格，从而使制造商之间的竞争愈加激烈。

2）资源、能力及历史分析

从某种角度来讲，所谓战略实际上是通过调整企业自身可用的资源和能力来迎合外部环境所提供的各种机会。因此战略也可以说是企业内部因素与外部因素相对动态作用过程中的桥梁，见图 5-3。

分析制造商初期现有的资源是企业外部能力的关键，现有资源的情况能为企业做长远战略或者短期规划提供依据，在现有资源情况的基础上做正确的决策。企业的资源、能力及核心竞争力是构成企业竞争优势的基础。企业拥有各种资源和能力，但并不是所有的资源和能力都能为企业创造很高的价值，有价值的资源和能力能够为企业带来持续竞争优势的资源和能力。资源是企业能力的来源，能力又是企业核心竞争力的来源，而核心竞争力则是企业竞争优势的基础。制造商财务资源分析是整个企业分析的历史关键。

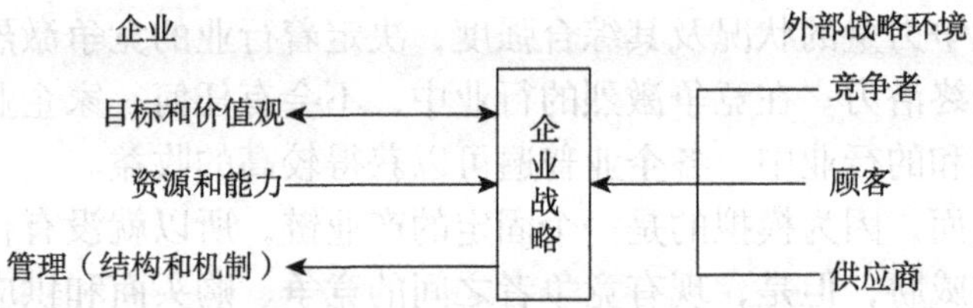

图 5-3 企业战略环境分析

企业资源分析可以分为有形资产、无形资产和人力资源。

有形资产是指公司现有的机器、厂房、生产线、原材料等。现有机器厂房等资源的分析为我们做长期打算提供了基础。而原材料等是我们下一个月决策的一个依据。所以资源分析的关键还是看现有的有形资产。

以制造商为例，我们可以看到制造商期初机器和厂房决定的前期制造商产能的最大因素，而流动资金则是企业短期战略的最后直接影响因素。制造商生产所需要的轮胎等半成品库存是生产的关键，初期由于半成品采购运输周期的原因，库存商品成了我们近期决策的关键。同样，库存汽车的销售也是我们短期资金回流的重要途径。

无形资产是指品牌、技术、专利、商标等，对于制造商来说，非常重要的就是公司品牌，可以直接影响汽车的销售，对于经销商来说，代理制造商的汽车，其实最看重的还是品牌，品牌大部分体现在制造商对产品的直接投入。同样对于经销商、物流商来说，公司的品牌信誉等可直接影响公司业务。

人力资源是制造商现有全部人员，包括生产人员、销售人员及辅助人员等，这些工人是我们做决策时必不可少的考虑因素，假如我们在做短期决策的时候忽视了工人的情况，可能会导致人工成本的增加，影响企业的现有资金链，从而影响长期决策。

2. 企业战略制定分析

战略的制定从经营初期、经营中期、经营末期三期进行分析。我们分别就决策的一些重要因素进行分析，如市场、生产、研发等。通过分析战略的整体规划，各公司在做各公司经营决策的时候才能有针对性地制定战略，避免走入一些误区或者做出一些失败的决策导致公司经营业绩下滑。

仿真实训是以月为单位的，所以在做战略分析的时候，我们重点分析的也是当月的决策，而分季度分析的目的是学校的上课时间不确定，可能经营的月份不一样，所以在短期决策分析的时候我们按照季度进行分析。

接下来我们分别讨论四个季度的阶段性战略的制定。

1）初期战略

在各公司接手新公司以后，不同行业所面临的情况是不同的，同一行业内，所有的公司面临的问题就是根据公司当前的所有资源，如何做接下来的决策，这点是非常重要的，一旦初期战略制定好了，那么后期如果想要去修改那就非常困难了。接下来我们根据决策分析要点来分析具体的战略决策。

（1）市场及渠道。

所有公司在开始注册的时候就要选择注册地，整个环境中有 A、B、C 三个地区可以选择，所以在选择注册地的时候所有公司都要认真考虑以下因素。

第一，自己公司所选的注册地是否有半成品供应商以及产品经销商？

第二，如果本地供应商供应不足情况下，跨区域运输的成本如何？

第三，经销商在初期没有新增展场的情况下，本地市场销售是否有竞争力？

第四，代理商如何去选择？

就第一个问题，每个公司在进行选址的时候其实就要考虑供应商和经销商的问题，如果本地没有供应商，那么我们在购买原材料的时候就需要从其他地区购买，这样一来，整个运输费用会非常高。区域运输里程表及时间表如表 5-2 所示。

表 5-2　区域运输里程表及时间表

地区	B	C
A	700 千米/3 天	700 千米/3 天
B	—	800 千米/4 天

注：运输为保证安全和效率，一辆卡车需配备两名司机轮流驾驶，两位司机均需要按天付费。表中两地运输里程、行驶时间均为单边行驶。本地运输规定一辆卡车当天往返且可往返两次，总里程数 200 千米

本地区运输一天可以往返 2 次，而跨区域 3 天一个单面，加上人工成本，可以看到本地和区域的运输成本的差别是非常大的，经销商也是如此。所以最好在选择注册地的时候，选一个有多供应商和经销商的地区是比较合理的。

第二个问题，在选定供应商的情况下，如果本地供应商供应不足或者价格比较高，这时候也要仔细分析该如何选择其他区域的供应商。如果本地供应商供应不足，在选择其他两地的供应商的时候，我们就要考虑两地的距离和运费，从上面的运输里程图可以看出来 B—C 地的运输里程是最远的，同样运输费用也是最贵的。

第三个问题，经销商销售必须有销售展场，但是在初期，经销商只在注册地有一个普通展场，经销商想要在其他地区销售产品就必须购买展场，而展场的建设是有周期和成本的，所以经销商的展场在注册地，如果本地有太多经销商的话，那么在前几个月，销售应该特别激烈，同时销售费用的投入也相当高。

第四个问题，制造商对渠道商的选择和经销商对品牌商的选择在前期是非常重要的，前期选择好的渠道商可以使产品卖得更快，这样前期才有资金购买机器等设备，扩大产能，使自己在前期处于领先地位。

表 5-3 是影响经销商最终销售的 7 个因素，我们可以看出，其实在整个销售过程中，产品的制造商对产品的影响是非常大的，而经销商的销售影响虽然没有制造商影响那么大，但是在同一品牌的销售过程中也是有着显著的影响因素的。所以经销商在选择产品品牌的时候一定要慎重，主要还是看制造商的几个指标的投入多少，制造商的广告和指导价格都是一个季度的投入和填报，所以经销商在代理品牌的时候应考虑两个因素，一是制造商广告投入和市场推广，二是制造商的供货率。同样制造商在选择经销商的时候，主要看中经销商的销售能力。

表 5-3 最终产品需求的影响因素

制造商	广告	指导价	推广及特性	市场占有率
占比	20%	20%	20%	10%
经销商	营销费用	优惠价格	展场	—
占比	10%	10%	10%	—

（2）生产、采购安排。

制造商和供应商在接手公司后，会发现仓库里面已经有一些库存商品，包括成品汽车、半成品部件以及原材料，而厂房里面生产线、生产模块等设备都有，但实际观察，会发现规划生产的模块搭配不合理、原材料缺少等问题。所以我们在做生产计划的时候就要做好生产采购等安排。

首先制造商和供应商在开始的时候，库存可以直接销售给经销商，在仿真课程中，所有的产品运输都需要一个月的运输周期，在仿真经营第一个月，为了经销商能有实际销售，制造商 1 月的库存卖给经销商可当月直接到货，其他产品都需要考虑运输周期的影响。制造商在开始的时候有两条自动线 10 个生产模块，一个生产线上可以配备 20 个模块，显然生产模块是不够的，要进行模块购买，那是否需要再购买 30 个生产模块呢？显然不是，这里要考虑两点。

第一，产能是怎么安排的，是否真的要满产，这取决于市场占有率决策，是以产量定销量还是以销量来定产量，如果采用的是以产量定销量的市场决策，那么这里就要以最大的产能去生产；如果采用的是以销量定产量的市场决策，就看需要多少产品，再考虑生产多少产品，购买多少生产模块。

第二，如果真的满产，是否需要购买最多的 20 个生产模块？这里就要根据的生产测时来进行分析。如表 5-4 所示，以某家制造商为例。

表 5-4 优化前的生产方案

P1 汽车	动力总成	车身总成	轮胎总成	总组装
生产测时/秒	24	18	17	6
模块分配	7	5	6	2
单块可生产数	1 050	1 000	1 270.588	1 200

表 5-4 中为 20 个生产模块能达到的最大产能，因为生产测时是不可控的，所以实际上我们不全部使用 20 个生产模块也能达到最大产能，见表 5-5。

表 5-5 优化后的生产方案

P1 汽车	动力总成	车身总成	轮胎总成	总组装
生产测时/秒	24	18	17	6
模块分配	7	5	5	2
单块可生产数	1 050	1 000	1 058.824	1 200

我们把轮胎总成的模块减少一个，实际上并没有减少总产能，因为轮胎总成并不是生产的瓶颈工序。最终我们只需要 19 个生产模块就达到了产能的最大化，即 1 000 辆汽车。

当然安排好产能后，我们同样需要进行原材料和半成品的采购，原材料直接在外围机构进行采购，且当月就能够收货，这里就不过多去讲。主要是半成品的采购，当然半成品采购是需要 1 个月的运输周期，所以 1 月我们进行生产也只能依靠库存的半成品，同样 1 月要做好 2 月生产所需半成品的采购工作。采购多少合适，这个就要看我们 2 月生产的计划以及仓库成本和供应商的价格变化了。在采购半成品的时候我们可能会考虑多采购 20%左右留作安全库存，以备紧急情况或供应商供应不足情况下能按照既定计划生产，而不会因无法进行供货而流失市场份额。

（3）报价及广告促销。

制造商在第一季度要进行市场指导价报价和广告的投放。指导价和广告一旦投定，将不能再修改，所以对制造商来说非常重要，在前期缺资金的情况下，如果广告战略或者指导价战略失误，可能导致第一季度产品积压，从而占用资金，使得无法再进行下一步计划。

实际制造商在报市场指导价格时应该对自己本身的成本进行准确核算，并做出合理的计划和利润空间，经销商在市场销售时的报价只能在制造商指导价的基础上上下浮动 10%，所以制造商指导价格过高或者过低都会影响经销商销售，从而影响自己本身的利润。怎样一个指导价格才算合理呢？实际这里我们更应该考虑经销商以多少价格销售对经销商来说是合理的。举个例子，我们核算出来一辆 P1 的所有成本摊销下来为 60 000 万元，一辆车我们的利润控制在 20%，就是 12 000 万元，实际我们应该卖给经销商的批发价格为 72 000 元。考虑经销商销售 1 辆车的成本为 5 000 元，经销商利润控制在 10%，那经销商要报价（72 000+5 000）×（1+0.1）=84 700 元。我们估算下来经销商销售价格为 84 700 元。那实际上我们可报的指导价格也就是 84 700 元，经销商在这个价格基础上还有 10%的上下波动。

广告费用也是制造商在第一季度所要做的一个重要决策，广告费的投放是分市场和产品的，所以我们首先要考虑哪些市场哪些产品是要投放的，哪些是不需要投放的。当然很多公司会选择在所有的市场对所有的产品都进行广告费用的投放，因为不知道自己的经销商会在哪些市场上进行销售，但这种做法对于资金也是非常浪费的，很多时候在某个市场上已经投放广告了，但是一个季度都没有经销商在该市场上销售该品牌的汽车。所以在投放广告之前我们要及时和自己品牌的经销商进行沟通，确定他们接下来一个季度的市场战略，以保证我们的广告投放合理地被利用。同样，广告费用投放多少合理，也是我们在核算成本的时候就要考虑进去的，根据我们未来三个月的预测销量，将每个产品上所分配的广告进行加总，投放到某一市场上去。

促销费用是在经销商销售的时候投放的，每个月在销售的时候都可以进行投放。实际投放多少是根据经销商报价进行的，这里会出现两种情况，一种是高促销费用高销售价格，一种是低促销费用低销售价格。这里到底如何决策，我们可以用历史数据进行分析，比较提高价格提高促销带来的收益和低价低促销的收益。

2）中期战略

第二季度所有公司基本上都进入正轨，企业运行的基本战略比较明朗，可以看出每个公司的运营好坏情况。当然，制造商清楚哪些经销商的销售能力比较强一些，这些对于接下来选择代理商也有一个参考，同样经销商也知道哪些品牌的汽车比较好卖。供应商在这个过程中也成为关键，同样或许会出现一些联合的供应商来哄抬材料价格，这些都是不可避免的，在任何商业环境中有利益就会有竞争。想要在这个过程中脱颖而出，就必须做好详细的战略规划。

（1）产品研发。

进入第二季度，对于制造商来说，最重要的事情就是新产品的研发。从系统中的市场数据图可以看出，新产品的市场份额是相当大的，而且新产品的利润相较于 P1 和 P2 非常高，因此对新产品的研发就尤为重要。

P3 产品区别于 P1 和 P2 产品最重要的一点就是 P3 产品完全是自主设计的（表 5-6），汽车的部件包括发动机、底盘、车身等都由各制造商自行设计，只是规定了某部分的最低重量要求，其他部分并没有过多的规定，这就给各制造商提供了完全自主发挥的空间。P3 产品设计需要兼顾外观特征，物料成本和可生产加工性。P3 产品为豪华汽车，评价因素中设计的美观和特性影响较大，但如果过度设计会导致物料成本和生产难度增加而得不偿失，因此结合产品市场定位，设计要综合考虑销售、生产、物料等特性才能得到较好的收益。

表 5-6 产品 BOM 表

产品	尺寸/格	全量/克	组装重量/克	备注
P1	4×8	=51.6	28.1	标准 BOM，不允许变化
P2	4×10	≥60	＞30	可扩展 BOM，允许发动机总成，车身总成变化，但应不低于最低尺寸重量要求
P3	最小 4×10	≥70	>50	只需满足重量和尺寸要求，其中车架重量不得小于 30 克

另外 P3 产品在生产中区别于其他汽车最大的不同就是 P3 汽车的车间需要定制，制造商要授权给某一家或几家供应商进行生产，所以车架具有唯一性。这点对于供应商来说是一件非常有利的事情，制造商可以授权多家制造商进行 S3 生产，同样供应商也可以接多家制造商的定制服务。供应商在生产 S3 的过程中，因为每家的 S3 重量不一样，所以成本也不一样。但对于制造商来说，可以尽量将 S3 设计得足够轻，那么半成品的成本就降了下来，而其他部分重量增加，是由制造商去完成的，那这部分成本相对于让供应商来完成就划算得多。

（2）扩张。

在经营期，企业如果想提升利润和市场占有率，可以考虑扩张产能，扩张对于制造商和供应商来说就是机器产能的扩大，对于经销商来说就是市场扩大，在各市场新建卖场。

制造商如何扩张？首先考虑的是新增生产线，而现有的厂房已经装满，不能够继续容纳生产线，需要再新建一个厂房，新建一个厂房需要 3 000 万，而且有 1 个月建设周期，所以要新建厂房就要考虑现有的资金，留足生产所需要的后，是否能够支持我们扩产，或者做一下银行关系，能从银行贷出这笔款项。而生产线是可以进行租赁的，生产线信息见表 5-7。

表 5-7 生产线信息表

设备类型	价值/万元	残值/万元	折旧年限/年	安装周期/月	变更周期/月	改造费用/万元	租赁费用/万元	模块容量/个
自动	6 000	600	5	1	1	200	150	20
柔性	7 000	1 000	5	1	1	200	—	20

从表 5-7 中可以看出自动线的租赁费用是相当高的，一个月 150 万，所以我们要考虑扩建以后每月的新增产量的利润，是否值得我们租赁一条新的生产线，但是如果能够从银行贷到款的话，按照每月 2%的利息计算，6 000 万的利息就是 120 万，那肯定贷款购买生产线划算得多。

以上讨论的是制造商进行生产扩产，但是扩产以后是否能够销售出去，根据全面市场分析，第三季度有 P3 销售的时候总市场肯定会扩张很多，只要营销手段到位，是不会出现过多的库存积压的，但同时也要注意半成品的供应充足。制造商可以和合作的供应商商量一起扩大产能，最终做到共赢。

而对于经销商来说，在中期的时候肯定会发现随着制造商和供应商产能的增大，单一市场的销售竞争压力也越来越大了，这时候经销商会把目标瞄向另外两个市场。但同时也会面临一个问题，即需要在另外的两个市场购买展场。展场信息见表 5-8。

表 5-8 展场信息表

展场类别	价值/万元	月折旧/万元	建设周期/月	备注
批发市场	310	2.5	1	可租赁，租赁当月可用
4S 展场	460	3.75	2	不可租赁

销售展场有两类，普通展场和批发展场，二者的区别在于批发展场一个市场只需要一个就可以销售所有的产品。而4S 展场是有专有的品牌，在一个市场上一个4S 展场只能销售本品牌的产品，其他品牌的产品是不能够进行销售的。但是一个 4S 专属品牌在销售上可以额外加分 5%。这对于销售是非常重要的。另外还有一个要点就是普通展场可以租赁，4S 展场只能新建。所以到底是租赁还是新建，就要看各公司当前的财务状况。

3）后期战略

后期基本上就是进行到最后一个季度，这个时候各企业应该考虑课程结束后的公司权益问题。同时有些公司也会利用最后几期的机会进行反击。

（1）库存产品。

制造商和供应商在进入最后一个季度后，大部分人考虑的事情是清理库存，系统对公司权益的评价会把库存商品按照一定的价格进行折算，系统评估库存产品价值接近或低于实际的成本，因此在最后一个季度开始后，公司会减少生产，以希望尽量清理库存。倒数第二期的时候，大部分供应商应该都不会再生产半成品，因为运输需要一个月的周期，制造商生产后运输给经销商也需要一个月的运输周期。最后两个月大部分公司出于清库存的考虑，可能会减少市场供给，但是这两期市场竞争就少得多了，有些战略性强的公司可能会考虑，多囤积一些汽车，专门在这两个月进行销售，因为市场供给比较少的关系，价格是完全可以卖上去的，这样也可以在最后的机会上搏一搏。

还有一种情况就是如果经营周期长的话，系统里面会有回收机制，也就是说制造商最后一个月生产的所有产品和供应商最后两个月生产的所有半成品，系统会以一个合理的价格进行回收，这个价格一般都会高于制造商和供应商的成本价格。如果有回收机制，那么最后两个月又是所有公司竞争的关键时刻，这时候大部分公司都会尽最大可能去生产，因为是系统回收，就不存在卖不出去的情况，所以在有利润的情况下，都会去最大可能地生产。

（2）分红策略。

最后在课程结束后，所有公司要根据公司当前盈利情况对各小组成员进行分红。分红的钱进入个人账户，最终算作个人账户资金，课程最终评价的机制是个人资产和公司资产共同评价。按照初期的设置，公司管理层总共占公司30%的股份，因此最终课程结束时，按照股份进行分红，最终个人资产和公司资产分别加权处理，来核算个人成绩。这种情况下可能大部分公司都会按照最大分红来进行，但是当自己公司的权益处于和其他公司相差无几的情况时，有些公司会战略性地少分红一点，这样在其他公司都按照比例进行分红后，公司权益将处于领先地位。虽然分红不能制胜，但是公司权益已经处于领先地位，加权下来总成绩也会处于领先地位。

5.2.2 市场分析

1. 策略分析与市场预测

1）定性分析与定量分析

（1）定性分析。定性分析就是对研究对象进行“质”的方面的分析。具体地说，是运用归纳和演绎、分析与综合以及抽象与概括等方法，对获得的各种材料进行思维加工，从而去粗取精、去伪存真、由此及彼、由表及里，达到认识事物本质、揭示内在规律的目的。主要凭分析者的直觉、经验，凭分析对象过去和现在的延续状况及最新的信息资料，对分析对象的性质、特点、发展变化规律做出判断。

（2）定量分析。定量分析是依据统计数据，建立数学模型，并用数学模型计算出分析对象的各项指标及其数值的一种方法。伽利略提出的以定量代替定性的科学方法使人类认识对象由模糊变得清晰，由抽象变得具体，使人类的理性在定性之上又增加了定量的特征。定量分析要求分析者在一定的数学基础上，能够用清晰的数学语言去描述问题的特征，并通过足够充分的数据资料处理结果，做出理性的鉴别和判断。

（3）定性分析与定量分析的关系。定性分析与定量分析应该是统一的，相互补充的；定性分析是定量分析的基本前提，没有定性的定量是一种盲目的、毫无价值的定量；定量分析使定性分析更加科学、准确，它可以促使定性分析得出广泛而深入的结论。不同的分析方法各有其不同的特点与性能，但是都具有一个共同之处，即它们一般都是通过比较对照来分析问题和说明问题的。正是通过对各种指标的比较或不同时期同一指标的对照才反映出数量的多少、质量的优劣、效率的高低、消耗的大小、发展速度的快慢等，才能为作鉴别、下判断提供确凿有据的信息。

2）市场描述

在跨专业综合仿真环境中，经销商可以从事产成品销售的市场有三个，分别是 A 市场、B 市场和 C 市场。仿真环境中，制造商生产的产品，必须通过经销商在市场上销售，决定经销商在市场上销量的因素共有七个。

这七个因素中，制造商通过自身的经营活动，影响产成品在市场上销售的因素占了四个，分别是制造商的广告投入、制造商的指导报价、制造商的路演推广以及制造商的产品占有率。必须说明的是，其中有三个因素：制造商的广告投入、制造商的指导报价以及制造商的产品占有率都是对单一市场单一产品分别计算的（在不同的市场、对不同的产品可以是完全不同的值）。

经销商通过自身的经营活动，影响产成品在市场上销售的因素占了三个，分别是经销商的营销费用投入、经销商的价格优惠浮动以及经销商是否在有专门品牌的 4S 店销售相关产品，同样，经销商经营过程中所确定的这三个因素，都是对单一市场单一产品分别计算的。

跨专业综合仿真系统在每月特定的时间点，计算出经销商在单一市场上单一产品当期的销售量。计算经销商的销售量，首先应计算出该经销商在单一市场单一产品总评分，总评分满分一百分，影响市场的七个因素中每个因素按照不同的权重影响经销商最后的总评分。经销商总评分得分越高，经销商的订单意向数量越多。七个不同因素的权重如表 5-9 所示。

表 5-9　销售因素权重表

制造商	广告	指导价	路演推广	市场占有率
占比	20%	20%	20%	10%
经销商	营销费用	优惠价格	展场	—
占比	10%	10%	10%	—

其中广告分又拆分为两项：总投入广告分和单件产品广告分。

经销商总评分=总投入广告分+单件产品广告分+指导价分+路演推广分+市场占有分+营销费用分+优惠价格分+展场分

2. 策略分析

制造商、经销商为了在跨专业仿真的模拟商业经营活动中，在市场上销售本公司的产品，获取更多的利润，需要在不同的情况下去决定最佳的营销策略。下面，我们通过简单的定性分析，逐一讨论影响经销商产成品销量的七个因素对市场销量的影响，以及该如何去做出决策。

在开始对七个因素进行讨论之前，先定义一个指标：销售意向达成率（%）。在跨专业综合仿真系统计算出经销商每期销售的实际数量时，还给出了一个消费者购买意向的数据。我们用如下公式来定义销售意向达成率。

销售意向达成率=实际销售数量/消费者购买意向×100%

在好的决策下，销售意向达成率是可以达到 100%的；而更多的情况下，销售意向达成率是小于 1 的，根据规则，能知道出现这种结果的原因可能有两个：库存不足和消费贷款额度不足。这里，我们还要做一个假设，后续销售意向达成率为 1，不会因为库存不足和消费贷款额度不足造成影响。

1）制造商广告

经销商总评分中，其中 20 分由制造商的广告投入决定。制造商广告投入分，又拆分为总投入广告分和单件产品广告分两个部分来分别计算，这样使制造商广告投入分不仅仅取决于广告投入的绝对值大小，也取决于投放在单件产品上的相对金额。

（1）制造商广告投入分中，总投入广告分的计算公式为

总投入广告分=厂商各自的广告金额/厂商广告最高投入金额×10

总投入广告分项目得分高低，完全取决于广告投入多少的绝对值。制造商在仿真经营的前期，决策单一市场单一产品的市场广告投入时，应充分考虑厂商之间的战略部署，有针对性地加强在某些市场某些产品的广告投入。在仿真经营的后期，这个影响因子会有利于前期盈利丰厚的公司，这种公司能充分利用自己的资金优势，在市场上保持甚至提高产品的市场占有率。

（2）制造商广告投入分中，单件产品广告分的计算公式为

单件产品广告分=厂商投放在单个商品上的广告金额/厂商投放在单个商品上的最高广告金额×10

单件产品广告分这个影响因子取决于制造商在单件产品上投放的金额，这个影响因子实际上有利于市场份额少的厂商。厂商可以通过相对较少的广告投入，控制在市场上的产品的投入数量来实现与广告投放金额相对较大的厂商在总投入广告分中的差距。利用好这个因子，厂商可以打开前期未开发的市场，并逐步提高市场份额。

2）制造商指导价

指导价分=市场最低报价/产品报价×20

3）路演推广分

推广分=评委订货会讲解直接打分的平均分

第一名加 12 分，第二名加 6 分，第三名加 3 分，最后一名减 10 分，倒数二、三名减 5 分。

4）市场占有分

市场占有分=上期市场销量/上期总市场销量×10（只包含本产品特定市场情况，其余市场和产品不影响）

5）营销费用分

营销费用分=单车营销费用/市场最高单车营销费用×10（其中，单车营销费用=营销费用/待销售库存）

6）优惠价格分

优惠价格分=公司最大优惠率/本公司优惠率×10（其中，优惠率=经销商优惠价/制造商指导价）

7）展场分

展场分：4S 店 10 分，其他展场 0 分。

3. 市场预测

系统提供了前两年市场销售数据。销售数据中包含了广告投入、产品定价在内的 7 个影响实际销售的要素信息和当年实际销售量与销售预期分析数据。可通过平滑预测或者回归分析分析影响因素，结合市场报告信息对后续月份销售做出预测，并以此为基础进行决策指导。

5.2.3　供应链分析

1. 供应链的构建与优化

整个供应链体系的构建包括供应链管理组织机制的建立、管理流程的设计与优化、物流网络的建立、合作伙伴的选择、信息支持体系的选择等诸多内容。在仿真系统里面，整个供应链包括从管委会进行物料采购（原材料、厂房、车辆等）、供应商进行半成品生产、制造商将半成品加工成产成品、经销商将产品销售给最终客户，而每一步都需要物流商进行仓储和运输，同时企业出现资金困难或需要扩大再生产而通过银行融资，而构建了一条完整的供应链系统。其中任何一个环节的滞后，都会造成整个供应链系统的停顿。

1）供应链管理的组织架构模型

供应链的构建必须同时考虑本企业和合作伙伴之间的管理关系，形成合理的组织关系以支持整个供应链的业务流程。因此，在进行供应链设计时，恰当设计出主客体的责任、义务及利益。接着，就是完成组织设计，支持主客体关系的运作。

完成这一过程需要考虑的主要内容如下：一是对客户的需求管理，准确掌握市场对本企业产品的需求特征。二是建立供应链环境的生产计划与控制模式，主要涉及基于供应链相应周期的资源配置优化决策、基于成本和提前期的供应链订单决策、面向同步制造的供应链流程重构。三是与同步生产组织匹配的库存控制模式，如原材料采购、供应商管理库存、提前期与安全库存管理等各种技术，实现整个供应链的生产与库存控制目标。供应链模型参考图 5-4。

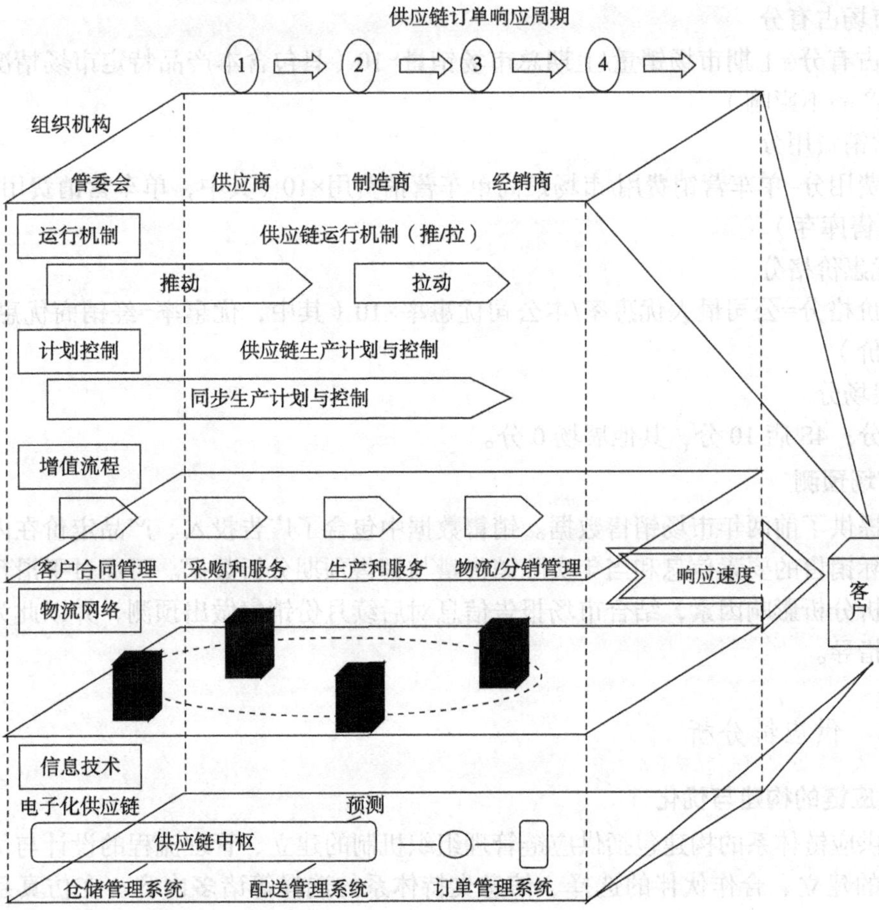

图 5-4 供应链管理体系构建总体模型

2）供应链环境下的运作组织与管理

供应链能够取得单个企业所无法达到的效益，关键之一在于它动员和协调了整个产品设计、制造与销售过程的资源。其中核心问题在于能否将所有企业的生产过程实现同步运作，最大限度地减少由于不协调而产生的停顿、等待、过量生产或者缺货等方面的问题。

在供应链中存在着一个基本现象，被我们称为“需求变异放大”现象，当供应链的各节点企业只根据来自其相邻的下级企业的需求信息进行生产或供应决策时，需求信息的不真实性会沿着供应链逆流而上，使订单量成了逐级放大的现象，到达源头供应商时，需求变异将实际需求量放大了。由于这种效应的影响，上游供应商往往维持比下游供应商更高的库存水平。而多出的这一部分大大消耗了企业的资源，同时由于上游的大量库存问题，整个供应链系统中各个环节的库存都会维持在较高的库存水平。可见只有基于整个供应链的组织与协调，才能优化资源的配置，从而最大限度地降低各个环节企业的成本。

3）供应链管理环境下的物流管理

与同步制造相呼应的是供应链管理下的物流组织模式。它的目标是寻找最佳的物流管理模式，使整个供应链上的物流管理能够准确响应各种需求（包括来自客户的需求和合作伙伴的需求等），真正体现出物流是"第三利润源泉"的本质。为此，在构建供应链时，必须考虑物流网络的优化、物流中心/配送中心的选择、运输路线的优化、物流作业方法的选择与优化等方面的内容，充分应用各种支持物流运作管理决策的技术与方法。

在仿真系统中，我们有 A、B、C 三个市场，我们的供应商、制造商、经销商、物流商分布在不同的市场，因此在进行产品销售的时候，不同的物流管理模式，将使整个物流配送速度以及运输成本产生巨大差异。

4）基于供应的信息支持系统

对供应链的管理离不开信息技术的支持，毋庸置疑，在设计供应链时一定要注意如何将信息融入整个系统中来。我们在实际的教学中发现，所有的企业之间进行谈判协商都是通过口头以及合同进行维系的。除此以外，在整个供应链系统中再没有发现有基于公司之间信息对接的案例。

仿真系统本身就是模拟了一个完整的离散制造业的供应链，在整个系统中，看似从管委会进行原材料采购开始，到最终经销商进行产品分销都有相互的沟通协作，而其实沟通谈判的内容主要集中在本企业所期望的购买价格以及购买数量等，并没有完全基于整个供应链，也没有一套有效的沟通交流支持系统，无法达到信息互通，实时传达，也就更谈不上信息系统的支持。这就需要我们在仿真过程中，建立、完善适合自身的信息支持系统。

5）供应链合作伙伴的选择

供应链合作伙伴关系可以理解为供需双方在一定时期内共享信息、共担风险、共同获利的一种战略性协议关系。这种战略合作关系是随着集成化供应链管理思想的出现而形成的，是供应链中的企业为了达到特定的目标和利益而形成的一种不同于简单交易关系的新型合作方式。形成供应链合作伙伴关系的目的是降低供应链交易的总成本，提高对最终客户需求的响应速度，降低供应链上的库存水平，增强信息共享，改善相互之间的交流，保持战略伙伴相互之间的一贯性，从而产生更大的竞争优势，以实现供应链各个企业的财务状况、质量、产品、交货期等的改善和提高。选择供应链伙伴关系评价参考比例见图 5-5。

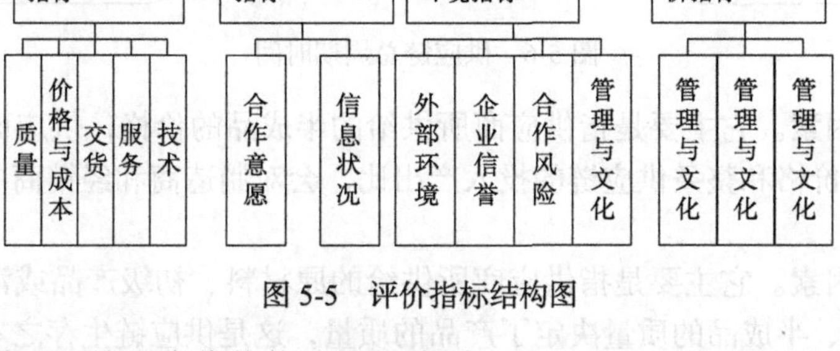

图 5-5　评价指标结构图

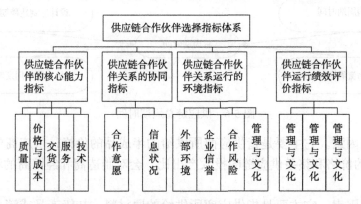

6）供应链管理环境下合作伙伴选择的原则

在供应链管理环境下，供应链合作伙伴的选择需要考虑的主要问题之一就是合作伙件的数量决策。这里所说的确定合作伙伴的数量，尤其是对供应商，指的是同样一种零部件，是选择一家供应商单独供货，还是多选择几家共同供货。也就是说，对同一种零部件（原材料）是遵循单一供应商原则还是多供应商原则。

两种不同的选择原则有不同的特点。

对于单一供应商选择原则来说，其优点主要表现在：节省协调管理的时间和精力，有助于与供应商发展伙伴关系；双方在产品开发、质量控制、计划交货、降低成本等方面共同进步；供应商早期参与对供应链价值改进的贡献机会较大。但是单一供应商也有很大的风险，主要表现在：供应商的失误可能会导致整个供应链的崩溃；企业更换供应商的时间和成本较多；供应商有了可靠顾客，会失去其竞争的原动力及应变、革新的主动性，以致不能完全掌握市场的真正需求；等等。

对于多供应商原则来说，其优点主要表现在：通过多个供应商供货可以分摊供应环节中断的风险，可以激励供应商始终保持旺盛的竞争力（成本、交货期等），可以促使供应商不断创新。但多供应商原则也有缺点：因为供应商都知道被他人替代的可能性很大，缺乏长期合作的信心，从而降低了长期合作意愿；多家供应商之间过度价格竞争可能导致供应链出现偷工减料带来的潜在风险；等等。

7）选择合作伙伴时考虑的主要因素

供应链管理是一个开放系统，供应商隶属于该系统的一部分。供应商隶属于该系统的一部分，全产业链周期见图 5-6。

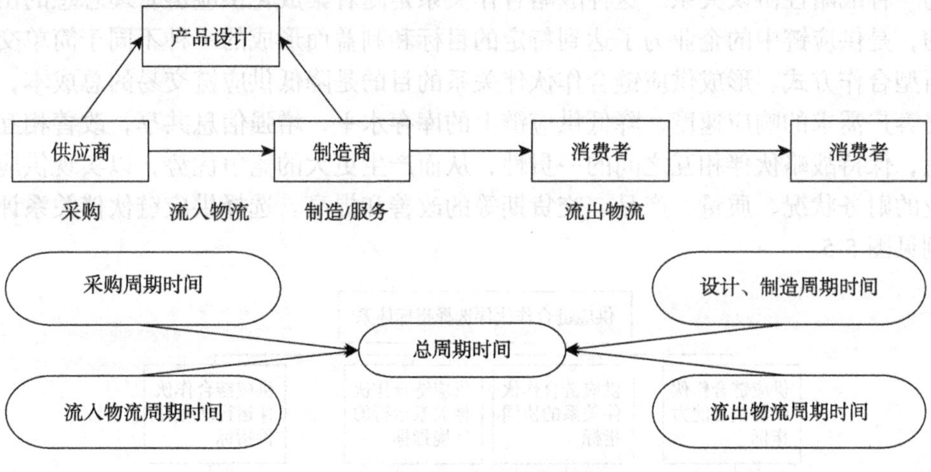

图 5-6 供应链总周期时间

（1）价格因素。它主要是指供应商所供给的半成品的价格，供应商的产品价格决定了最终整车的价格和整条供应链的投入产出比，会对制造商和经销商的利润率产生一定程度的影响。

（2）质量因素。它主要是指供应商所供给的原材料、初级产品或消费品组成部分的质量。原材料、半成品的质量决定了产品的质量，这是供应链生存之本。产品的使用价值是以产品质量为基础的。

如果产品的质量低劣，该产品将缺乏市场竞争力，并很快退出市场。

（3）交货周期因素。对于企业或供应商来说，市场是外在系统，它的变化或波动都会引起企业或供应链的变化或波动，市场的不稳定性会导致供应链各级库存的波动。交货提前期的存在，必然造成供应链各级库存变化的滞后性和库存的逐级放大效应。交货提前期越短，库存量的波动越小，企业对市场的反应速度越快，对市场反应的灵敏度越高。由此可见，交货周期也是重要因素之一。

（4）交货可靠性因素。交货可靠性是指供应商按照订货方要求，将产品准时送到指定地点的能力。如果供货商的交货可靠性较低，必定会影响制造商/经销商的生产计划/销售计划的时机。这样，就会引起这个供应链的连锁反应，造成大量的资源浪费并导致成本上升，甚至导致供应链解体。

（5）其他因素。其他因素包括项目管理能力、供应商的地理位置、供应商的库存管理水平等。

8）供应链合作伙伴选择的意义

速度是企业赢得竞争的关键所在，供应链中制造商要求供应商加快生产运作速度，通过缩短供应链周期时间，达到降低成本和提高质量的目的。要缩短总周期，主要依靠缩短采购时间、流入物流运输时间、流出物流运输时间和设计制造时间来实现。很显然，加强供应链合作伙伴关系运作的意义重大。

通过建立供应商与制造商之间的战略合作伙伴关系，可以达到以下目标。

（1）对于制造商/经销商（买主）而言，可以降低成本（降低合同成本）；实现数量折扣、稳定而有竞争力的价格；提高产品质量和降低库存水平；改善时间管理；缩短交货提前期和提高可靠性；提高面向工艺的企业规划；实现更好的产品设计和更快的对产品编号的反应速度；强化数据信息的获取和管理控制。

（2）对于供应商/制造商（卖主）而言，可以保证有稳定的市场需求；更好地了解或理解用户需求；提高运作质量；提高零部件生产质量；降低生产成本；提高对买主交货期改变的反应速度和柔性；获得更高的利润（相比非战略合作关系的供应商）。

（3）对于双方而言，可以改善相互之间的交流；实现共同的期望和目标；共担风险和共享利益；共同参与产品的工艺开发，实现相互之间的工艺集成、技术和物理集成；减少外在因素的影响及其造成的风险；在订单、生产、运输上实现规模效益，以降低成本；减少管理成本，提高资产利用率。

2. 供应链物流管理

1）供应链管理环境下的物流环境

供应链管理环境下的物流环境特点见表 5-10。

表 5-10　供应链管理环境下的物流环境特点

竞争的需求	竞争特性	物流策略要素
对定制化产品的开发、制造和交货速度	敏捷性	通过畅通的运输通道快速交货
资源动态重组能力	合作性	通过即插即用的信息网络获得信息共享与知识支持
物流系统对变化的实时响应能力	柔性	多种形式的运输网络 多点信息获取途径
用户服务能力的要求	满意度	多样化产品、亲和服务、可靠质量

2）供应链管理环境下物流管理的新特点

供应链管理环境下物流系统中，信息的流量大大增加（图 5-7）。需求信息和反馈信息传递不是逐级传递，而是网络式的，企业通过 EDL/Internet 可以很快掌握供应链上不同环节的供求信息和市场信息。因此，在供应链环境下的物流系统有三种信息在系统中运行，即需求信息、供应信息、共享信息。

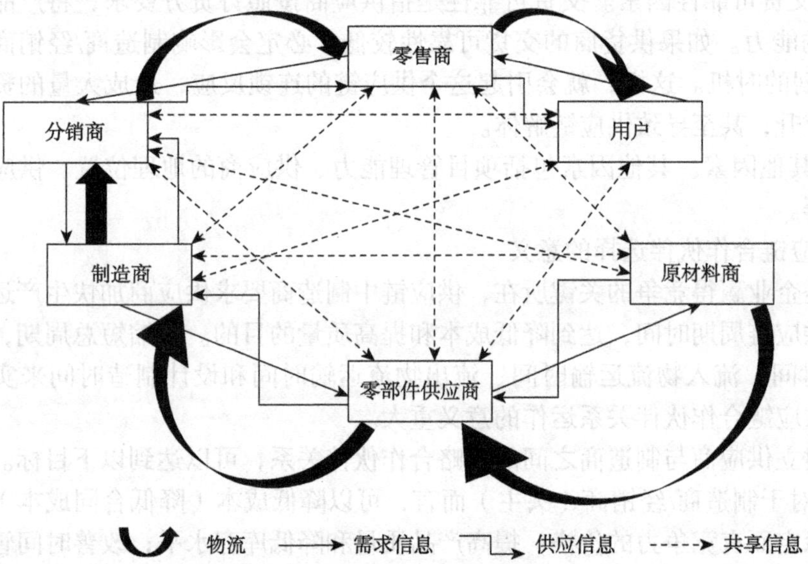

图 5-7 供应链与物流信息

3. 第三方物流系统

1）基本概念

第三方物流系统（3PL）是一种实现供应链集成的有效方法和策略，它通过协调企业之间的物流运输和提供后勤服务，把企业的物流业务外包给专门的物流管理部门来承担，特别是一些特殊的物流运输业务。通过外包给第三方物流承包者，企业能够把时间和精力放在自己的核心业务上，提高了供应链管理和运作的效率。

2）第三方物流在供应链中应用的利益分析

（1）降低作业成本：一般来说，3PL 至少可以为货主节省 10%的费用，这是当前许多企业选择外包的主要原因。

（2）致力于核心业务：企业要取得竞争优势，必须巩固和扩展自身的核心业务。这就要求企业致力于核心业务的发展，因此我们在本次系统中默认所有物流运输统一由第三方物流承运。

（3）利用 3PL 的先进技术减少投资：3PL 物流作业的高效率有赖于其先进的设施和软件，利用 3PL 就可以为企业减少在此领域的巨额投资。同上方（2）所说，投资物流需要较高价值的固定资产，购买大量技术设备等，所以可以直接利用外包物流。

（4）重新整合供应链：本次仿真系统中，我们已经设置了第三方物流公司，同时在管委会设置了外围物流。因此就这一部分而言，所有的运输和仓储只能通过第三方物流或者外围物流公司进行。

4. 供应链管理环境下的库存控制

1）供应链管理环境下的库存问题

（1）供应链中的不确定性。

供应链中的不确定性的表现形式有两种：衔接不确定性、运作不确定性。

衔接不确定性：企业之间（部门之间）的不确定性，可以说是供应链的衔接不确定性，这种衔接的不确定性主要表现在合作性上，在本次仿真中为了消除衔接不确定性，需要增加企业之间或部门之间的合作性。

运作不确定性：系统运行不稳定是组织内部缺乏有效的控制机制所致，控制失效是组织管理的不稳定性和不确定性的根源。为了消除运行中的不确定性，需要增加组织的控制，提高系统的可靠性。

供应链的不确定性来源主要有三个方面，包括供应商不确定性、生产者不确定性、顾客不确定性。不同原因造成的不确定性的表现形式各不相同。

供应商不确定性表现在提前期的不确定性、订货量的不确定性等方面。供应不确定的原因是多方面的，供应商的生产系统发生故障延迟生产、意外的交通事故导致的运输延迟等，都可能引起供应不确定。

生产者不确定性主要表现在制造商本身的生产系统的不确定性上，生产过程的复杂性使生产计划并不能精确地反映企业的实际生产条件和预测生产环境的改变，这就不可避免地造成计划与实际执行的偏差。

顾客不确定性产生的原因主要有需求预测的偏差、购买力的波动、从众心理和个性特征等。

（2）供应链中的不确定性产生的原因。

需求预测水平造成的不确定性。预测水平与预测时间的长度有关，预测时间越长，预测精度越差。另外，预测的方法对预测也会产生影响。

决策信息的可获性、透明性、可靠性。信息的准确性对预测同样造成影响，下游企业与顾客接触的机会多，获得的有用信息就多；远离顾客需求，信息可获性和准确性就差，因而预测的可靠性就差。

决策过程的影响，特别是决策人心理的影响。需求计划的取舍与修订，以及对信息的要求与共享，无不反映个人的心理偏好。

（3）衔接不确定性对库存的影响。

因为竞争的存在，企业总是为了各自的利益而进行资源的自我封闭，企业之间的合作仅仅是贸易商的短时性合作，人为地增加了企业之间的信息壁垒和沟通障碍。在集成的供应链系统中，通过跨组织的信息系统为供应链中合作的各企业提供整合的需求信息，有利于推动企业之间的信息交流与沟通。

2）联合库存管理

（1）联合库存管理的基本思想。

联合库存管理是一种供应链集成运作的决策代理模式，它把用户的库存决策权代理给供应商，由供应商代理分销商或批发商行使库存决策的权利。联合库存管理也是一种风险分担的库存管理模式。

联合库存管理的思想可以从分销中心的联合库存功能谈起。地区分销中心提供了一种简单的联合库存管理的思想。传统的分销模式是销售商根据市场需求直接向工厂订货，需要经过较长时间才能到货，因为顾客不想等待这么久的时间，所以各个销售商不得不进行库存备货。而采用地区分销中心，就大大减缓了库存浪费问题，各个销售商只需要少量库存，大量的库存由地区分销中心储备，也就是各个销售商把其库存的一部分交给地区分销中心负责，从而减轻了各个销售商的库存压力。分销中心既是一个商品的联合库存中心，同时也是需求信息的交流与传递枢纽。

传统的销售模式和地区分销中心的销售模式分别见图 5-8 和图 5-9。

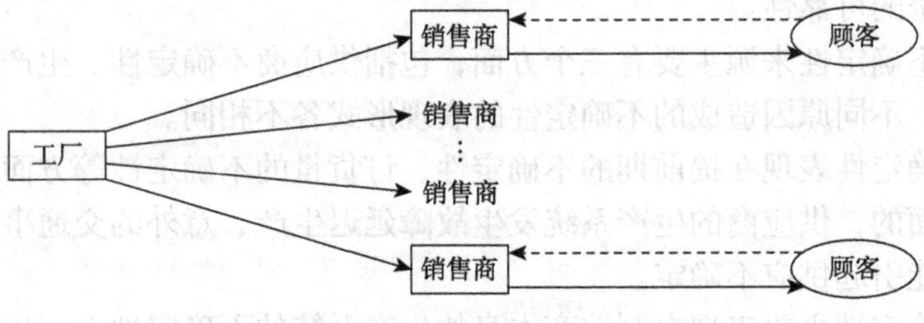

图 5-8 传统的销售模式

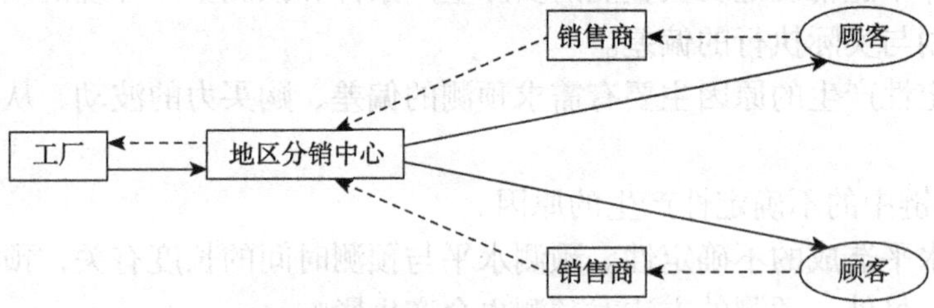

图 5-9 有地区分销中心的销售模式

（2）建立供需协调管理机制。

第一，建立共同合作目标。要建立联合库存管理模式，首选供需双方应本着互惠互利的原则，建立共同的合作目标。为此，要理解供需双方在市场目标中的共同之处和冲突点，通过协商形成共同的目标，如用户满意、利润的共同增长和风险的减少等。

第二，建立联合库存的协调控制方法。联合库存管理中心单独协调供需双方利益的角色，起协调控制器的作用。因此需要对库存优化的防范进行明确。这些内容包括如何在多个需求商之间调节与分配、库存的最大量和最低库存水平、水平库存的确定、需求的预测等。

第三，建立一种信息沟通的渠道或系统。信息共享是供应链管理的特色之一。为了提高整个供应链的需求信息的一致性和稳定性，减少多重预测导致的需求信息扭曲，应增加供应链各方对需求信息获得的及时性和透明性。为此应建立一种信息沟通的渠道或系统，以保证需求信息在供应链上的畅通和准确性。

第四，建立利益的分配和激励机制。要有效运行基于协调中心的库存管理，必须建立一种公平的利益分配制度，并对参与协调库存管理中心的各个企业（供应商、制造商、经销商）进行有效的激励，防止机会主义行为，增加协作性和协调性。

5. 供应链管理环境下的采购管理

1）采购过程的组织与管理

（1）确定或重新估计用户的需求。采购一般是对新用户或老用户的需求做出反应。用户可以是企业外部的客户，也可以是企业内部的其他部门。一旦需求被确定，采购过程就可以开始了。

（2）定义和评估用户的需求。一旦需求确定下来，必须以某种可以衡量的标准形式来定义和表示采购现象。

（3）自制与外购决策。在需求由外部供应之前，采购法应决定是由自己来制造产品或提供服务还是通过购买来满足用户的需求。

（4）确定采购的类型。采购的类型将决定采购过程所需的时间和复杂性。按时间和复杂程度不同，采购可以分为三种类型：直接按过去的惯例采购或重新采购；修正采购，需要对目前供应商或投入物做出决策；全新采购，由全新的用户需求引起的采购。

（5）进行市场分析。供应商可以处于一个完全竞争市场的情况下（有许多供应商），也可以处于一个寡头市场（有个别大的供应商）或垄断市场（一个供应商）的情况下。

（6）确定所有可能的供应商。找出所有能满足用户需求的供应商。在这一阶段，也可以把过去未选中的供应商考虑在内。

（7）对所有可能的资源进行初步评估。通过初步评估，选择出可以满足用户需求的少数几家有实力的、优秀的供应商，以备进一步评估。

（8）备选供应商的再评估。经过再评估，就有可能确定哪家供应商最能满足用户的要求或期望。

（9）选择供应商。这一活动决定了被选上的供应商之间的关系将如何维持。

（10）采购执行的评价。供应商确定后，一旦服务完成或产品发运，应对供应商的工作进行评价，以确定其能否真正满足本企业及用户的需求。

2）供应链管理环境下的采购

（1）基于供应链的采购管理模型。

如图 5-10 所示，在该模型中，整个采购过程的组织、控制、协调都是站在供应链集成优化的角度进行的。企业与供应商首先要建立起战略性的合作伙伴关系，与供应商在产品开发、生产和供货方面形成协同运作的机制。生产和技术部门通过企业内部的管理信息系统根据订单编制生产计划和物料计划。供应商通过信息共享平台和协同采购机制，可以随时获得用户的采购信息，根据用户企业的信息预测企业需求以便备货，当订单到达时可以迅速组织生产和发货，货物质量由供应商自己控制。这个模型的要点是以协同运作和信息共享来降低供应链的不确定性，从而降低不必要的库存，提高采购工作质量。

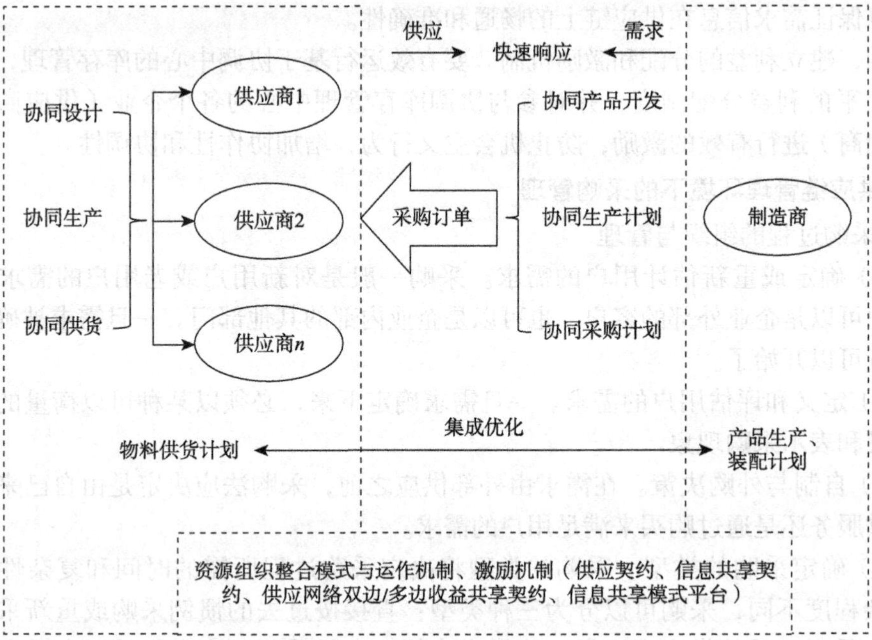

图 5-10　基于供应链的物资采购管理模型

（2）转变。

第一，从为库存而采购到为订单而采购的转变。在传统的采购模式中，采购的目的很简单，就是为了补充库存，即为库存而采购。采购部并不关心企业的生产过程，不了解生产的进度和产品需求变化，因此采购过程缺乏主动性，采购部门制订的采购计划很难适应制造需求的变化。在供应链管理模式下，采购活动是以订单驱动方式进行的，制造订单的产生是在用户需求订单的驱动下产生的，然后，制造订单驱动采购订单，采购订单再驱动供应商。这种准时订单驱动模式，使供应链系统得以准时响应用户的需求，从而降低了库存成本，提高了物流的速度和库存周转率。

第二，从一般的交易管理向外部资源管理转变。传统的采购管理可以简单地认为就是买卖管理，这是一种交易式的活动，双方都缺乏一种战略性合作的意识。供应链管理的思想就是系统性、协调性、集成性、同步性，外部资源管理是实现供应链管理上述思想的一个重要步骤—— 企业集成。

要实现有效的外部资源管理，制造商的采购活动应从以下几个方面着手进行改进。一是和供应商建立一种长期的合作关系，一种互惠互利的合作关系。这种关系保证了供需双方能够有合作的诚意，以及参与双方共同解决问题的积极性。二是支持供应商质量改善。传统采购管理的不足在于没有给予供应商在有关产品质量保证方面的技术支持和信息反馈。在定制化需求的今天，产品的质量是由顾客的要求决定的。三是参与供应商的产品设计和产品质量控制过程。同步化运营是供应链管理的一个重要思想。四是协调供应商的计划。一个供应商有可能同时参与多条供应链的业务活动，在资源有限的情况下必然会造成多方需求争夺供应商资源的局面。五是建立一种新的有不同层次的供应商网络，并通过逐步减少供应商的数量，致力于与供应商建立合作伙伴关系。

6. 供应链管理环境下的生产计划与控制

1）供应链管理环境下企业生产计划与控制的特点

（1）概述。

供应链是一个跨越多企业、多厂家、多部门、多地域的网络化组织，一个有效的供应链企业计划系统必须保证企业能快速响应市场需求。有效的供应链计划系统集成企业所有的计划和决策业务，包括需求预测、库存计划、资源配置、设备管理、渠道优化、生产作业计划、物料需求与采购计划等。

供应链企业计划工作需要考虑以下几个方面的问题。

第一，供应链企业计划的方法与工具，如 ERP。第二，供应链企业计划的优化方法。供应链企业计划的优化方法用得比较多的有约束理论、线性规划、非线性规划及混合规划方法、随机库存与网络计划模型等。第三，供应链企业的计划类型，如全局供应链和局部供应链计划。第四，供应链企业计划的层次性。其可分为战略供应链计划、战术供应链计划和运作供应链计划三层次。

（2）供应链管理环境下的生产计划。

在供应链管理下，在制订生产计划的过程中，主要面临以下三个方面的问题。

第一，柔性约束。

其一，若仅仅根据承诺的数量来制订计划是容易的。但是，柔性是双方共同制定的一个合同要素，对于需求方而言，它代表着对未来变化的预期；而对于供应方而言，它是对自身所能承受的需求的波动估计。

其二，下游企业的柔性对企业的计划产品造成的影响在于：企业必须选择一个在已知的需求波动下最为合理的产量。

其三，供应链是首尾相通的，企业在确定生产计划时还必须考虑上游企业的利益。

第二，生产进度。

其一，供应链上游企业通过了解对方的生产进度情况实现准时供应。企业的生产计划是在对未来需求做出预测的基础上制订的，它与生产过程的实际进度一般是不同的，生产计划信息不可能实时反映物流的运行状态。

其二，原材料和零部件的供应是企业进行生产的首要条件之一，供应链上游企业在修正原有计划时应考虑下游企业的生产状况。

第三，生产能力。

企业完成一份订单不能离开上游企业的支持，在上下游企业间稳定的供应链关系形成后，上游企业从自身利益出发，更希望所有与之相关的下游企业在同一时期的总需求与自身的生产能力相匹配。因此要求下游企业编制生产计划时就必须考虑上游企业的这一能力方面的约束。

2）供应链环境下生产系统的协调机制

（1）供应链的协调控制机制。

要实现供应链的同步化运作，需要建立一种供应链的协调机制。协调供应链的目的在于使信息能无缝、顺畅地在供应链中传递，减少信息失真而导致过量生产、过量库存现象的发生，使整个供应链能与顾客的需求保持步调一致，也就是使供应链能够同步化响应市场需求变化。

供应链的协调机制有两种划分方法。根据协调的职能可划分为两类：一类是不同职能活动之间的协调与集成，如生产-供应协调、生产-销售协调、库存-销售协调等协调关系；另一类是根据同一职能不同层次活动的协调，如多个工厂之间的生产协调。

（2）供应链的信息跟踪机制。

供应链各个代理之间的关系是服务与被服务的关系，服务信息的根据和反馈机制可使企业生产与工艺关系同步进行，消除不确定性对供应链的影响。

跟踪机制的外部运行环境包括以下三个方面。

第一，采购部门与销售部门。

采购部门与销售部门是企业间传递需求信息的接口。需求信息总是沿着供应链从下游传至上游，从一个企业的采购部门传向另一个企业的销售部门，即从订单下达到企业开始，直到交货完毕的全过程。

第二，制造部门。制造部门的任务不仅仅是生产，还包括对采购物质的接收以及按计划对下游企业配套件的供应。

第三，生产计划部门。滚动编制生产计划的功能；保证对下游企业的产品供应的功能；保证上游企业对本企业的供应功能。

7. 供应链风险管理

1）风险存在的客观性

无论是自然界中的各种自然灾害，还是社会领域中的冲突、意外事件及战争，都不以人们的主观意志力为转移而客观存在，它们的存在和发生就整体而言是一种必然的现象。因此，像许多风险一样，供应链风险的发生也是客观和必然的，其本身也是不可避免的，主要表现在以下几个方面。

（1）供应链本身机构的复杂性导致了风险客观存在。供应链从组织结构来看，是一个复杂的网络，由具有不同目标且相互独立的经营主体组成。因此供应链的运作相比单个企业的运作要复杂得多。

（2）供应链所处内外部环境的不确定性导致了风险客观存在。把供应链当作一个系统来看，其不确定性环境包括两方面，即系统外部环境的不确定性和系统内部环境的不确定性。例如，原材料供应商方面的运输问题、货源问题造成的不确定性，制造商方面由生产系统的可靠性、计划执行的偏差等导致的不确定性。

（3）供应链全球化趋势增加了风险。

供应链风险的发生，其范围、程度、频率以及形式、时间等都可能表现各异，但它总会以独特的方式表现自己的存在，是一种必然会出现的事件。

2）供应链风险的特性

（1）动态性。供应链管理目标的实现是供应链整合优化的过程。实现供应链目标的过程受到内部和外部各种因素的影响，不同的成员企业和业务面临的风险因素不同。

（2）复杂性与多样性/层次性。供应链网络复杂性导致供应链风险的来源呈现复杂性的特征。供应链从构建起就面对许多风险，它不仅要面对单个成员企业所要面对的系统风险与非系统风险，还要面对由于供应链的特有组织结构所决定的企业之间的合作风险、技术与信息资源传递风险、文化冲突风险及利润分配风险等。

（3）传递性。传递性是供应链风险最显著的特征，也是由供应链自身组织结构所决定的。由于供应链从产品开发、原材料采购、生产加工到仓储配送整个过程，都由多个供应链节点企业共同参与完成，根据流程的顺序，各节点企业的工作形成了一个交错的混合网络结构，其中某一项工作既可能由一个企业完成也可能由多个企业共同完成，因此各节点环环相扣，任何一个节点出现问题，都可能波及其他节点，进而影响整个供应链的正常运作。

（4）此消彼长性。各风险之间往往是相互联系的，采取措施消除一种风险可能会导致另一种风险的加剧，同样，供应链上某个企业采取的措施可能会增加供应链上其他企业的风险。

3）供应链风险响应

在识别和分析供应链风险之后，关键问题是如何做出响应，也就是如何选择和应用最合适的措施以应对识别和分析得出的供应链风险。

（1）供应链风险管理机制建立的策略。

人们通过大量研究，通常将供应链企业面对的风险因素分为两类：未知的不确定性因素和可知的（可观测到的）不确定性因素，见图5-11。

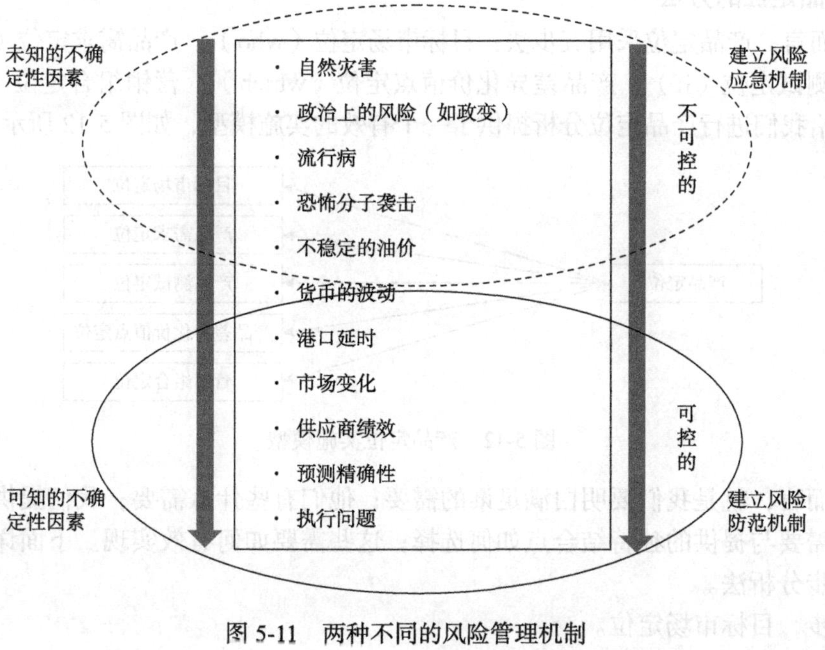

图5-11　两种不同的风险管理机制

对于未知的不确定性因素，人们不可能观测到，无法预计什么时候将发生风险，针对这类风险事件，应建立起有效的风险应急机制，也就是说，在风险爆发之后，企业能够做出快速响应，不至于因为没有应急机制而手足无措，错失风险处理良机。

对于可知的不确定性因素，可以建立起风险防范机制，将可能发生的风险消除在萌芽状态。实际上最好的风险管理是不要让风险真的爆发出来，因为一旦形成风险了，再有效的处理也无法避免损失，只是尽量减少损失而已。如果能够防范危机发生，则可以大大减少不必要的损失。

（2）风险防范措施。

针对供应链企业合作存在的各种风险及其特征，应该采取不同的防范对策。对风险的防范，可以从战略层和战术层分别考虑，主要措施包括以下几种：①建立战略合作伙伴关系。②加强信息交流与共享，优化决策过程。③加强对供应链企业的激励。④柔性化设计。⑤风险的日常管理。⑥建立应急处理机制。⑦资源配置到位。⑧确保对话畅通。

5.2.4 产品分析

1. 产品定位的概念

产品定位是在产品设计之初或在产品市场推广的过程中，用广告宣传或其他营销手段使得本产品在消费者心中确立一个具体的形象的过程，简而言之就是给消费者选择产品时制造一个决策捷径。

2. 产品定位的方法

一般而言，产品定位采用五步法：目标市场定位（who），产品需求定位（what），企业产品测试定位（if），产品差异化价值点定位（which），营销组合定位（how）。这个方法给我们进行产品定位分析提供了一个有效的实施模型，如图 5-12 所示。

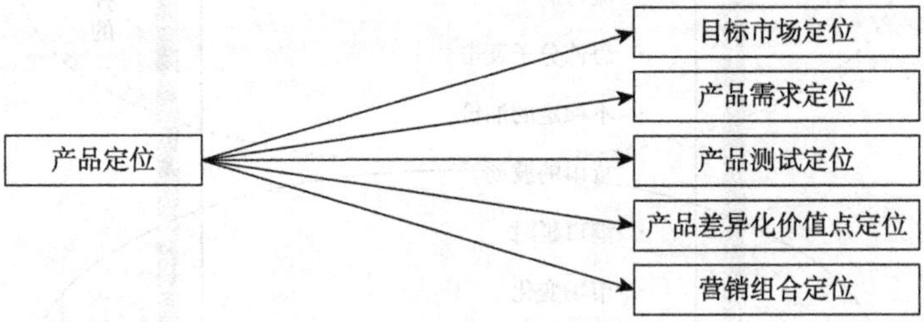

图 5-12 产品定位实施模型

具体而言，就是我们要明白满足谁的需要；他们有些什么需要；我们提供的是否满足需要；需要与提供的独特结合点如何选择；这些需要如何有效实现。下面详细介绍产品定位五步分析法。

第一步，目标市场定位。

目标市场定位是一个市场细分与目标市场选择的过程，即明白为谁服务（who）。

在市场分化的今天，任何一家公司和任何一种产品的目标顾客都不可能是所有的人，在选择目标顾客的过程中，需要确定细分市场的标准，对整体市场进行细分，对细分后的市场进行评估，最终确定所选择的目标市场。

目标市场定位策略：①无视差异，对整个市场仅提供一种产品；②重视差异，为每一个细分的子市场提供不同的产品；③仅选择一个细分后的子市场，提供相应的产品。

在本系统中，我们可以用以上定位具体分析，首先明确我们的目标市场定位，也就是主选市场，我们可以看到每个市场的人口、地区生产总值、可支配收入都是不同的，并且差别很大，这就给我们在选择市场时提供了参考。首先对于三个地方的地区生产总值进行分析，我们可以看出 C 地的地区生产总值明显高于 A 地和 B 地，但是 C 地的人均地区生产总值却不足其余地区一半，再结合三地区的可支配收入，我们基本上可得出，A 地和 B 地是一个对产品品质比较敏感的地区，而 C 地是对价格比较敏感的地区。根据三个市场的基本分析，我们可以理智地做一个分析，选择无视差异市场，还是重视差异市场。市场信息图见图 5-13。

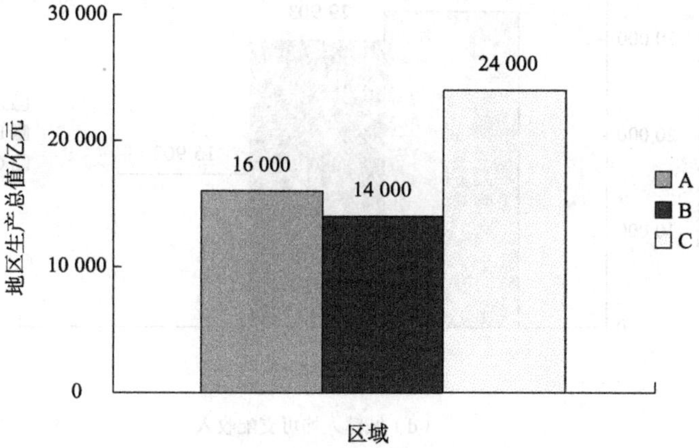

（a）地区生产总值

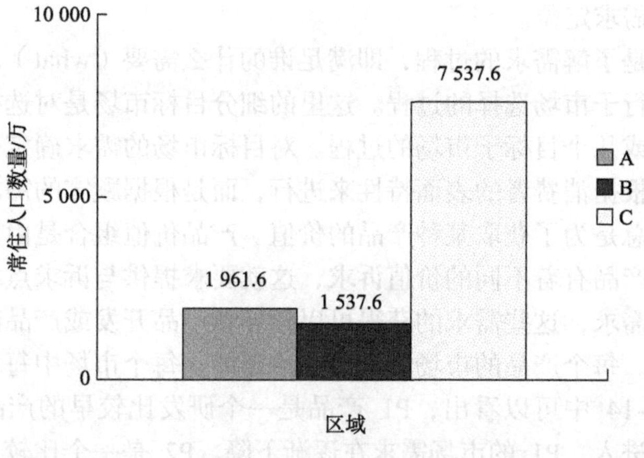

（b）常住人口数量

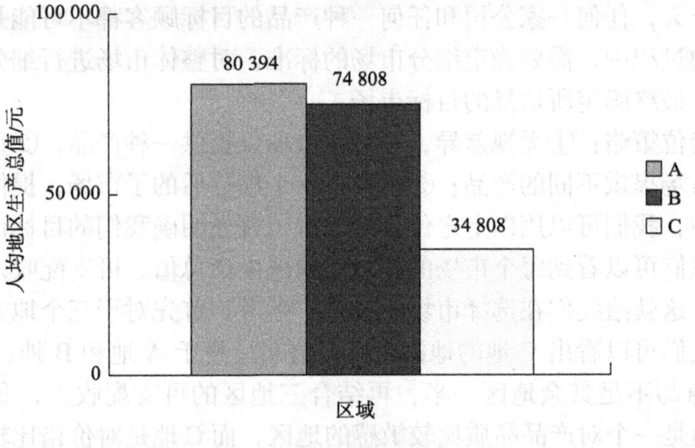

（c）人均地区生产总值

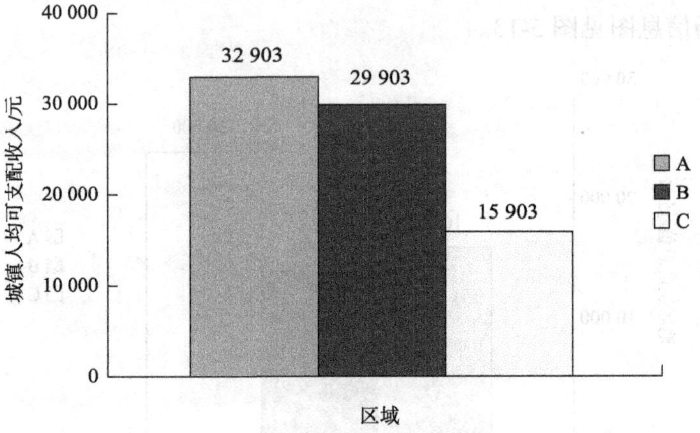

（d）城镇人均可支配收入

图 5-13　市场信息图

第二步，产品需求定位。

产品需求定位是了解需求的过程，即满足谁的什么需要（what）。产品定位过程是细分目标市场并进行子市场选择的过程。这里的细分目标市场是对选择后的目标市场进行细分，选择一个或几个目标子市场的过程。对目标市场的需求确定，不是根据产品的类别进行，也不是根据消费者的表面特性来进行，而是根据顾客的需求价值来确定。顾客在购买产品时，总是为了获取某种产品的价值。产品价值组合是由产品功能组合实现的，不同的顾客对产品有着不同的价值诉求，这就要求提供与诉求点相同的产品。在这一环节，需要调研需求，这些需求的获得可以指导新产品开发或产品改进。

在仿真系统中，每个产品的市场需求图是给定的，每个市场中每种产品的市场需求是不同的，从图 5-14 中可以看出，P1 产品是一个研发比较早的产品，随着时间的推移，由于新产品的进入，P1 的市场需求在逐渐下降。P2 是一个比较成熟的产品，被客户接受度也比较高，随着时间的推移，还是可以在很长一段时间内适应市场，市场需求呈现平稳变化。从市场图可以看出，P3 是一个新研发的产品，开始的时候市场接受度比较低，随着时间的推移，越来越被消费者所接受，市场需求呈上升趋势。

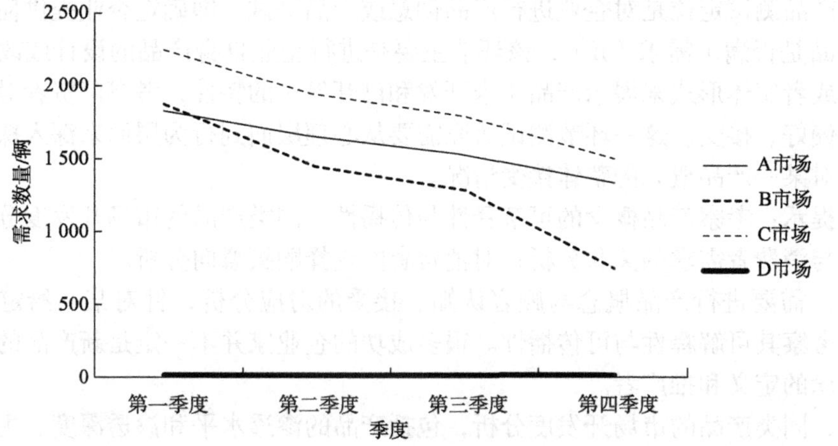

（a）P1需求趋势

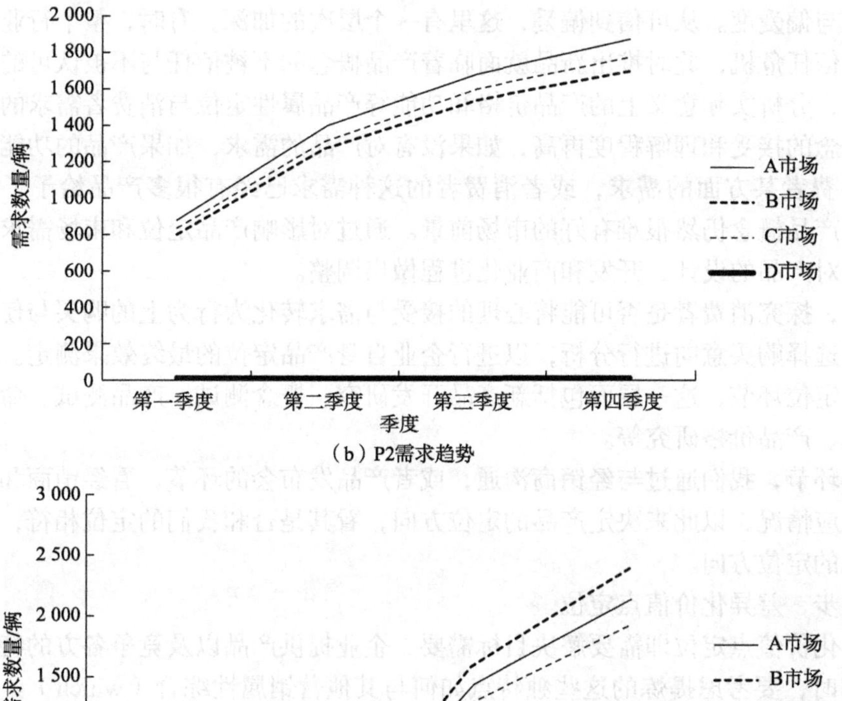

（b）P2需求趋势

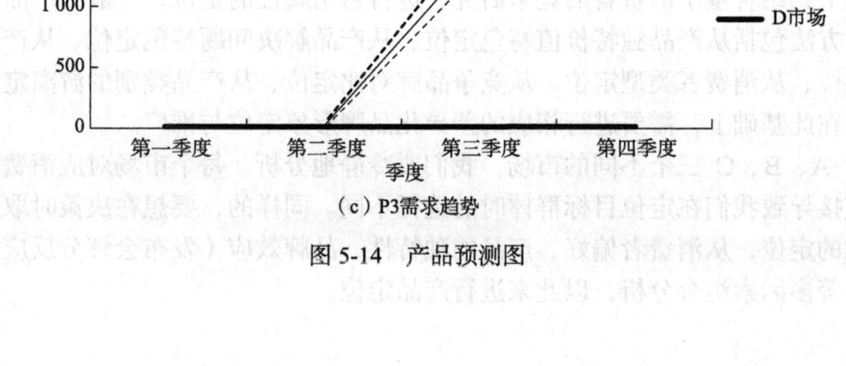

（c）P3需求趋势

图 5-14　产品预测图

第三步，产品测试定位。

企业产品测试定位是对企业进行产品创意或产品测试，即确定企业提供何种产品或提供的产品是否满足需求（if），该环节主要是进行企业自身产品的设计或改进。通过使用符号或者实体形式来展示产品（未开发和已开发）的特性，考察消费者对产品概念的理解、偏好、接受。这一环节测试研究需要从心理层面到行为层面来深入探究，以获得消费者对某一产品概念的整体接受情况。

内容提示：考察产品概念的可解释性与传播性；同类产品的市场开发度分析；产品属性定位与消费者需求的关联分析；对消费者的选择购买意向分析。

首先，需要进行产品概念与顾客认知、接受的对应分析，针对某一给定产品或概念，主要考察其可解释性与可传播性。很多成功的企业家并不一定是新产品的研发者，而是新概念的定义和推广者。

其次，同类产品的市场开发度分析，包括产品的渗透水平和渗透深度、主要竞争品牌的市场表现、已开发度、消费者可开发度、市场竞争空隙机会，用来衡量产品概念的可推广度与偏爱度。从可信到偏爱，这里有一个层次的加深。有时，整个行业都会面临消费者的信任危机，此时推出新品就面临着产品概念的不被信任与不被认可的危机。

再次，分析实际意义上的产品价格和功能等产品属性定位与消费者需求的关联。因为产品概念的接受和理解程度再高，如果没有对产品的需求，如果产品的功能不是恰恰满足了消费者某方面的需求，或者消费者的这种需求已经有很多产品给予了很好的满足，这一产品概念仍然很难有好的市场前景。通过对影响产品定位和市场需求的因素关联分析，对产品的设计、开发和商业化进程做出调整。

最后，探究消费者是否可能将心理的接受与需求转化为行为上的购买与使用，即对消费者的选择购买意向进行分析，以进行企业自身产品定位的最终效果测定。针对企业自身产品定位环节，这一层面包括新产品开发研究、概念测试、产品测试、命名研究、包装测试、产品价格研究等。

在本环节，我们通过与经销商沟通，或者产品发布会的环节，看经销商和消费者对产品的反应情况，以此来决定产品的定位方向，看其是否和我们的定位相符，是否需要修改产品的定位方向。

第四步，差异化价值点定位。

差异化价值点定位即需要解决目标需要、企业提供产品以及竞争各方的特点的结合问题，同时，要考虑提炼的这些独特点如何与其他营销属性综合（which）。在上述研究的基础上，结合基于消费者的竞争研究，进行营销属性的定位，一般的产品独特销售价值定位方法包括从产品独特价值特色定位、从产品解决问题特色定位、从产品使用场合时机定位、从消费者类型定位、从竞争品牌对比定位、从产品类别的游离定位、综合定位等。在此基础上，需要进行相应的差异化品牌形象定位与推广。

针对 A、B、C 三个不同的市场，我们要冷静地分析，每个市场对应消费需求的不同，也直接导致我们在定位目标群体时的选择不同。同样的，要想在决策时取胜，就要做差异化的定位，从消费者偏好、产品的独特性、品牌效应（发布会评分反应），以及市场广告等多因素组合分析，以此来进行产品定位。

第五步，营销组合定位。

营销组合定位即如何满足需要（how）。在确定满足目标顾客的需求与企业提供的产品之后，需要设计一个营销组合方案并实施这个方案，使定位到位。这不仅仅是品牌推广的过程，也是产品价格、渠道策略和沟通策略有机组合的过程。正如菲利普·科特勒所言，解决定位问题，能帮助企业解决营销组合问题。营销组合——产品、价格、渠道、促销，是定位战略战术运用的结果。在有的情况下，到位过程也是一个再定位的过程。因为在产品差异化很难实现时，必须通过营销差异化来定位。今天，推出任何一种新产品畅销不过一个月，就马上会有模仿品出现在市场上，而营销差异化要比产品模仿难得多。因此，仅有产品定位已经远不够，企业必须从产品定位扩展至整个营销的定位。

这里我们就要考虑采取哪种营销策略，是高价格、高广告、高促销的方式，还是低价格、低广告、低促销的营销方式，或者综合的方式，每种营销方式的不同，也就决定着我们对产品的定位的不同。具体见表 5-11。

表 5-11　销售信息详情表

时间	经销商	制造商	产品	经销商销售单价/元	制造商广告/元	制造商指导价/元	制造商路演评分	经销商促销费用/元	意向数量/辆
2006-11	1	1	2	129 999	4 000 000.00	125 000.00	80	150 000.00	120
2006-11	1	3	2	132 000	12 000 000.00	135 000.00	72	150 000.00	135
2006-11	1	6	2	126 000	8 000 000.00	115 000.00	69.2	100 000.00	184
2006-11	1	1	3	199 999	10 000 000.00	190 000.00	80	150 000.00	116
2006-11	1	3	3	203 333	15 000 000.00	192 000.00	72	150 000.00	109
2006-11	1	3	2	135 666	13 000 000.00	135 000.00	72	100 000.00	158
2006-11	1	3	3	208 888	15 000 000.00	192 000.00	72	150 000.00	99
2006-11	2	2	3	197 000	7 000 000.00	192 000.00	74	400 000.00	162
2006-11	2	3	3	197 000	15 000 000.00	192 000.00	72	300 000.00	125
2006-11	2	2	3	198 000	7 000 000.00	192 000.00	74	100 000.00	130
2006-11	2	3	3	198 000	10 000 000.00	192 000.00	72	300 000.00	140
2006-11	2	4	3	198 000	6 000 000.00	192 000.00	84.2	400 000.00	149
2006-11	2	3	2	135 000	13 000 000.00	135 000.00	72	200 000.00	222
2006-11	2	3	3	197 000	15 000 000 .00	192 000.00	72	400 000.00	170
2006-11	3	1	2	125 000	4 000 000.00	125 000.00	80	100 000.00	130

我们对以上述数据进行分析，可以看到制造商 3 的广告直接比制造商 1 的广告高出 800 多万元，带来的结果是制造商 3 的代理商在售价高于制造商 1 的代理商的情况下，产品销售仍然多于制造商 1，这种投入是否真的划算？这时候我们就要冷静地去分析，并且分析这种组合的营销方式是否符合我们对产品的一个定位。高广告投入势必要产品销售突破到一定的数量，才能使投入回报率为正。

3. 产品设计与优化

1）新产品的设计

新产品设计的程序和内容。

第一，方案设计阶段。

这一阶段主要是明确包括市场需求和生产运作条件在内的设计思想和技术原理。正确地进行选型，确定新产品的基本结构和基本参数，如对于一般的机械产品而言，应包括总体方案设计和外观造型设计、产品的参数及技术性能指标计算、产品的策略总图、传动系统略图、原理结构图等。方案设计完成后，应进行初步的技术经济评价，由有关部门共同审查，以发现设计中的不足之处，加以改进，提高新产品设计质量。

产品设计主要是自主设计的 P3 产品，第一阶段方案设计阶段主要考虑的是产品的设计风格，产品总监要参考 P1 和 P2 产品设计出符合市场且受观众喜欢的产品，产品设计评价主要从产品的附加特性上进行思考，这样在发布会上才能受到欢迎。

第二，技术设计阶段。

这一阶段的主要任务是确定产品的具体结构和形式，以确保产品结构的合理性、工艺性和经济性；同时将方案设计中已经确定的基本结构和主要参数具体化，进一步确定产品的技术经济指标。具体内容包括绘制产品总图、部件装配图。应该强调，技术设计阶段是产品基本定型的阶段，产品的可加工性及 BOM 对生产运作有着决定性作用，所以在进行产品设计时，研发部门应和生产部门密切配合。

P3 的技术设计阶段主要考虑两点：一是产品的重量和尺寸。系统对 P3 产品的尺寸大小有着要求，在设计 P3 产品的时候一方面要考虑到产品的生产成本，另一方面也要考虑到半成品供应成本，因此我们在设计参数时应该考虑尺寸问题。二是各模块部分的重量，这个也是非常重要的，如果产品的各总成之间的生产计时数量一样或者相互成倍数，那在分配模块时就比较合理，同时机器利用率也会达到最高。P1、P2、P3、BOM 要求见表 5-12。

表 5-12 产品 BOM 结构图

产品	尺寸/格	全量/克	组装重量/克	备注
P1	4×8	=51.6	28.1	标准 BOM，不允许变化
P2	4×10	≥60	>30	可扩展 BOM，允许发动机总成，车身总成变化，但应不低于最低尺寸重量要求
P3	最小 4×10	≥70	>50	只需满足重量和尺寸要求，其中车架重量不得小于 30 克

第三，工作图设计阶段。

这一阶段的主要任务是绘制新产品试制、生产运作所需的全套图纸，提供有关生产运作工艺上所需的全部技术文件，为产品的制造和装配提供确切的依据。具体内容包括：绘制全部零件的工作图；绘制全部部件装配图、包装图和组装图；编写零件一览表、产品说明书和使用、维护、保养规程；等等。

这部分要拿出产品的设计图示，注意产品的设计图纸在认证中心进行认证的过程中要提交，这样才能拿到产品的专利证书。产品设计图纸要包括产品的各部分图纸和总组装模块，如图 5-15 所示。

P1汽车作业指导书	编号	FZ-001	工位名称	车轮总成	标准工时	
作业图示			步骤	作业内容		
			1	组装所需要的物料		
			2	将4个轮毂装进轮胎里面		
			3	将两个车轴分别插进组装好的轮胎里面		
			4	将两个2×8砖分别卡在两个车轴上		
			作业要求	1.轮胎要完全包住轮毂 2.轮轴卡进轮毂里，要保证能够完全转动 3.砖和砖之间要完全没有缝隙	技术参数	水平放置
			物料	编号	名称	数量	规格
				LG01-1	轮胎		
				LG01-2	轮毂		小毂
				LG01-3	车轴		1×4
				LG-02	底板		砖2×8
			备注				

图1

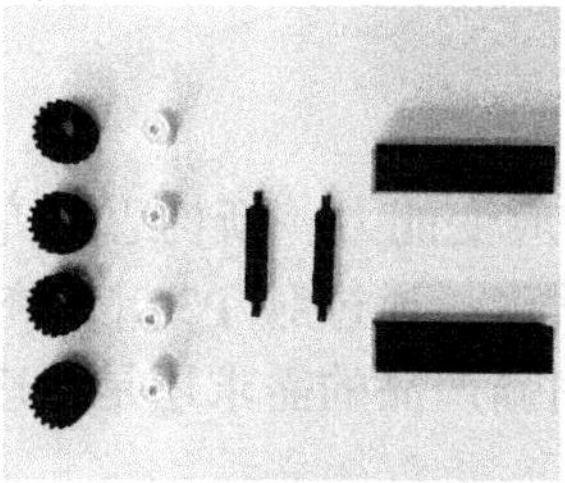

图2

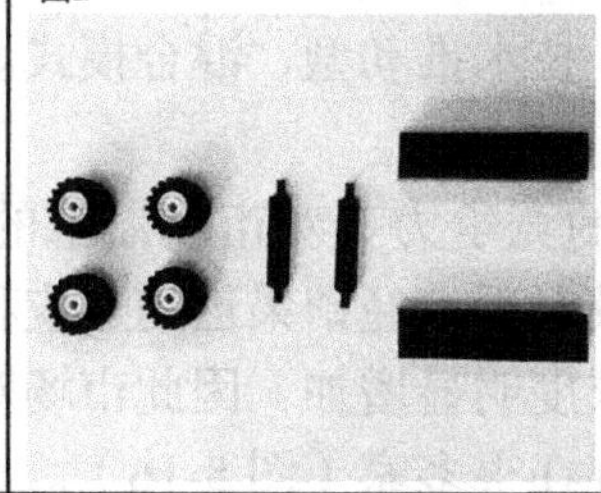

图3

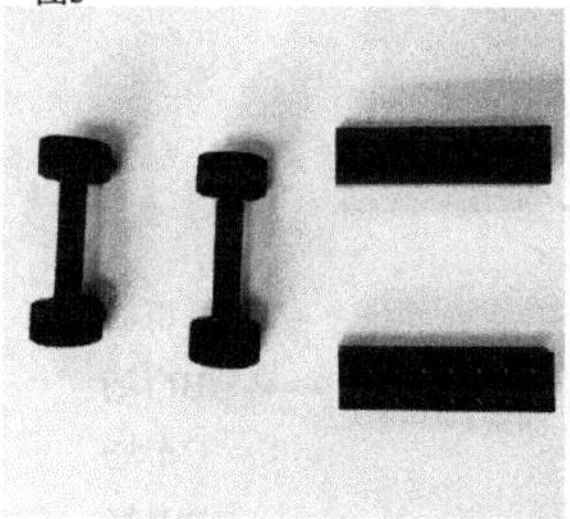

图4

P1汽车作业指导书	编号	FZ-001	工位名称	车轮总成	标准工时	
作业图示			步骤	作业内容		
			1	组装所需要的物料		
			2	将2×4斜砖和1×4砖放在板2×4上面，固定稳固		
			3	将1×2砖插入上述装好部分的底部，并且在斜2×4砖的前端中间位置		
			4	在上图装好的砖1×2两端插入两个带孔的砖1×1，且孔留在最前面		
			5	将车牌固定在最前端		
			6	最上面盖上车窗玻璃		
			作业要求	1.砖和砖之间要完全没有缝隙 2.车窗玻璃要完全稳固在发动机上，不能松动	技术参数	水平放置
			物料	编号	名称	数量	规格
				LG-09	斜砖	1	斜砖2×4
				LG-05	竖砖	1	砖1×4
				LG-08	竖砖	1	砖1×2
				LG-12	孔砖	2	孔砖1×1
				LG-03	板	1	板2×4
				LG-14	车牌	1	平板1×4
				LG-13	车窗玻璃	1	2×4
			备注				

图1

图2

图3

图4

图5

图6

图 5-15　作业指导书

2）新产品的开发过程

（1）产品构思。

第一，来源。

产品构思的来源主要是两方面，一是来源于企业内部构思，即公司内部设计部门的设计研究，构思出来的创意，或者制造模型套路开发等。二是来源于企业外部，主要是经销商处的构思来源和建议，或者通过第三方设计公司进行设计。

第二，构思模式。

构思模式主要有市场导向型、技术推动型、混合模式。

（2）产品可行性研究。

第一，市场标准，包括企业的竞争力、对市场需求的应变能力、新构思的专利状态、产品促销和售后服务要求以及对现有经销渠道的适应程度。通过对 P3 市场的研究发现，在第三季度 P3 产品的需求度明显增加，因此市场对新产品的需求还是在逐渐增大，且市场上现产品的供应商也存在很多家（图 5-16）。

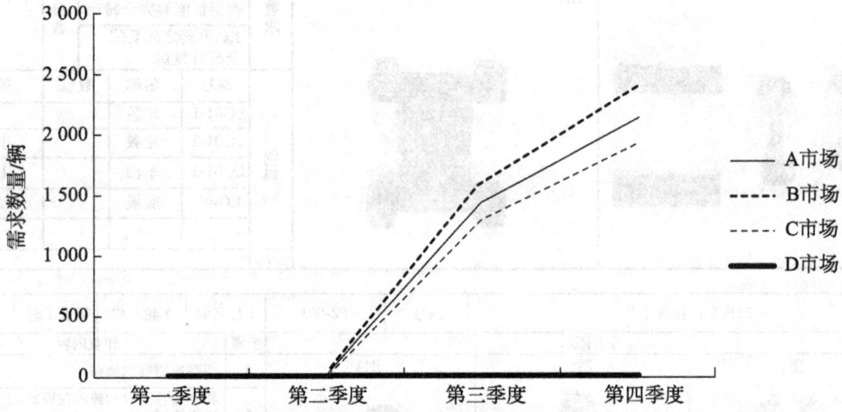

图 5-16　P3 产品趋势图

第二，生产经营标准。可以用 P1 和 P2 产品的生产线生产 P3 产品，且相对来说，对生产模块或者生产工人的要求都没有太大的变化。P1、P2 产品为固定 BOM，P3 为可自定义设计，具体要求和标准产品参考认证标准。

3）产品的设计

产品设计是企业产品战略中的重要组成部分，它决定产品的特征、功能和用途。现代的设计是基于知识的设计，知识信息以数字化的形式存在于设计制造过程中。

（1）产品功能设计。

产品功能设计注重的是产品的性能和质量，要求在产品设计中充分考虑顾客要求，体现产品的经济价值，并以此为原则，保证高品质设计，包括配合度精确、性能优良而稳定、耐用性能好以及售后维护便利。产品功能设计所运用的技术手段为价值工程、装配过程模拟、装配设计、质量功能选择和计算机辅助设计等。较好的功能性才能吸引消费者去购买。

（2）产品制造设计。

产品的可生产性设计，即产品设计要满足产品制造工艺要求。其目的是在顾客可接受的价格下生产出功能和结构两方面都令人满意的产品。完美的制造设计代表了低成本与高效益的完美统一，是通过将产品构思、设计和研制与可生产性相结合得以实现的。

（3）协同设计。

在设计过程中，设计数据及设计所需的各种文件需要便捷的数据库来管理和维护，而且现代的工程设计已经成为多个远程的团队和个体进行协同工作的过程。

4）生产线产能优化

在仿真软件中，生产效率主要是靠工人的熟练程度来体现的，也就是说每组生产总监在每个季度初的生产测时来进行的，整个产品的生产是分为 4 个大的模块进行的（图 5-17），每个模块的时间是一样的，且是同时进行生产的。

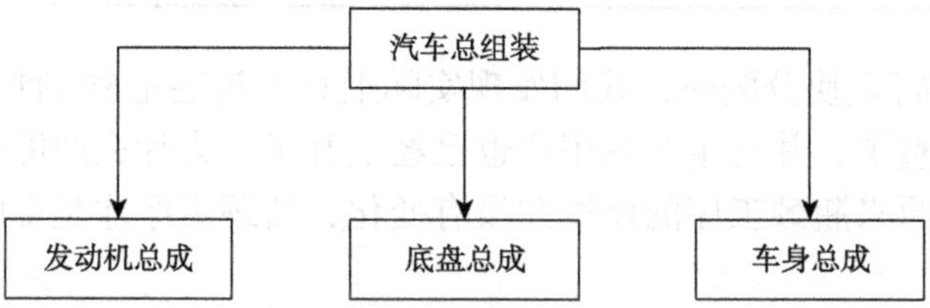

图 5-17　汽车组装图

在线上生产的时候，以生产模块为生产单位，从仿真的业务规则中，可以得到，每一条生产线上可以容纳 20 个生产模块，且每个模块运行的时间折算下来都为 3 200 秒，那么如何去进行生产安排，才能使生产效率最高？

在线上生产的时候，要把生产模块加到生产线上，根据测试各部分的时间来分配模块的多少，那如何分配才能让生产效率达到最大呢？以下是某公司在进行生产测试时各部分所用时间，见表 5-13。

表 5-13　P1 工时表

项目	动力总成	车身总成	轮胎总成	总组装
P1 工时/秒	10	20	15	18

以上是每个部分的测试时间，假设对每个部分只分配一个模块，在连续工作的情况下各部分的部件数量如表 5-14 所示。

表 5-14　P1 产能计算表

项目	动力总成	车身总成	轮胎总成	总组装
个数	320	160	213.333 33	177.777 778

从表 5-14 中可以看出，在连续制造的情况下，在一个月（折算 3 200s）一条生产线上只放 4 个生产模块的情况下，产能只有 160 件，实际上就是取最小的值。生产利用率只有 160/320=50%。实际上生产利用率低的原因是车身总成和总组装总成在整个生产过程中时间过长，严重影响了总生产时间，车身总成和组装总成就是生产工艺里面的瓶颈工序，应如何进行优化呢？

其实一条生产线上可以放 20 个生产模块，如果平均分在 4 个工序上面，最后算下来还是会发现，生产利用率并没有什么实质性的变化，实际算下来总产能为 160×5=800 件，进一步分析的时候可以根据测时的多少来确定各部分模块的多少。

表 5-15　P1 产能计算表

项目	动力总成	车身总成	轮胎总成	总组装
时间/秒	10	20	15	18
模块数	4	5	5	6
生产数量/件	1 280	800	1 066.666 7	1 066.666 67

根据表5-15进行模块分配时，我们发现实际上总产量还是800件，并没有变多，但是模块分配已经调整了，并且生产利用率也已经上升了，为什么产能还是没有上去？仔细观察，我们发现原来瓶颈工序的模块并没有变化，瓶颈工序才是影响整个生产进度的那部分。

表 5-16　P1 产能计算表

项目	动力总成	车身总成	轮胎总成	总组装
时间/秒	10	20	15	18
模块数	3	6	5	6
生产数量/件	960	960	1 066.666 7	1 066.666 67

我们重新调整了一下生产模块，如表 5-16 所示，这次我们给瓶颈工序增加了一个模块，我们发现整个产能也随之上升，总产能为960件。

从上述分析中我们可以看出，实际上在生产过程中，我们做模块分配的时候是把更多的生产模块放在瓶颈工序上面，最终达到各部件产能差异的最小化，但不管怎么分配，最终机器利用率都不会达到最高的百分之百，原因是我们在生产计时的时候所得到的时间是一个没有规律的时间，所以想要提高机器利用率，我们在生产计时的时候就应该加强对时间的控制。

5.2.5　财务分析

1. 本量利分析

1）单产品成本—销售量—盈利分析概念

（1）单位边际贡献率。

首先掌握固定成本、变动成本、单位边际贡献概念。

固定成本：不随生产量（销售量）改变而改变的成本；变动成本反之。

单位边际贡献=单位销售价−单位变动成本。

单位边际贡献率=单位边际贡献/单位销售价。

（2）盈亏平衡点。

盈亏平衡点是销售收益等于总成本的销售量。在盈亏平衡点，营业利润为0。

设 P 为每件销售价格；Q 为销售件数；V 为每件变动成本；F 为固定成本；OI 为营业利润。

则，$Q \times P - Q \times V - F = \mathrm{OI}$。

当 OI=0 时，Q 就是盈亏平衡点销售件数，$Q = F/(P \times \mathrm{CMP})$。

盈亏平衡点销售收益=F/CMP。

（3）营业利润与销售量。

$$Q \times P - Q \times V - F = \mathrm{OI}$$

（4）安全边际。

安全边际是预算或实际销售额比盈亏平衡点要求的销售额多出的部分。

安全边际=预算销售额−盈亏平衡点销售额。

安全边际率=安全边际/预算（或实际）销售额。

2）本量利分析与决策

（1）其他条件不变，增加广告费，提升销量与利润的对比。

（2）其他条件不变，降低价格，提升销量与利润的对比。

3）例题

某制造商在 A 市场销售 P1 产品，该制造商每月的租金、折旧费等合计 10 万元，其他固定支出每月 5 万元（人工、财务支出等）。该制造商每辆车售价 200 元。在运输过程中，该制造商每辆车还要支付保险费 5 元及运输费 6 元。该制造商每辆车售价 500 元。

（1）求边际贡献率。

固定成本：10+5=15（万元）。

单位边际贡献：500−（200+5+6）=289（元）。

单位边际贡献率：289/500=58%。

也就是说，58%的销售收入可以用来支付固定成本。

（2）求盈亏平衡点的销售件数、销售额以及销售成本。

$Q = F/(P \times \mathrm{CMP}) = 150\,000/(500 \times 58\%) = 517$（辆）。

$Q = F/\mathrm{CMP} = 150\,000/58\% = 258\,620$（元）。

总销售成本=150 000+517×211=259 087（元）。

（3）该制造商每月卖出多少辆车才能使营业利润为 100 000 元?

由 $Q \times P - Q \times V - F = \mathrm{OI}$，

则 $Q = (\mathrm{OI} + F)/(P - V) = (100\,000 + 150\,000)/(500 - 211) = 865$（辆）。

此时销售收入=865×500=432 500（元）。

（4）假定该制造商某月销量为 850 辆，求安全边际率。

安全边际=850×500−259 087=165 913（元）。

安全边际率=165 913/（850×500）=0.39。

（5）假定该制造商每月销售量为 900 辆，如果每月增加 25 000 元广告费，可增加 10%的销售额，问是否值得增加广告费?

营业利润：900×500−900×211−150 000=110 100（元）。

增加广告费后销量：900×（1+10%）=990（辆）。

增加广告费后利润：990×500−990×211−（150 000+25 000）=111 110（元）。

（6）假定该制造商每月销售量为900辆，如果价格从500元每辆降为450元每辆，每月销量可从900辆上升为1 000辆，问是否应该降价？

营业利润：1 000×450−1 000×211−150 000=89 000（元）。

故不应该降价。

2. 财务比率

1）短期偿债能力比率

流动比率是用比率形式反映的流动资产与流动负债之间的对比关系。流动资产是短期内可予以变现的资产，流动负债是短期内需要用现金及等价物偿还或支付的债务。

流动比率=流动资产/流动负债

根据表5-17，梅岭公司2005年12月31日的流动比率=流动资产/流动负债=1 216/373=3.26，即梅岭公司为其每元流动负债准备了3.26元流动资产。

表5-17 梅岭公司流动比率

时间	2005-12-31	2006-12-31	2007-12-31	2008-12-31	2009-12-31
流动资产总值/万元	1 216	2 269	3 271	4 433	5 405
流动负债总值/万元	373	634	761	919	926
流动比率	3.26	3.58	4.30	4.82	5.84

流动比率是企业偿还短期负债能力的一个指标。流动比率小于1，说明企业的流动资产（即使全部变成现金）不够付清全部流动负债。流动比率高，当然会减少短期流动性风险，但为了做到这一点，企业必须保持大量流动资产，占用大量现金、增加净运营成本，从而导致对企业资产的使用效率降低。

速动比率，或叫酸性实验比率，是流动比率的一个特例。流动比率公式中的分子是流动资产总值，而速动比率的分子是流动资产总值中能迅速变现的那一部分（现金、有价证券及应收账款）。速动比率计算公式为

速动比率=（现金+有价证券+应收账款）/流动负债总值

速动比率=（流动资产总值−库存）流动负债总值

注意：速动比率公式的分子不包括库存（流动比率包括）。如果一部分应收账款不能近期收回，我们则应该考虑将这一部分应收账款从分子中减去。

流动负债率是指需在一年内偿还支付的负债（流动负债）占总负债的比例，其计算公式为

流动负债率=流动负债总额/负债总额

流动负债反映了企业对短期债权人的依赖程度。该比率越高，公司对短期资金的依赖性越强。

营运现金流流动负债比率表示企业使用营运现金流支付流动负债的能力，其计算公式为

营运现金流流动负债比率=营运现金流/流动负债总值

根据表5-18，梅岭公司2005年12月31日的营运现金流流动比率=营运现金流/流动负债总值=526/373=1.41。

表 5-18　梅岭公司营运现金流流动比率

时间	2005-12-31	2006-12-31	2007-12-31	2008-12-31	2009-12-31
流动资产总值/万元	526	709	671	992	915
流动负债总值/万元	373	634	761	919	926
营运现金流流动比率	1.41	1.12	0.88	1.08	0.99

现金比率，只计算现金及其等价物与流动负债的比率。这里现金及其等价物包括已经是现金形式的货币资金、肯定可以出售的短期有价证券、基本上无回收风险的一年到期的长期投资等项目。这种比率称为现金比率，计算公式为

现金比率=现金及其等价物/流动负债

现金比率反映了企业的即刻变现能力。现金比率一般只要求保持在 0.2 左右。

2）长期偿债能力比率

资产负债率是指企业在一定时点（通常为期末）的负债总额对资产总额的比率，或者说负债总额占资产总额的百分比，即

资产负债率=资产总额/负债总额×100%

该比率是从总资产对总负债的保障程度的角度来说明企业的长期偿债能力的，相对而言，其比率越低，表明企业资产对负债的保障能力越高，企业的长期偿债能力越强，反之则相反。负债比率大于 0.5，说明企业超过 50%的资产是靠负债获得的，负债比率小于 0.5，则说明企业超过 50%的资产是靠投资者权益获得的。大部分企业的负债比率为 0.6~0.7，当然行业不同，负债比率会有很大不同。下面以梅岭公司资产负债比率为例进行分析，详细数据见表 5-19。

表 5-19　梅岭公司资产负债比率

时间	2005-12-31	2006-12-31	2007-12-31	2008-12-31	2009-12-31
负债总值/万元	1 273	1 634	1 761	1 919	1 926
资产总值/万元	2 443	3 590	4 751	5 792	6 978
资产负债比率	0.52	0.46	0.37	0.33	0.28

注：企业利益主体的身份不同，看待该项指标的立场也不尽相同

根据表 5-19，梅岭公司 2005 年 12 月 31 日的资产负债比率=负债总值/资产总值=1 273/2 443=0.52。

对该比率进行分析时，应当注意如下问题。

（1）结合营业周期分析。营业周期短的企业可适当扩大负债规模，保持较高的资产负债率。相反，营业周期长，存货周转慢，变现能力差，获利机会少的这类企业，负债比率不宜过高。

（2）结合资产结构构成分析。商业企业的总资产中存货所占比重较大，其存货周转一般也快于其他行业，其资产负债比率可适当高于其他行业；工业企业，资产总额中固定及长期资产所占比重较大，因而其资产负债率不宜维持过高。

（3）结合企业经营状况分析。处于兴旺时期的企业可适当扩大举债规模，维持较

高的资产负债率；对于经营状况不佳的企业，应控制负债规模，降低资产负债率。

（4）结合客观经济环境分析。首先，结合市场利率分析，当市场贷款利率较低或预计贷款利率将上升时，企业可适当扩大负债规模。其次，应结合通货膨胀率分析。在持续通货膨胀或预计物价上涨的情况下，可适当扩大负债规模。

（5）结合企业的会计政策、资产质量等进行分析。利息保障倍数，是指企业息税前利润与利息费用的比率，即

利息保障倍数=息税前利润/利息费用

息税前利润=营业性收入−经营性成本

=税前利润总额+利息费用

该比率反映企业息税前利润为所需支付利息的多少倍，用于衡量企业偿付借款利息的能力。该比率越高（低），表示企业的承息能力越强（弱）。从长远看，该比率至少应大于 1，也就是说，企业只有在息税前利润至少能够偿还利息的情况下，才具有负债的可行性，否则就不宜举债经营。

固定费用支付能力比率表示的是企业支付固定支出（利息、租金等）的能力，其计算公式为

固定费用支付能力比率=（息税前利润+固定费用）/固定费用

一般而言，固定费用=利息+租金。

我们用一个例子来说明固定费用支付能力的含义。

A 公司 2011 年的盈利为 50 000 元，利息支出为 10 000 元，所得税为 15 000 元，租金为 8 000 元。

$$
\begin{aligned}
\text{息税前利润} &= \text{净利润} + \text{利息支出} + \text{所得税} \\
&= 50\,000 + 10\,000 + 15\,000 \\
&= 75\,000
\end{aligned}
$$

$$
\begin{aligned}
\text{固定费用} &= \text{利息} + \text{租金} \\
&= 10\,000 + 8\,000 \\
&= 18\,000
\end{aligned}
$$

$$
\begin{aligned}
\text{固定费用支付能力比率} &= \text{息税前利润} + \text{固定费用} / \text{固定费用} \\
&= (75\,000 + 18\,000)/18\,000 \\
&= 5.2
\end{aligned}
$$

上述计算说明 A 有能力支付 5.2 倍的固定费用。固定费用支付能力比率能帮助公司管理人员评估企业支付其固定费用的能力，从而使管理人员对公司风险有一个比较准确的估计。固定费用支付能力比率大于 1 说明企业有能力支付其固定费用，小于 1 则说明企业不能支付其固定费用。固定费用支付能力比率越大，风险越低。

3）营运能力比率

（1）资产周转期是指各项资产从投入到收回经历一次循环所需的时间，也称为周转天数。资产周转率和周转期的通用计算公式为

资产周转率（次数）=周转工作量/资产平均余额

资产周转期（天数）=分析期天数/周转天数

上述计算公式中，资产平均余额是指资产负债表上期初余额和期末余额的平均值，分析期一般以一年为准，按360天计算，一季90天，一月30天。

资产周转率和资产周转期，反映了现有资产的利用程度即资产的利用效率。

（2）存货周转率。

存货周转率=本期销售成本/存货平均余额

存货周转天数=360/存货周转天数=360×存货平均余额/本期销售成本

存货平均余额=（期初存货+期末存货）/2

存货周转率是用于衡量企业对存货的营运能力和管理效率的财务比率。存货周转率高，周转天数少，表明存货的周转速度快，变现能力强，进而则说明企业具有较强的存货营运能力和较高的存货管理能力。

其他环节存货周转率计算公式为

原材料周转率=本期耗用原材料成本/原材料平均余额

在产品周转率=完工产品制造成本/在产品平均余额

产成品周转率=产品销售成本/产成品平均余额

（3）应收账款周转率。

应收账款周转率=本期销货收入/应收账款平均余额

应收账款周转天数=360×应收账款平均余额/本期销货收入

其中，应收账款平均余额=（期初应收账款+期末应收账款）/2。

应收账款周转率是用于衡量企业应收账款管理效率的财务比率，应收账款周转率高，周转天数少，表明企业应收账款的管理效率高，变现能力强。反之，企业营运用资金将会过多地呆滞在应收账款上，影响企业的政策资金周转。

（4）流动资产周转率。

流动资产周转率=本期销售收入/流动资产平均余额

流动资产周转天数=360×流动资产平均余额/本期销售收入

其中，流动资产平均余额=（期初流动资产+期末流动资产）/2。

流动资产周转率是指用于衡量企业流动资产综合营运效率和变现能力的财务比率。流动资产周转率越高，周转天数越少，表明企业对资产的综合营运能力越强，效率越高；反之则相反。流动资产周转率与存货周转率和应收账款周转率的关系可表述如下：

流动资产周转率=应收账款周转率×应收账款占流动资产比重

或流动资产周转率=（1+成本利润率）×存货周转率×存货占流动资产比重

这说明当应收账款占流动资产的比重一定时，要加速流动资产周转，有赖于加速应收账款的周转，同理，当存货占流动资产的比重一定时，要加速流动资产周转，有赖于加速存货周转的同时，提高经营的获利水平。

净资产报酬率=净利润/净资产平均余额（或期末余额）×100%

流动资产周转率=本期销售收入/总资产平均余额

流动资产周转天数=360×总资产平均余额/本期销售收入

其中，总资产平均余额=（期初总资产+期末总资产）/2。

总资产周转率是指用于衡量企业资产综合运营效率和变现能力的比率。总资产周转率越高，表明企业资产综合营运能力越强，效率越高；反之则相反。流动资产周转率与总资产周转率的关系式为

总资产周转率=流动资产周转率×流动资产占总资产比重

上式表明，要加速总资产周转，一是可以加速流动资产周转，二是可以提高流动资产在总资产中所占比重。因此，要加速资产周转，从根本上说有赖于加速流动资产的周转。

4）营运能力比率

（1）营业利润率。

营业利润率=本期营业利润/本期营业收入×100%

该指标的意义在于从营业收益的角度说明企业营业业务的获利水平，其比率值愈高，表明企业的获利水平愈高。反之，获利水平则低。

（2）总资产报酬率。

总资产报酬率=息税前利润/总资产平均余额（或期末余额）×100%

该指标的意义在于说明企业每占用及运用百元资产所能获取的利润，用于从投入和占用方面说明企业的获利能力，其比率值愈高，表明企业的获利能力愈强。反之，获利能力则弱。一般来说，各行业部门的总资产报酬率基本是一致的，该指标可以用于各行业之间的比较。

（3）净资产报酬率。

净资产报酬率又称所有者权益报酬率，是企业一定时期内获得的息税前利润总额与净资产的比率，该指标越高，表明企业的获利水平越高。反之，表明企业获利水平越低。

5.3 控制与优化

产品成本费用预算如表 5-20 所示。

表 5-20 产品成本费用预算表

制造商成本核算									当前月份		1
要素名称			P1 汽车			P2 汽车			P3 汽车		
			单价	数量	合计	单价	数量	合计	单价	数量	合计
直接费用	直接材料	S1			0						0
		S2			0						0
		S3									0
		W1									0
		M1									0
		M2									0
	直接人工										
	生产工人										
	辅助工人										
	原材料运输费										

续表

制造商成本核算								当前月份		1
要素名称		P1 汽车			P2 汽车			P3 汽车		
		单价	数量	合计	单价	数量	合计	单价	数量	合计
制造费用	生产工人工资									
	辅助人员工资									
	折旧费用									
	厂房租赁费									
	生产线变更费用									
	设备维护费									
	生产线租赁费									
	仓库租赁费									
	其中：原材料									
	半成品									
	成品			0						
	制造人员差旅费			0						
	制造人员保险费			0						
管理费用	管理人员工资（高层）			0						
	加班补助费			0						
	管理人员差旅费			0						
	管理人员保险费									
	招聘费用									
	培训费									
	解聘费用									
	咨询费									
	产品研发费									
	资质认证费用									
	行政管理人员工资									
财务费用	利息支出									
	损失净汇率									
	相关手续费									
	贴现费用									
销售费用	运往市场运输费									
其他费用	广告费									
	燃油费									
合计										

附　　录

附录内容包含学生实习报告（含公司报告等资料）及业务单据，请扫描二维码获取相关资料。

后　　记

在本教材即将付梓之际，一并向所有关心、支持本项目的领导、老师和朋友们表示衷心的感谢！

首先要感谢曾经为我们交流、学习、进修提供无私帮助的经管类专业国家级实验教学示范中心的各位同仁和朋友，特别是广东财经大学任晓阳教授、上海理工大学陶田教授、重庆工商大学饶光明教授、北京工商大学秦艳梅教授、贵州财经大学景亚萍教授，以及江西财经大学关爱浩老师和西南财经大学曹旭斌老师。

感谢四川师范大学原副校长祁晓玲教授，在学院的实验室建设项目申报、承办全国性经管实验室建设暨实验教学研讨会议等方面给予了大力支持和充分肯定，使项目组成员备受鼓舞。

感谢学校实验室与设备管理处、教务处等职能部门的领导和老师们的大力支持和辛勤付出。在实验室建设三年规划论证、实施过程中，实验室与设备管理处的老师们不辞辛劳、反复沟通、耐心指导，使实验室建设得以完成。在人才培养方案修订、教育教学改革、实验实训规划教材立项建设等方面，教务处给予了很大帮助，尤其在出版经费上给予了实质性支持。

同时，本书的出版离不开科学出版社的朋友们的帮助和付出，在此向编辑以及所有为本书出版付出辛劳的朋友们致以真诚的谢意！

还要感谢经管学院 2009~2014 级的全体本科学生，他们的积极配合和不断提出的好的建议，使项目得以不断完善，最终成熟。

有关分工和作者如下。

丁明鲜，主编，负责项目策划、论证、全书统稿和出版经费筹措，并同出版社协调。

杨建，主编，负责仿真业务规则整体规划编撰、仿真业务数据拟合及相关内容编撰。

胡萍，负责仿真业务流程设计、业务单据设计，电算化业务整理及相关内容编撰。

汤晖，负责财务业务设计及相关内容编撰。

徐臻，负责会计核算相关业务设计及完善、仿真绩效评价等内容编撰。

吕玲，负责会计业务设计及相关内容编撰。

宋周，协助进行财务管理业务审核、业务单据流程完善及相关内容编撰。

王清，协助进行外贸单据流程、业务设计及相关内容编撰。

赵晶，负责仿真技术数据整理及相关内容编撰。

经济与管理仿真综合实习教程编写组

2018 年 5 月